«Blitzschnell zog Suhr aus seiner Hosentasche eine Walther PP, Kaliber 7,65 Millimeter. Er richtete die Waffe auf mich und schrie mich an: ‹Hände hoch!› Ich nahm die Hände hoch und zeigte keine weiteren Reaktionen. Er sah mich mit seinen kalten Augen an, und ich erkannte, dass die Pistole entsichert war. Suhr hatte den Zeigefinger am Abzug. Es war wie so oft beschrieben: In Sekunden lief mein ganzes Leben wie ein Film im Zeitraffer vor meinem inneren Auge ab. Ich blickte diesem Mann in die Augen und wusste, dass das in einer Katastrophe münden würde. In seinem Blick lag kein Zweifel, kein Mitleid und nichts Menschliches. Er wirkte irrational, unberechenbar, völlig überdreht. Ich ging in diesem Moment fest davon aus, dass er schießen würde. Merkwürdigerweise hatte ich keine Angst. Vielleicht hatte ich einfach keine Gelegenheit dazu, weil Angst auch einer gewissen Zeit des Nachdenkens bedarf. Doch das lief hier alles in Sekundenschnelle ab, und ich reagierte instinktiv.»

Kriminalhauptkommissar i. R. Waldemar Paulsen war 41 Jahre und 150 Tage lang als Polizist in Hamburg unterwegs, die meiste Zeit davon an der Davidwache auf St. Pauli, wo er in den Siebzigern und Achtzigern unter anderem als Zivilfahnder zum «Fachmann» in Sachen Prostitution, Zuhälterei und Nepp in Stripteaselokalen avancierte. Nach einer Schießerei in einer Kiezkneipe, die Paulsen nur knapp überlebte, wechselte er die Dienststelle. Er lebt heute an der Nordseeküste.

WALDEMAR PAULSEN
MIT HARALD STUTTE

MEINE DAVIDWACHE

GESCHICHTEN VOM KIEZ

ROWOHLT TASCHENBUCH VERLAG

3. Auflage November 2012

Originalausgabe
Veröffentlicht im Rowohlt Taschenbuch Verlag,
Reinbek bei Hamburg, Oktober 2012
Copyright © 2012 by Rowohlt Verlag GmbH,
Reinbek bei Hamburg
Lektorat Julia Kaufhold
Umschlaggestaltung ZERO Werbeagentur, München
(Abbildung: mauritius images)
Satz Apollo MT PostScript (PageOne) bei
Dörlemann Satz, Lemförde
Druck und Bindung CPI – Clausen & Bosse, Leck
Printed in Germany
ISBN 978 3 499 62839 9

INHALT

KINDHEIT HINTERM DEICH

FRIEDRICHSKOOG, eine 2500-Einwohner-Gemeinde im Südwesten des Landkreises Dithmarschen in Schleswig-Holstein – das war der Ort, an dem ich meine Kindheit und Jugend verlebte. Die fünfziger und sechziger Jahre prägten mich: Es war die Zeit des Wirtschaftswunders. Geboren 1947 in Kiel, war ich ein Opfer der Nachkriegswirren: Meine Mutter, eine Kriegswitwe, gab mich zur Adoption frei, sodass ich bei meinen Adoptiveltern in der Marschlandschaft Süddithmarschens aufwuchs.

In Friedrichskoog gab es kleinere Handwerksbetriebe, prägend waren die Landwirtschaft und vor allem der Fischfang. Im Hafen lagen seinerzeit etwa achtzig Kutter, die hauptsächlich Plattfische und Garnelen fingen. Wir waren das, was man heute typische Landeier nennen würde: Wir spielten Cowboy und Indianer am Nordseedeich, waren viel an der frischen Luft und träumten von dem, was wir uns unter Stadtleben vorstellten.

Heute würde man unsere damalige Welt als heil und idyllisch bezeichnen. Wir wuchsen wohlbehütet auf, weil es keine Verführer gab wie in den Großstädten: keinen Rock 'n' Roll, kaum Kneipen, Tanzbars, Kinos. Und deshalb empfanden wir Kinder diese Idylle hinterm Deich auch als langweilig.

Die Möglichkeiten der Freizeitgestaltung im Dorf waren stark eingeschränkt. Viele meiner Freunde waren gute Sportler, spielten Fußball, vor allem nachdem Deutschland 1954 Weltmeister geworden war und der Rasensport unter den Jungen sehr populär wurde. Doch ich hatte dazu wenig Lust, früh merkte ich, dass ich zum Leistungssportler nicht geboren war.

Wir hatten zu Hause keinen eigenen Fernseher. Bei einem Schulfreund, er heißt Wolfgang Preiß und betreibt heute noch das Friseurgeschäft seiner Eltern, gab es immerhin einen Schwarz-Weiß-Fernseher, eines dieser ersten Röhrengeräte – die Familie galt im Dorf als wohlhabend. Wenn Wolfgang ankündigte: «Es gibt am Sonntagnachmittag ‹Fury› im Fernsehen, kommst du vorbei?», hielt mich nichts mehr zu Hause. Echte Renner waren auch Francis-Durbridge-Krimis wie «Tim Frazer». Doch in der Regel wurde für Teenager im damaligen Fernsehen wenig geboten: langweilige Quizsendungen oder Nachrichten. Und so hörte ich mit Begeisterung Kriminalhörspiele im Radio und entwickelte mich zur Leseratte.

Wenn ich in dieser Zeit ins Bett geschickt wurde, hieß es von meiner Mutter zumeist streng: «In zehn Minuten machst du das Licht aus! Keine Widerrede!», denn ich sollte ja am nächsten Morgen ausgeschlafen zur Schule gehen. Doch das beherzigte ich so gut wie nie, zog mir vielmehr die Bettdecke über den Kopf und las mit der Taschenlampe meine Karl-May-Bücher, bis mir vor Müdigkeit die Augen zufielen.

Neugierig machte mich auch die Tagespresse, ich verschlang sie wissbegierig. Sehr gut erinnere ich mich, als ich 1957 in der Zeitung vom Untergang des Segelschulschiffes Pamir las, damals war ich zehn. Das war bundesweit eine große Geschichte, die natürlich in den küstennahen Regionen für noch größere Aufregung sorgte, schließlich fuhren viele Familienangehörige von Dorfbewohnern zur See. Die Zeilen und Fotos sehe ich immer noch vor mir.

In den frühen sechziger Jahren, der Beatles-Rausch hatte auch unser Dorf erreicht, zog ich mit meinem Kofferradio in der Hand zusammen mit Freunden durchs Dorf in Richtung Hafen. Es gab eine alte Kneipe, in der eine uralte Gastwirtin mit Kittelschürze hinter dem Tresen saß, wir nannten sie Tante Anna. Sie war seit Jahren verwitwet, ihr Mann war lange zur See gefahren. Tante

Anna schenkte Astra-Bier in Flaschen aus und beobachtete aufmerksam die Gäste.

Einmal sah ich, wie der sturzbetrunkene Fischerssohn Hermann den Kronkorken einer Astra-Knolle mit den Schneidezähnen vom Flaschenhals reißen wollte. Es gelang ihm tatsächlich. Er spuckte den Korken aus, und dieser fiel vor ihm auf den Fußboden, dahinter noch ein kleines gelbliches Teil. Es war einer der vorderen, oberen Schneidezähne, der glatt abgebrochen war. Hermann lachte und riss den Mund dabei weit auf. Die Zahnlücke war so groß, dass er durch sie einen Pfeifenstiel hätte schieben können.

Tante Anna fand das gar nicht lustig, erhob sich von ihrem Stuhl hinter dem Tresen, stapfte, die Arme in die Hüfte gestemmt, auf ihn zu und beschimpfte ihn: «Du hast sie doch nicht mehr alle beisammen, du oller Suffkopp, so eine Sauerei! Du gehst mal schön nach Hause und lass dich hier nur nicht wieder blicken!»

Hermann verließ kommentarlos die Kneipe, gesenkten Hauptes und mit wankendem Schritt. Zu zahlen brauchte er nicht mehr, Tante Anna kassierte immer sofort die Flaschen, sie kosteten eine Mark. Einige Wochen ließ sich Hermann in der Kneipe nicht mehr sehen. Für mehrere Tage war das unser Dorfgespräch, mehr passierte hinterm Deich nicht.

Wollte man als Jugendlicher etwas wirklich Spannendes unternehmen, musste man sich jemanden suchen, der ein Auto hatte, und dann kilometerweit fahren. Die nächsten Städte waren Brunsbüttel, Itzehoe und Rendsburg. Doch in Wahrheit waren auch das Provinznester.

Wir hatten Sehnsucht nach der großen weiten Welt. Wir wollten Mädchen kennenlernen, die wie Marilyn Monroe oder Anita Ekberg aussahen, wollten Rock 'n' Roll tanzen und Konzerte besuchen. Bei uns im Dorf gab es zwei unter den gleichaltrigen Mädchen, die ich gern zur Freundin gehabt hätte. Sie hießen Anke und Birgit, sahen nicht ganz so aus wie Marilyn Monroe oder Anita Ekberg, kamen in meiner Phantasie meinen Kino-Idealen aber schon ziemlich nahe. Doch leider glich meine Zuneigung zu den beiden einer Einbahnstraße, sodass ich mit meinen Sehnsüchten allein blieb. So testeten wir Jungs unsere Grenzen aus, indem wir Äpfel in Nachbars Garten klauten.

Nein, das war nicht meine Welt. Ich nahm wahr, dass man im Dorf auf Schritt und Tritt beobachtet wurde. Über Jahrzehnte heirateten die Bewohner den Partner aus der Nachbarschaft, zwei oder drei Häuser entfernt. Ich befürchtete, in der Provinzialität zu versauern. Ich spürte einen ungestillten Hunger und eine Neugier auf die Welt da draußen. Was nicht bedeutete, dass ich die behütete Umgebung im Schutz der Deiche nicht liebte. Sehr wohl konnte ich mir vorstellen, eines Tages hierhin zurückzukehren, denn ich fühlte mich am Wasser wohl und hatte ein vertrautes Gefühl zu unserem Dorf.

1966 schloss ich 19-jährig eine kaufmännische Lehre zum Buchhalter in einer Mercedes-Benz-Niederlassung in Heide ab. Ich träumte von einer Karriere in einer neu gegründeten Mercedes-Niederlassung in Argentinien, wo mich der kaufmännische Bereich reizte, auch wenn ich kein Spanisch sprach. Doch es bahnte sich eine Karriere in der Provinz an, bis ich ein Schreiben von der Bundeswehr bekam – die Einladung zur Musterung. Zwar bot sich mir hier erstmals die Chance, andere Regionen Deutschlands kennenzulernen, doch ich hatte kein gutes Gefühl dabei. Einundzwanzig Jahre nach Kriegsende war mir die Institution noch immer zu autoritär, zu preußisch und noch nicht so demokratisch, wie sie heute ist. Es gab nur Befehl und Gehorsam.

So entschied ich mich, für zwei Jahre als Polizist zu arbeiten, weil diese Zeit als Wehrdienstersatz angerechnet werden würde und ich anschließend sofort wieder in meinem alten Beruf tätig sein könnte.

Der Einstellungstest bei der Hamburger Polizei verlief positiv. Hamburg hatte ich als Kind kennengelernt, im Stadtteil Barmbek wohnten die Eltern meines Adoptivvaters, meine Großeltern also, wo ich häufig zu Besuch war. Hamburg war zwar nicht Buenos Aires, doch mich reizte die größte Hafenstadt Deutschlands sehr.

AM 4. April 1966 begann ich meinen Dienst bei der Polizei. Wir Neulinge waren drei Lehreinheiten – Klassen – zugeordnet, jede Einheit war dreißig Mann stark. In meiner Klasse waren die einzigen sechs Frauen unseres Einstellungsjahrganges – ein Novum: Bis zu diesem Zeitpunkt gab es ausschließlich männliche Polizisten. Die Frauen wurden für den Dienstzweig «Weibliche Schutzpolizei» ausgebildet, ohne jedoch Waffenträgerinnen zu sein. Sie hatten sich ausschließlich um Kinder und Jugendliche zu kümmern. Ich war froh, nicht allein unter Kerlen zu sein, das lockerte die Stimmung auf. Natürlich begutachteten wir die Frauen ausgiebig, fanden aber schnell heraus, dass der Flirtfaktor nicht sonderlich hoch war. Sie waren weit über dreißig und für uns damit alte Schachteln.

Mein Opa, bei dem ich in Hamburg-Barmbek zunächst untergekommen war, fuhr mich am Einstellungstag mit seiner Vespa nach Hamburg-Alsterdorf in die Carl-Cohn-Straße 39, dort befand sich die Polizeischule. In der Tasche hatte ich meinen Kaufmannsgehilfenbrief von Mercedes-Benz. Mit meinem Koffer in der Hand meldete ich mich schüchtern beim Torposten.

«Guten Morgen, ich heiße Waldemar Paulsen und fange heute meine Ausbildung bei der Polizei an», spulte ich brav herunter und händigte ihm mein Einladungsschreiben zum Polizeianwärter aus. Ein paar Schritte nach links um die Ecke, und ich war in meiner Unterkunft, wo sich heute das Kriminalmuseum befindet.

Das Gebäude ist dreistöckig wie die anderen beiden auf dem Gelände. Im Parterre und in den beiden Obergeschossen befanden sich die Unterkünfte der Lehreinheiten. Meine Lehreinheit war in der zweiten Etage einquartiert. Die Stuben hatten unterschiedliche Größen und waren für zwei, drei oder vier Personen gedacht. Es handelte sich um typische Wehrmachtsunterkünfte, wie sie in den dreißiger Jahren gebaut wurden: einfach, unpersönlich, zweckorientiert. Von Wohnqualität keine Spur. Im Dachgeschoss waren Teile der Waffenkammer untergebracht.

Wir teilten uns zu dritt ein Zimmer. Bereits nach kurzer Zeit sagte einer: «Paulsen? Für uns bist du Pauli.»

Ich hatte einen neuen Spitznamen, bis heute bin ich ihn nicht losgeworden. Ehrlich gesagt, gefällt er mir auch ganz gut – besser als Waldi, Paulus oder andere Abwandlungen meines Namens. Und ich mochte Pauli auch lieber als Rotfuchs, wie ich später auf dem Kiez genannt wurde, in Anspielung auf meine rotblonden Haare. Vermutlich war mit Pauli mein Schicksal vorgezeichnet: Ich konnte nur in einem einzigen Hamburger Stadtteil landen – alles andere hätte keinen Sinn ergeben.

Zu einer ersten Herausforderung wurde für mich ein Besuch in der Pathologie des Instituts für Rechtsmedizin. Der Sektionssaal hatte Ähnlichkeit mit einem Operationssaal in Krankenhäusern. Der Fußboden und die Wände waren weiß gefliest, von der Decke leuchteten helle Neonröhren den Raum aus. Die Sektionstische waren aus Edelstahl und höher als normale Tische, sodass der Pathologe und seine Mitarbeiter bequem im Stehen daran arbeiten konnten. Man hatte uns geraten, ein mit Aftershave oder Parfüm getränktes Taschentuch unter die Nase zu halten, um zu verhindern, dass uns übel wurde. Trotzdem war der Leichengeruch überall, er setzte sich in Haaren, Mund und Nase fest.

«Meine Damen und Herren», mahnte der Pathologe, «aus Pietätsgründen bitte ich Sie, während der Sektion keine Witze oder anzügliche Bemerkungen zu machen.»

Wir waren jung, die Atmosphäre war irgendwie gespenstisch.

In solchen Situationen lässt sich mit Humor mitunter Angst oder Unsicherheit überspielen. Doch wir hielten uns zurück und verfolgten mit Schauder die Arbeit des Pathologen.

Die Leiche auf dem Obduktionstisch war männlich und im Alter von siebenundsechzig Jahren verstorben. Als man ihn fand, ließ sich kein zuständiger Hausarzt ermitteln. Kein Mediziner war bereit, einen Totenschein auszustellen und damit zu bescheinigen, dass der Mann eines natürlichen Todes gestorben war.

Der Pathologe machte mit seinem Skalpell zuerst den Y-Schnitt. Zwei Schnitte führten von den Schlüsselbeinen bis zum Brustbein und von dort senkrecht hinab zum Schambein. Dann wurde der Brustkorb aufgeklappt, mit einer Zange wurden die Rippen durchtrennt und anschließend die Organe aus der Brust- und Bauchhöhle entnommen. Herz, Lunge und Magen wurden dann zur Feststellung der Todesursache von dem Rechtsmediziner begutachtet.

«Ich lege jetzt die Schädeldecke frei …», kündigte der Pathologe an und durchtrennte mit einem kleinen elektrischen Winkelschleifer, einer sogenannten Flex, die Kopfhaut im Halbkreis von einer Stirnseite über den Hinterkopf zur anderen Stirnseite. Nun zog er die Haare des Hinterkopfes in Richtung Gesicht und trennte somit Haar und Haut vom Schädel. In etwa so müssen die Indianer ihre Opfer skalpiert haben. Das Haar samt Haut überdeckte nun das Gesicht der Leiche.

Der Rechtsmediziner griff erneut zum Winkelschleifer und trennte die Schädeldecke vom Rest des Kopfes. Das Gehirn lag jetzt frei und wurde von dem Pathologen untersucht. Es war eine Grenzerfahrung, die mir das Blut in den Adern gefrieren ließ. Mit kalter Mechanik wurde hier ein Mensch, der vermutlich noch vor wenigen Tagen mitten im Leben gestanden hatte, in seine Einzelteile zerlegt. Ich hatte ein beklemmendes Gefühl.

Der Tod war in jeder Ecke des Raumes gegenwärtig. Besonders schlimm waren die sich überlagernden Gerüche. Kurz vor seinem Tod hatte der Verstorbene offensichtlich Erbsensuppe gegessen – der Geruch mischte sich mit dem verdorbenen Fleisches, einer undefinierbaren süßlichen Note und dem Gestank nach septischen Lösungsmitteln. Ich habe diese Gerüche bis heute nicht vergessen.

Niemand sprach, lediglich die routinierte Arbeit des Pathologen sowie das Krachen, Sägen und Fiepen seiner Arbeitsgeräte erfüllten den Raum. Für die meisten von uns angehenden Polizisten war das die erste Begegnung mit dem Tod. Und darin lag auch der Sinn der Veranstaltung: Ziel war es, uns mit dem Tod zu konfrontieren, damit sich bei uns einmal so etwas wie Routine im Umgang mit Leichen einstellen konnte.

Die Sektion ergab, dass der Mann an einem Herzinfarkt gestorben war. Doch als das verkündet wurde, hatte bereits ein Drittel unseres Lehrganges den Raum verlassen. In späteren Jahren bemerkte ich, dass viele Kollegen der Leichen- und Vermissten-Dienststelle Trinker waren.

Wir Lehrgangsteilnehmer waren ein buntgemischter Haufen, mit ganz unterschiedlichen Ambitionen. Meine zwei Zimmergenossen gaben schnell auf, kündigten.

Horst, ein Polizeianwärter von überdurchschnittlicher Intelligenz, fiel mir auf, weil er ständig meckerte: «Ist doch alles scheiße, was machen wir hier eigentlich? Wir sind doch nur die Erfüllungsgehilfen für die machthungrigen Politiker! Uns fragt eh keiner, ob wir mit den Maßnahmen einverstanden sind, wir haben nur wie Marionetten zu reagieren!»

Später absolvierte er einen Kriminalbeamtenanwärter-Lehrgang, brach ab und ging zurück zur Schutzpolizei. Eines Morgens hörte ich, dass er am Tag zuvor festgenommen worden war, weil er in Hamburg-Dehnhaide eine Sparkasse überfallen hatte. Er wurde zu fünf Jahren Freiheitsstrafe verurteilt, lebte nach seiner Haftentlassung einige Jahre im St.-Pauli-Milieu, bis er starb. Manchmal sind die Grenzen zwischen Gesetzeshütern und -brechern fließend.

1967 wurde ich zum Wachtmeister ernannt und wechselte auf die gegenüberliegende Straßenseite des Komplexes in Hamburg-Alsterdorf. Dort, auf dem Gelände der Hindenburgstraße, waren die Bereitschaftspolizei, mein neuer Arbeitgeber, und später das Mobile Einsatzkommando untergebracht. Die Bereitschaftspolizei ist der Landespolizei unterstellt, fungiert aber als Großverband beinahe schon militärisch und ist stets bei sogenannten Großlagen gefragt – Krawallen, Protesten, Massenaufläufen. Und solche Ereignisse gab es damals viele, denn es war die Geburtsstunde der APO, der Außerparlamentarischen Opposition. Der alte Obrigkeitsstaat, geprägt durch die Erfahrungen der Kriegsniederlage und des Kalten Krieges, begann sich zu verändern. In der Bevölkerung gab es nicht wenige, die den Staatsapparat als autoritär empfanden. Vor allem Intellektuelle. Als im Juni 1967 bei einer Großdemonstration in Berlin der Student Benno Ohnesorg mit einem Schuss in den Hinterkopf vom Kriminalbeamten Karl-Heinz Kurras getötet wurde, war das wie eine Initialzündung für die kommenden Unruhen. Die Radikalisierung und zunehmende Gewaltbereitschaft waren spürbar, vor allem für uns, die wir an vorderster Front standen.

Zugegebenermaßen hatte ich anfangs Probleme, die politische Entwicklung zu verstehen und die Geschehnisse einzuordnen. Ich war naiv, politisch «unschuldig», kam ich doch aus der heilen Welt eines Dorfes, wo dem Bürgermeister, dem Pastor und dem Polizisten stets Respekt entgegengebracht worden war. Sitte und Anstand waren die Koordinaten meines Handelns, ich hielt gewisse Regeln ein, Aufbegehren und Opposition waren für mich Fremdwörter.

Anfangs hegte ich begrenzte Sympathien für diese frechen, rebellischen Studenten, weil sie den autoritären Staat auf die Schippe nahmen – mit friedlichen, manchmal spaßigen Mitteln. Überall waren noch Alt-Nazis in Amt und Würden, das empfand ich als empörend. Darüber hinaus hatte ich Probleme mit der autoritären Struktur bei der Bereitschaftspolizei, der militärische Drill war nicht meine Welt.

Polizeilichen Drill und Schikane bekam vor allem mein damals bester Freund Ferdie zu spüren. Er stammte ursprünglich aus Husum, war ein abgebrochener Gymnasiast und hatte den direkten Weg von der Schule in die Lehreinheit gesucht. Wir fuhren gemeinsam nach Sylt in den Urlaub, wohnten in derselben Straße in einem Ort in Schleswig-Holstein, waren beide verheiratet und hatten gleichaltrige Töchter.

Später ließ sich Ferdie scheiden, zog in eine Wohngemeinschaft, die damals Kommune genannt wurde, in der Rappstraße im Hamburger Grindelviertel, anschließend in eine andere Kommune in Hamburg-Eppendorf. Er war nun mit einer Studentin liiert.

Eines Nachmittags fuhren wir im Spätdienst mit einem Funkstreifenwagen durch die Bundesstraße, wo sich das Polizeirevier 31 befand. Ich lenkte den Peterwagen, Ferdie saß auf dem Beifahrersitz. Wir fuhren Streife im Bereich Rotherbaum im Stadtteil Harvestehude, wo sich damals noch das HSV-Stadion befand. Allmählich entwickelten wir ein Gespür dafür, wer im strafrechtlichen Sinne sich verdächtig benahm. Die Autos solcher Personen, zumeist uralte Klapperkisten oder aufgemotzte Nobelkarossen, hielten wir an und überprüften sie. Nebenbei achteten wir natürlich auch auf hübsche Damen, die allein unterwegs waren. Die mussten auch schon mal angehalten und überprüft werden.

«Peter 9/11 für Michel 1, kommen!», schallte es plötzlich aus dem Funkgerät.

Mit 9/11 war unser Peterwagen gemeint. Unsere Hundertschaft bestand aus drei Zügen. Jeder Zug hatte monatlich wechselnd neun Funkstreifenwagen, die die Rufnamen Peter 9/11 bis 13, 9/14 bis 16 und 9/17 bis 19 hatten. Ferdie griff zum Hörer des Funkgerätes und meldete sich: «Hier Peter 9/11, sprechen Sie!»

«Peter 9/11, laufen Sie bitte sofort den Stützpunkt an und melden Sie sich bei Ihrem Wachhabenden!»

«Peter 9/11, verstanden!»

Ich wendete das Auto am Dammtorbahnhof und fuhr zurück in die Bundesstraße, Ecke Sedanstraße, wo in einer alten Holzbaracke das Polizeirevier 31 untergebracht war, unser damaliger Stützpunkt.

«Der Polizeidirektor hat telefonischen Gesprächsbedarf», blaffte der Wachhabende Ferdie an.

Am anderen Ende der Leitung meldete sich Polizeidirektor L., der Ferdie in rüdem Ton fragte: «Wer hat vorhin bei Ihnen auf dem Beifahrersitz gesessen? Eine Frau?»

«Nein», gab Ferdie zurück, das sei er selbst gewesen. «Waldemar Paulsen hat den Wagen gefahren.»

Ferdie wurde anschließend zum Rapport bestellt. Ihm wurde befohlen, sich seine langen Haare kürzen zu lassen.

Ferdie trug die Haare im gepflegten Zustand knapp schulterlang. Er ignorierte den Befehl, die Haare blieben dran. Das reichte aus, um ihn in den Innendienst zu versetzen. Während der Schichten durfte Ferdie lediglich die Torpostenwache an der Kaserne übernehmen, er hatte wohl einiges an Schikane zu ertragen. Toleranz war zu dieser Zeit im Polizeidienst ein Fremdwort.

Eines Morgens, kurz vor Weihnachten 1971 – wir waren im selben Zug der Polizei-Übergangsabteilung –, wurde ich zu meinem Zugführer gerufen. Mit einer Pfeife im Mund teilte er mir mit, dass Ferdie sich in der vergangenen Nacht in seiner Wohnung im Beisein seiner Freundin, der 21-jährigen Studentin Eva, erschossen hatte.

«Ich sage es Ihnen, weil mir bekannt ist, dass Sie beide befreundet waren», fügte er hinzu und paffte.

Ferdie soll einen Schluck Wasser getrunken und im Mund behalten, dann den Pistolenlauf seiner Dienstpistole in den Mund gesteckt und mit einem Schuss seinem Leben ein Ende bereitet haben. Er war sofort tot. Ich war am Boden zerstört, mein bester Freund war tot, gerade mal fünfundzwanzig Jahre jung. Ich war traurig und wütend, dass er auf diese Weise aus dem Leben gedrängt worden war.

Das Eintreten der APO für eine Liberalisierung des Alltags und für größtmögliche individuelle Freiheiten bewunderte ich, auch wenn ich das abgehobene, elitäre Auftreten der APO-Führer und ihre verquaste Sprache nicht mochte. Doch meine Einstellung wandelte sich grundlegend, als Gewalt ins Spiel kam.

Die Hamburger Universität im Stadtteil Rotherbaum war zu einem Zentrum der Studentenunruhen geworden. Wir wurden uniformiert in geschlossenen Einheiten eingesetzt, manchmal auch in Zivil. An einen Einsatz in Zivil erinnere ich mich noch besonders gut. Ich bekam nämlich die Macht des Staates schmerzvoll zu spüren.

Unsere Aufgabe war es, Demonstranten daran zu hindern, den Philosophen-Turm auf dem Campus an der Moorweide in der Nähe des Bahnhofes Dammtor zu stürmen. Dabei erhielt ich zwei kräftige Schläge auf den rechten Arm, irrtümlich, von einem uniformierten Kollegen. «Was soll das!», schrie ich, doch das ging im allgemeinen Tumult unter. Anschließend dachte ich, mein Arm würde für immer bewegungsunfähig bleiben.

Ich war schockiert, denn ich hatte überhaupt nichts gemacht.

Ich war lediglich als Beobachter dabei gewesen, der die Rädelsführer des Protestes ausmachen sollte. Der uniformierte Kollege, den ich nicht erkannt hatte, schlug wahllos in die Menge. Kurzfristig kam mir der Gedanke: «Was machst du hier eigentlich?» Ich dachte daran, aufzugeben, verwarf den Gedanken jedoch, weil ich mindestens zwei Jahre durchhalten musste, um nicht mehr zum Wehrdienst eingezogen werden zu können. Tatsächlich wurde ich 1968 als festangestellter Polizist übernommen.

DIE «BLEIERNE ZEIT»
AUF DEUTSCHEN STRASSEN

BEREITS während meiner Ausbildungszeit Anfang 1968 konnte ich einen flüchtigen Blick hinter die Kulissen St. Paulis werfen – jenes legendären Hamburger Stadtteils, der später ein Jahrzehnt lang zum Mittelpunkt meines beruflichen Lebens werden sollte. Nach der ersten Ausbildungsphase bei der Bereitschaftspolizei absolvierte ich den sogenannten Feststellungslehrgang, wodurch man Beamter auf Lebenszeit werden sollte. Dieser Lehrgang fand nicht an der Polizeiakademie in Alsterdorf statt, wie es heute der Fall ist, sondern im Herzen St. Paulis, in einem alten Schulgebäude in der Seilerstraße, einer Parallelstraße der Reeperbahn. Dort paukten wir Strafrecht, Strafprozessrecht, Verwaltungsrecht, Polizeidienstkunde, Verkehrsrecht und vieles mehr – während wenige Meter außerhalb des Gebäudes Zuhälter ihre Reviere verteidigten. In den langen Mittagspausen schlenderten wir im St.-Pauli-Milieu herum.

Eines Tages bog ich mit zwei Kollegen von der Seilerstraße über die Detlev-Bremer-Straße nach rechts in die Reeperbahn ein. Vor dem Animierlokal «Folies Bergère» stand ein breitschultriger, mächtiger Kerl. Er trug einen mausgrauen Anzug, wie man ihn damals häufig bei Leichenbestattern sah, und war etwa Mitte vierzig.

«Na, Jungs, kommt rein! Hier wird live auf der Bühne gebumst und keine Falle geschoben. Bier kostet drei Mark», sagte er und pflanzte sich dabei mitten auf dem Bürgersteig vor uns auf – was eigentlich untersagt war.

Natürlich hatte er keine Ahnung, dass wir Polizeibeamte waren, der Lehrgang fand ausschließlich in Zivil statt. Wir grinsten uns an, gingen – etwas verunsichert – weiter unseres Weges und hatten ja sowieso kaum Geld in der Tasche.

Später, als ich längst Polizist in der Davidwache war, sah ich den Mann häufig. Er hieß Siegfried Formella, Jahrgang 1924, ein ehemaliger Halbschwergewichtsboxer, der seinen einzigen Profikampf im Juli 1949 gegen Willi Hoepner in der zweiten Runde nach einem K.-o.-Schlag verloren hatte. Er war der Portier, auch Koberer genannt. Seine Aufgabe war es, Passanten durch lockere Sprüche zum Einkehren in die üblen Strip-Kaschemmen zu locken. Ich erinnere mich noch, wie beim Handschlag stets meine Hand in Formellas Pranke verschwand. Doch trotz seiner Statur und seiner Kraft trat er auf St. Pauli nie als Schläger auf, war einer der angenehmeren Typen. Einer der vielen Verlierer, die im Milieu von besseren Zeiten träumten.

Ich war schon damals neugierig auf das bunte Leben in St. Pauli geworden.

Nachdem ich den Feststellungslehrgang erfolgreich abgeschlossen hatte, wurde ich in die Polizeiübergangsabteilung in der Bundesstraße versetzt. Das war eine Art Bereitschaftspolizei, nur dass wir dort zusätzlich auf den Reviereinzeldienst vorbereitet wurden. Die Abteilung hatte neun Funkstreifenwagen, die je nach Bedarf zur Verstärkung in Brennpunktrevieren eingesetzt wurden. Oft meldete ich mich für die Gruppe, die aus St. Pauli zur Verstärkung angefordert wurde, weil ich es spannend fand. So lernte ich das wahre St. Pauli kennen, auch bei Nacht, da war natürlich mehr los als am Tag. Mit meinem damaligen Partner war ich im Funkstreifenwagen unterwegs, das war schon ein kleiner Vorgeschmack auf das, was mich später erwartete. Ich hatte Gefallen gefunden an diesem Milieu, seinen Gestalten und dem Ruf des Abenteuers.

Doch erst einmal hatte ich mich als Polizist ganz anderen Herausforderungen zu stellen – und die stellten mich auf eine harte Probe. Denn ich erlebte als Bereitschaftspolizist die Entstehung des linksextremistischen Terrors aus unmittelbarer Nähe mit. Bis 1971 hatte das Kapitel Baader-Meinhof-Bande für mich noch etwas Unwirkliches, etwas, das sich vor allem in den Medien und an anderen Orten der Bundesrepublik abspielte. Ich dachte damals, dieses Kapitel werde schnell wieder zu Ende sein. Hatte sich nicht auch die APO in Wohlgefallen aufgelöst?

Doch diesen Gefallen tat uns die Baader-Meinhof-Bande, wie sie damals noch hieß, nicht. Im Juli 1971 war ich als Teil einer Hundertschaft der Polizei-Übergangsabteilung im Stadtteil Altona zur Terroristenfahndung in der Stresemannstraße eingesetzt. Wir richteten den Kontrollposten ein, ein Kollege und ich nahmen die Kontrollen vor. Zwei Kollegen standen schussbereit mit den neu ausgelieferten Maschinenpistolen der Firma Heckler & Koch bereit. Ein Kollege, den alle nur Lunge nannten, und ein weiterer besetzten den Verfolgerwagen.

Sobald wir ein Fahrzeug abgefertigt hatten, kontrollierten wir den nächsten Wagen. Wir pickten also nicht gezielt Autos heraus. Der Posten am Straßenrand winkte mal wieder mit der Polizeikelle einen Pkw nach rechts in die Haltebucht, als die Fahrerin das Zeichen ignorierte und aufs Gas trat. Lunge und der Kollege verfolgten das Auto. Im Affenzahn ging es in Richtung Bahrenfeld. Der Beifahrer des Fluchtwagens kurbelte das Fenster herunter und schoss mehrere Male auf das Polizeiauto, die Kollegen erwiderten das Feuer. Nach einer wilden Verfolgungsjagd konnten sie den Wagen im Bahrenfelder Kirchenweg stoppen. Die Flüchtigen sprangen aus dem Fahrzeug, feuerten mehrmals auf die Polizisten und rannten über die Von-Sauer-Straße in die Reineckestraße. Dann trennten sich der Mann und die Frau. Noch auf der Reineckestraße wurde die Frau entdeckt, augenblicklich schoss sie auf die zwei Polizisten. Lunge erwiderte das Feuer mit seiner Maschinenpistole und tötete sie mit einem Schuss schräg unter dem linken Auge.

Später erfuhren wir, dass es sich bei den beiden um die Top-Terroristen Petra Schelm und Werner Hoppe gehandelt hatte. Der Schock saß tief. Zur Verhandlung im Landgericht Hamburg nahe der Ernst-Merck-Halle musste der Todesschütze Lunge maskiert auflaufen, dazu trug er eine Perücke, um nur ja nicht erkannt zu werden. Neu war bei diesen Prozessen, dass die Verteidiger äußerst aggressiv auftraten. In den linksautonomen Kreisen wurde Lunge des Mordes bezichtigt. Weder für ihn noch für die anderen Zeugen gab es eine psychologische Betreuung. Ich empfand das als bedrückend, waren wir mit der Situation doch ziemlich überfordert. Wir verstanden die Gnadenlosigkeit nicht, mit der die Terroristen uns Ordnungshüter attackierten.

«Kurzen Prozess müsste man mit diesen ideologischen Verbrechern machen», hörte ich mal einen Mitschüler sagen. Wir fühlten uns nicht selten vom Staat allein gelassen und konnten nicht verstehen, warum es den Staatsschutzabteilungen der Länder und den V-Leuten des Bundeskriminalamtes und der Landeskriminalämter nicht endlich gelang, dieser Gewaltspirale Einhalt zu gebieten.

Wie direkt wir Polizisten bedroht waren, wurde mir deutlich, als am 22. Oktober 1971 der Zivilfahnder Norbert Schmid beim Versuch, die Terroristin Margrit Schiller festzunehmen, im Hamburger Stadtteil Poppenbüttel erschossen wurde. Bei der sogenannten erkennungsdienstlichen Behandlung im Polizeipräsidium musste Margrit Schiller durch mehrere Beamte gebändigt werden, so heftig wehrte sie sich gegen die Aufnahme ihrer Daten. Sie klammerte sich an ein Handwaschbecken, das sie dabei von der Wand riss.

Am 19. Mai 1972, mein Sohn war gerade eine Woche alt, fuhren wir zur Verstärkung der Polizeiwachen zugweise mit neun Funkstreifenwagen in drei Gruppen Streife, verteilt über das gesamte Hamburger Gebiet. Stützpunkt war immer das Polizeirevier, das zu dem jeweiligen Zeitpunkt als Brennpunkt eingestuft wurde. So sollten wir auf den Revier-Einzeldienst vorbereitet werden.

Mein Kollege und ich befanden uns nachmittags mit einem Peterwagen in Höhe der Hamburger Elbbrücken, als wir einen Anruf erhielten: «Sofort Axel-Springer-Verlag aufsuchen, Bombenexplosion!»

Wir waren der dritte Funkstreifenwagen am Tatort. Der Motor unseres Ford 20 M lief noch etwa eine Minute nach, obwohl ich bereits den Zündschlüssel gezogen hatte – die Fahrt war rasant gewesen. Im dritten Stock des Axel-Springer-Hochhauses war eine Rohrbombe explodiert. Wenige Minuten später gingen zwei weitere Sprengsätze hoch, die in den Damentoiletten im sechsten Stock versteckt waren. Vor dem Gebäude wurde heftig demonstriert. Das Attentat mit siebzehn Verletzten ging auf das Konto der Baader-Meinhof-Bande.

Gleichzeitig wurden am Amerika-Haus in der Tesdorpfstraße ganz in Nähe des Dammtorbahnhofes erhebliche Flächen der Fensterfronten zertrümmert. Das Amerika-Haus diente seit 1950 als Kommunikationszentrum zwischen den USA und Deutschland. Wir kamen kaum mehr aus der Uniform heraus. Ein bisschen war das wie im Bürgerkrieg – und wir mittendrin.

Ein andermal sollten wir zusammen mit einer Hundertschaft aus Schleswig-Holstein das Polizeipräsidium am Berliner Tor schützen. Die Demonstranten zogen entlang der Straße Beim Strohhause und erreichten nach kurzer Zeit das Hauptportal des Präsidiums. Es müssen um die fünfzehnhundert Protestler gewesen sein, sie erschienen mir wie ein Meer aus Menschen, das gegen uns vorrückte. Auch aus den Treppenaufgängen der U-Bahn-Station stürmten sie auf uns ein. Ein besonders aggressiver Block von ungefähr hundert Personen schrie wie von Sinnen: «Bullenschweine, geht nach Hause! Mörder und Faschisten, Nazi-Schergen!»

Vor dem Haupteingang des Präsidiums führten Straßenbahngleise auf einem Schotterbett entlang. Die Demonstranten griffen nach größeren Schottersteinen und bewarfen uns damit. Wir hatten nichts, um uns zu schützen. Schützend legten wir die Arme vor das Gesicht und tänzelten zwischen den aufschlagenden Geschossen von einem Bein auf das andere, um ja nicht verletzt zu werden.

Es gab weder Schilde noch Helme, auf solche Attacken war die Polizei damals nicht vorbereitet. In der Not fuhr ein Polizei-Lkw in den Freihafen zur Werft Blohm + Voss und holte eine Wagenladung orangefarbener Werftarbeiterhelme, mit denen wir uns während des weiteren Einsatzes notdürftig schützen konnten. Mitten im größten Tumult traf der Mannschaftswagen in rasender Fahrt mit Blaulicht und Martinshorn ein. In Windeseile griffen wir uns jeder einen Helm, sie waren zu groß oder zu klein, doch wir hatten keine Zeit, darüber nachzudenken, und stülpten uns auf den Kopf, was wir kriegen konnten. Wir gaben mit Sicherheit ein komisches Bild ab: die Staatsgewalt in ihren dunkelblauen Uniformen und mit orangefarbenen Bauarbeiterhelmen auf dem Kopf. Vermutlich trafen uns einige der Randalierer nicht, weil sie sich schlapp lachten. Uns jedoch war nicht nach Lachen zumute.

Der Druck auf den Haupteingang des Polizeipräsidiums war so stark, dass das sogenannte Überfallkommando der Polizei-Übergangsabteilung angefordert werden musste, ohne das wir das Polizeipräsidium wohl nicht hätten halten können. Als es schon fast zu spät war, trafen endlich die ersehnten großen

Mannschaftswagen aus der Innenstadt ein, und die Kollegen nahmen unsere Position ein. Und plötzlich war die Polizei der Jäger, und die Demonstranten waren die Gejagten: Mit Gebrüll stürmten unsere Kollegen auf den harten Kern der Demonstranten zu und schlugen scheinbar wahllos in die Menge. Irgendwann war das Katz-und-Maus-Spiel vorbei, die Lage beruhigte sich.

Plötzlich kam eine junge Frau mit erhobenen Händen auf mich zu und bat: «Darf ich im Gleisbett nach meinen Schuhen suchen?»

Tatsächlich lagen dort viele Treter herum, die die Demonstranten während der versuchten Erstürmung des Polizeipräsidiums verloren hatten. Meinetwegen sollte sie auf die Suche gehen.

Hamburg war zum Brennpunkt der RAF-Aktivitäten geworden. Dafür gab es mehrere Gründe: In der linksautonomen, studentischen Szene der Hansestadt gab es für die Terroristen ein dankbares Unterstützer-Umfeld. Außerdem waren sie in der Anonymität der Großstadt nur schwer zu entdecken.

Am 2. März 1972 wurde Manfred Grashof, RAF-Spezialist für gefälschte Ausweispapiere, in seiner Wohnung – und Fälscherwerkstatt – in Hamburg verhaftet. Am 7. Juni 1972 konnte die Top-Terroristin Gudrun Ensslin in einer Boutique am Hamburger Jungfernstieg durch den Hinweis einer aufmerksamen Verkäuferin festgenommen werden. Sie hatte ihre Handtasche auf einem Stuhl abgelegt und Kleidungsstücke anprobiert. Die Verkäuferin hatte beim Vorbeigehen in der geöffneten Handtasche eine großkalibrige Pistole entdeckt. Unauffällig ging sie in den hinteren Verkaufsraum und wählte den Polizeinotruf 110, während Gudrun Ensslin noch immer mit der Begutachtung der Konfektion beschäftigt war. Blitzartig stürmten die Polizisten die Boutique und konnten Gudrun Ensslin verhaften, bevor es ihr gelang, nach ihrer Handtasche zu greifen und zu schießen.

Unser Zug sollte den Abtransport der Terroristin zum Bundeskriminalamt gewährleisten. Mit mehreren Funkstreifenwagen riegelten wir den Sternschanzenpark nahe dem Fernsehturm hermetisch ab. Als Landeplatz für den Polizeihubschrauber diente der Sportplatz, auf dem wir gelegentlich Fußball spielten. Der schwer bewachte Gefangenentransporter kam, Ensslin wurde schnellen Schrittes in gebeugter Haltung von zwei Beamten in den Hubschrauber geführt und zum Bundeskriminalamt geflogen.

Für uns war das eine sehr hektische Zeit, geprägt von Nervosität und Unsicherheit. Überall lauerte Gefahr, denn für die Terroristen waren wir keine Menschen, sondern Bullen oder Schweine, wie es in den Bekennerschreiben der RAF zu lesen war. Unsere Familien waren stark beunruhigt, wenn wir das Haus verließen und zum Dienst gingen.

Mir fiel auf, dass viele der Vorgesetzten mit dem erhöhten Stresspegel nicht zurechtkamen und sich im Ton gegenüber Untergebenen vergriffen. Jedermann schien Angst zu haben, in die Kritik zu geraten, falls das Objekt, für dessen Schutz er zuständig war – beispielsweise ein Gebäude –, durch die Terroristen Schaden nahm.

Ich verstand nicht, dass viele Bürger sich echauffierten, weil sie bei Kontrollen zur Terroristenfahndung Polizisten mit Maschinenpistolen gegenüberstanden. Offensichtlich war damals vielen Bundesbürgern der Ernst der Lage nicht bewusst.

Hatte ich anfänglich noch eine gewisse Sympathie für die Ziele und Ideale der APO, so verabscheute ich das, was die RAF und deren Nachfolgeorganisationen in diesem Land veranstalteten. Das waren Hochkriminelle, die mit verwirrten pseudorevolutionären Phrasen unserer freiheitlichen Grundordnung den Krieg erklärten und ihre Taten politisch rechtfertigten. Diese Mörder wurden auch meine Feinde.

Damals prägte mich vor allem ein lähmendes Gefühl der Angst. Bei Fahrten zum Dienst war diese Unsicherheit immer da. Seit 1968 hatte ich eine Ehefrau und Tochter, im Mai 72 kam mein Sohn zur Welt. Ich fühlte mich für die drei verantwortlich und war ständig besorgt. Ich mochte schon gar nicht mehr den Fernseher oder das Radio einschalten. Ständig gab es neue Hiobsbotschaften, wenn die Baader-Meinhof-Bande wieder einmal Sprengstoffanschläge, Banküberfälle, Entführungen oder Tötungsdelikte begangen hatte. Gerade wir jungen Polizisten waren damals sehr nervös, wusste man ja nie, wo konkret eine Gefahr auf uns lauerte. Wir wurden ständig an Standorten eingesetzt, die für Terroristen von Interesse waren: Polizeiwachen, Strafjustizgebäude, Politikerhäuser, Unternehmen, Generalkonsulate etc.

Das war das Dilemma, in dem wir uns befanden, seit wir diesen Beruf gewählt hatten. Mit einer solchen Eskalation hatte 1966, als wir uns als Polizeianwärter bewarben, natürlich keiner von uns gerechnet. Damals hatte die Bundesrepublik noch unschuldig in einer Art Dornröschenschlaf geschlummert. Der linksradikale Terror wurde zum bösen Erwachen und damit zur ersten großen innenpolitischen Herausforderung für die noch junge Demokratie. Dass ich in diesem Kampf der Terroristen gegen die Bundesrepublik nun ausgerechnet an vorderster Front stand, passte mir nicht. Ich fühlte mich wie ein Soldat im Krieg. Doch ich war nicht zum Krieger geboren.

In der heißen Phase des Baader-Meinhof-Terrors überlegte ich häufiger, ob ich kündigen sollte. Die aufgeheizte Atmosphäre von Hass und Militanz lag mir nicht, ich fühlte mich überfordert. Dabei hatte ich doch immer den Traum gehabt, mit Menschen in Kontakt zu kommen, zu helfen, zu schlichten, vielleicht sogar zu beschützen.

Dass ich letztlich über sechs Jahre in einer geschlossenen

Einheit zubrachte, war nie mein Wunsch gewesen, ich war das Opfer höherer Gewalt geworden. Hamburg musste damals vier Hundertschaften der Bereitschaftspolizei zur Verfügung stellen – nach Vereinbarung mit der Bundesregierung, die diese Truppe mitfinanzierte. Kam kein Nachwuchs nach, durfte auch keiner von uns raus. Die Einstellungsjahrgänge vor und nach mir hatten es da besser, sie blieben teilweise nur ein, höchstens zwei Jahre in der geschlossenen Einheit. Immer wieder bat ich meine Zug- und die Hundertschaftsführer, mich bei nächster Gelegenheit auf ein Polizeirevier zu versetzen. Ich wollte kein Soldat sein, der nach den Prinzipien Befehl und Gehorsam seinen Dienst versieht. Ich litt.

Doch das Schicksal meinte es letztlich gut mit mir. Ende September 1972 – man hatte uns gerade einen neuen Hundertschaftsführer vor die Nase gesetzt – bot mir ebenjener, ein gewisser Ludwig Rielandt, an, die Truppe zu verlassen. Ich sollte mir eine Polizeiwache aussuchen und sah, dass die Davidwache auf der Liste möglicher Wachen stand. Ich griff sofort zu. Pauli gehört nach Pauli, dachte ich einen Moment lang in Erinnerung an meine Ausbildung – und musste grinsen.

Am 1. Oktober 1972 verließ ich die geschlossene Einheit und trat meinen Dienst auf St. Pauli an.

ST. PAULI, ICH KOMME!

ENDLICH war ich ein richtiger Polizist. Zumindest empfand ich das so. Denn ich sehnte mich nach den Tätigkeiten, die man so landläufig mit dem Polizeidienst in Verbindung bringt: mit Menschen in Kontakt sein, Mitbürgern in Not helfen, Straftaten verhindern oder aufklären. Dass es mich ausgerechnet nach St. Pauli verschlug, empfand ich als großes Glück. Wo sonst in dieser Stadt hätte ein junger Polizist Herausforderungen gefunden, die diesen Namen auch verdienten? Der Ruf, der diesem Hamburger Stadtteil vorauseilte, war damals schon legendär, vor allem geteilt. Einerseits stand St. Pauli für Spaß, Unterhaltung, Vergnügen. Der Film «Auf der Reeperbahn nachts um halb eins» – in der Hauptrolle spielte das Hamburger Urgestein Hans Albers – hatte St. Pauli Mitte der fünfziger Jahre schlagartig in ganz Deutschland bekannt gemacht. Dort erwarteten mich keine Terroristen – im Milieu wären sie sofort verpfiffen worden, denn die Rotlichtszene auf dem Kiez wollte nur eins: Ruhe haben, um ihren Geschäften nachgehen zu können.

Dass die Beatles ausgerechnet im Star-Club auf der Großen Freiheit ihre ersten Erfolge feierten, trug zusätzlich zu St. Paulis Ruhm bei. Paul McCartney und Pete Best, der erste Schlagzeuger der Beatles, mussten sogar eine Nacht auf der Davidwache verbringen, weil sie in jugendlichem Leichtsinn in ihrer Absteige, dem damaligen Bambi-Kino in der Paul-Roosen-Straße, ein Kondom verbrannt hatten. Am 5. Dezember 1960 wurden sie deswegen sogar aus der Stadt geworfen und schließlich des Landes verwiesen, weil sie weder Aufenthalts- noch Arbeitserlaubnis besaßen. Doch keine drei Monate später waren sie wieder da, und St. Pauli wurde zum Startpunkt ihrer unglaublichen Karriere.

«Die Stadt öffnete uns die Augen», sagte McCartney später in einem Interview mit der «Hamburger Morgenpost». «Wir gingen als Kinder dorthin und kamen als alte Kinder zurück. Auf der Reeperbahn erlebten wir damals eine ziemlich schnelle Feuertaufe in Sachen Sex, wir waren von der Leine gelassen.»

Und das ging offenbar nicht nur den Beatles so. Rocklegenden wie Little Richard, Jimi Hendrix oder The Everly Brothers spielten im Star-Club, der 1969 seine Tore schloss. Doch der eigentliche King of Pop St. Paulis war der 1940 im englischen Norwich geborene Anthony Esmond Sheridan McGinnity, genannt Tony Sheridan. Er dominierte die Musik im «Kaiserkeller» in der Großen Freiheit und im «Top Ten» an der Reeperbahn für mehr als ein Jahrzehnt. Sheridan, graue Eminenz und Godfather des Rock 'n' Roll, schenkte den Beatles den Beat und nahm sich in Hamburg der Milchbubis an – bis sie ihm musikalisch über den Kopf wuchsen. Was die wenigsten wissen: Jahre später besuchte Sheridan in Australien den schottischen Saxophonisten Alex Young und wurde von dessen jüngeren Brüdern Angus und Malcolm stundenlang bekniet, ihnen sein Gitarrenspiel beizubringen – später gründeten die beiden AC/DC. Sheridan blieb St. Pauli ewig verbunden.

Nicht zuletzt boten Reeperbahn und Umgebung bereits zu einer Zeit, in der in den meisten deutschen Großstädten pünktlich um acht Uhr die Bürgersteige hochgeklappt wurden – das Wirtschaftswunder brauchte ausgeschlafene Arbeiter –, ein starkes Stück Weltstadt, das niemals schlief.

Die Kehrseite der Medaille war, dass St. Pauli schon früh eine Brutstätte der organisierten Kriminalität war. Die Politik leugnete das lange Zeit stoisch. «Von organisierten Banden kann auf St. Pauli keine Rede sein», äußerte 1963 ein Hamburger Innensenator wider besseres Wissen. Er hieß Helmut Schmidt und wurde elf Jahre später Bundeskanzler.

Dieses Ausblenden der Realität war Teil der politischen Kultur Hamburgs und blieb es für lange Zeit. Man hielt es mit Christian Morgenstern: «Weil, so schließt er messerscharf, nicht sein kann, was nicht sein darf.» Hamburgs Polizei kostete das im Kampf gegen das Verbrechen zwei Jahrzehnte, und das sollte sich rächen.

Ist von St. Pauli die Rede, dann ist zumeist das etwa ein Quadratkilometer große Vergnügungsviertel zwischen Holstenstraße, Budapester Straße, Paul-Roosen- und Hafenstraße gemeint. Dort sind heute etwa 420 Vergnügungsbetriebe aller Kategorien zu finden: Bars, Schankwirtschaften als Treffpunkt skurriler Gestalten, Diskotheken und Clubs, Spielkasinos, Sex- und Porno-Shops, Hotels, Kinos, Theater, Restaurants, Transvestiten-, Schwulen- und Lesben-Lokale. Der eigentliche Stadtteil St. Pauli ist allerdings mehr als doppelt so groß und Teil des Stadtbezirks Hamburg-Mitte.

Ende der sechziger Jahre waren in Hamburg rund eintausenddreihundert Prostituierte registriert, ein Großteil von ihnen auf St. Pauli. Ihr Jahresumsatz wurde auf hundertdreißig Millionen Mark geschätzt. Zehn Jahre später – das Gewerbe feierte den Zenit der Sexwelle, bevor Aids für Ernüchterung sorgte – schätzte man die Zahl der in Hamburg tätigen Prostituierten bereits auf viertausend, von denen zweitausendfünfhundert registriert waren. Etwa zweitausend Frauen, vereinzelt auch Männer, arbeiteten auf dem Kiez, vor allem in Bordellen wie «Eros-Center», «Palais d'Amour», in Edelclubs, in sogenannten Saunaclubs oder auf dem Fischmarkt. Andere schafften in Bars oder Kneipen an. Fast alle Prostituierten hatten damals einen Zuhälter, auch Lude oder Pimp genannt. Die Luden waren Freund, Beschützer, Ausbeuter und Manager in einer Person. Was brauchte man, um Zuhälter zu werden?

«Man musste sich durchsetzen können, sollte nicht ganz blöd sein und passabel aussehen», erzählte mir einer, der selbst in der Szene aktiv war. Ich denke, vor allem gehörte eine große Portion Skrupellosigkeit dazu.

Jede Nacht strömten schon damals zehn- bis fünfzehntausend Menschen nach St. Pauli. Im Sommer konnten es doppelt so viele sein. Bereits gegen Mitternacht war ein Großteil der Besucher angetrunken. Ein buntes Völkchen machte dann den Kiez unsicher – St.-Pauli-Besucher, vermischt mit Kellnern, Animierdamen, Koberern, Schleppern, Zockern, Stadtstreichern und Kriminellen. So war St. Pauli damals, und so ist es in weiten Teilen auch heute noch.

Doch ein paar grundlegende Unterschiede gibt es. Heute ist St. Pauli ein Touristenmagnet, ein aufpoliertes Amüsierviertel mit Musicals, Clubs und Bars, die Strahlkraft über die Landesgrenzen hinaus haben. In einem Ranking der britischen Tageszeitung «The Guardian» Anfang 2012 landete der Hamburger Stadtteil sogar auf dem zweiten Platz der fünf lebenswertesten Orte weltweit – hinter der US-Westküstenmetropole Portland im Bundesstaat Oregon und noch vor der Hawaii-Insel Maui, dem Istanbuler Stadtteil Cihangir und der Kanareninsel Teneriffa. St. Pauli ist hip. Die Zahl der Luxusappartements, Loft- und Atelier-Wohnungen belegt das. Die Mietpreise liegen im oberen Drittel – verglichen mit dem Rest der Stadt. Es ist heute ganz selbstverständlich, dass Touristen jeden Alters aus Dänemark, Großbritannien oder Bayern auf der Reeperbahn oder durch die Herbertstraße schlendern, ohne Anflug von Scham. Und auch viele Hamburger zieht es am Wochenende in die angesagten Tanzclubs St. Paulis.

Bis weit in die achtziger Jahre hinein war das nicht selbstverständlich. Den meisten Kindern bürgerlicher Familien in Pöseldorf oder Blankenese war es untersagt, an den Wochenenden die

Abende auf St. Pauli zu verbringen. Das Viertel war für viele Hamburger das Schmuddelkind der Stadt, das auch so behandelt wurde. Dass Teenager trotzdem nach St. Pauli fluteten, war schon eine Form von Auflehnung.

Jedenfalls war der Stadtteil damals nicht nur Deutschlands größter Rotlichtbezirk, er war auch schmutzig, versifft, verkommen. Ecken wie die Schmuckstraße, Einmündung Große Freiheit stanken permanent nach Urin. St. Pauli war ein Stück Hamburg im permanenten Ausnahmezustand. Das hatte auch etwas mit den strengen Moralvorstellungen zu tun, die sich erst in den siebziger und achtziger Jahren allmählich aufzulösen begannen. Sexualität hatte etwas Verschämtes, Pornographie war verboten, Schwule und Lesben liefen Gefahr, sich strafbar zu machen. St. Pauli war der einzige Ort, wo Sexualität – ob in Form von Pornoheften, Peepshows oder Prostitution – frei konsumiert werden konnte. Das war natürlich etwas Ungeheuerliches. Das weltoffene, liberale Hamburg fühlte sich geschmeichelt, wenn Menschen im Rest der Republik oder gar im Ausland von St. Pauli schwärmten oder «Auf der Reeperbahn nachts um halb eins» sangen. Doch das bedeutete nicht zwangsläufig, dass die gutsituierten Eppendorfer oder Blankeneser St. Pauli liebten. Ähnlich empfand es wohl auch Hamburgs Politik bis in die siebziger Jahre hinein: Die Steuermillionen, die man durch St.-Pauli-Besucher verdiente, waren im Stadtsäckel willkommen. Doch investiert wurde damals im Stadtteil kaum. Der Spielbudenplatz, das Herz St. Paulis, sah jahrzehntelang zum Fürchten aus. Grünanlagen wurden nicht gepflegt, Spielplätze verkamen.

Darunter litten vor allem die St. Paulianer. Die feine Hamburger Gesellschaft versagte den St.-Pauli-Größen die Anerkennung – waren diese auch noch so erfolgreich und wohlhabend. Und für die Kiezgrößen, von denen später noch die Rede sein wird, war das Überwinden dieser Ausgrenzung und die Akzeptanz durch das hanseatische Bürgertum stets ein erstrebenswertes Ziel.

Immer wieder sorgte St. Pauli für böse Schlagzeilen, schon damals: Beispielsweise wurde am 8. Januar 1970 der 36-jährige Ganove Heinz Saworra zur Nachtzeit in der Davidstraße, Ecke Kastanienallee von Polizisten der Davidwache in seinem Wagen überprüft, weil er über eine rote Ampel an der Kreuzung Reeperbahn und Davidstraße gefahren war. Die Beamten bemerkten eine Alkoholfahne und baten ihn, mit aufs Revier zu kommen. Dort gelang es Saworra – der zuvor nachlässig durchsucht worden war –, im Wachraum einen Revolver zu ziehen und den 31-jährigen Polizeimeister Uwe Kraak, den frisch getrauten Ehemann meiner Lehrgangskollegin Ursula H., zu erschießen. Einem anderen Beamten schoss der Verbrecher in den Oberschenkel, bevor er überwältigt werden konnte.

Trotz solcher und ähnlicher Geschichten hatte ich keine Bedenken, meinen Dienst in der legendären Davidwache anzutreten. Vor meinem ersten Arbeitstag konnte ich die ganze Nacht nicht schlafen, ich war so aufgeregt. Das war nicht weiter schlimm, weil ich erst mittags, zum Spätdienst, in der Wache antreten musste. Viele Kollegen kannten mich schon, weil ich das eine oder andere Mal als Bereitschaftspolizist in der B-Schicht – die Belegschaft war in vier Schichten eingeteilt, die rund um die Uhr ihren Dienst verrichteten – auf St. Pauli im Einsatz gewesen war.

«Hallo, ich bin der Neue, Waldemar Paulsen. Ich soll ab heute in dieser Schicht arbeiten – das ist doch die B-Schicht, oder?» Ich stand wie ein Besucher vor dem Wachtresen.

«Ja», sagte der Kollege, «dann komm mal rum.»

Ich ging durch die Schwingtür und begrüßte die beiden Polizisten hinterm Tresen mit Handschlag.

«Kurt, führ den neuen Kollegen doch mal durchs Haus!», rief der erste Wachhabende dem zweiten Wachhabenden zu.

Wir machten die Runde in dem kleinen Gebäude, fingen im Kellergeschoss an, wo sich der Zellentrakt befand, und endeten in der vorletzten Etage, wo die Schrankräume waren.

«Hier ist dein Spind, da kannst du deine persönlichen Sachen einschließen», sagte Kurt und wies auf einen der Schränke für Uniformteile und persönliche Sachen der Beamten.

Ins oberste Geschoss gingen wir nicht. Es war der sogenannte Alarmraum, der als Notschlafraum mit Betten ausgestattet war. Die Etage war für Krisenzeiten vorgesehen, wenn das Personal nicht nach Hause gehen sollte, die Männer sich aber trotzdem irgendwann einmal nach zwanzig oder dreißig Stunden Dienst ausruhen mussten. Der Fall trat zum Glück zu meiner Zeit nie ein. Eventuell zu turbulenten Zeiten des I. und II. Weltkrieges, aber ich weiß es nicht. Später nächtigten dort gelegentlich Kriminalbeamte aus anderen Bundesländern, wenn die Aufklärung eines Falles sie nach St. Pauli führte.

Kurt stellte mich den beiden «Geschäftszimmerbullen» vor, die mir einige organisatorische Abläufe erklärten. Es waren zwei ältere Beamte kurz vor der Pensionierung, die über Jahrzehnte Schichtdienst verrichtet hatten und nun in den Genuss des Tagesdienstes kamen, indem sie das Geschäftszimmer bedienten.

Dann traf ich endlich auf den Revierführer, den Chef des ganzen Ladens. Ich hatte mir in der vergangenen Nacht genau überlegt, was ich zu ihm sagen wollte, über meine Herkunft, meine Ausbildung, meine Motivation und meine Vorstellungen vom neuen Arbeitsplatz. Ich glaube, ich zitterte ein wenig, als er mir die Hand reichte.

«Dann wünsche ich Ihnen einen guten Start, und passen Sie auf sich auf, halten Sie sich an die Kollegen, die mehr Erfahrung haben», gab er mir mit auf den Weg, ohne dass ich irgendetwas hätte sagen können. Dann verzog er sich wieder in sein Dienstzimmer.

Was für eine Enttäuschung! Er gab mir ziemlich deutlich zu verstehen, dass es für ihn Wichtigeres gab, als sich mit diesem neuen Kollegen zu beschäftigen. Er warf mir den Satz auf der Schwelle seines Büros entgegen, ich wurde weder hereingebeten, noch interessierten ihn meine nächtlichen Überlegungen. Ich weiß nicht einmal genau, ob er mich überhaupt ansah, als er mit mir sprach.

In den nächsten Wochen und Monaten sah ich ihn kaum. Ein halbes Jahr später wurde er pensioniert und durch Ludwig Rielandt ersetzt, der zuvor mein Hundertschaftsführer bei der Polizei-Übergangsabteilung gewesen war.

Nun war ich also ein Streifenbulle auf der Davidwache, der vermutlich berühmtesten Polizeiwache Deutschlands, auch bekannt durch Filme wie Jürgen Rolands «Polizeirevier Davidswache» (interessanterweise mit «Fugen-s» geschrieben) in den sechziger Jahren. Die Davidwache hat eine lange Geschichte. Bereits 1840 hatte der damalige Hamburger Senat beschlossen, am Spielbudenplatz, Ecke Davidstraße, in unmittelbarer Nähe des Hamburger Hafens eine Polizeiwache einzurichten. 1855 fiel dieses Gebäude, das nun bereits Davidwache hieß, endgültig der Hamburger Polizei zu. Für den Namen der Wache stand die angrenzende Davidstraße Pate. Die Straßen des Viertels tragen Männernamen in alphabetischer Reihenfolge: Davidstraße, Erichstraße, Friedrichstraße, Gerhardstraße, Herbertstraße etc.

Das heutige Gebäude, geplant vom Hamburger Stadtbaumeister Fritz Schumacher, wurde der Polizei am 10. Dezember 1914 übergeben. Heute ist die Davidwache europaweit für das kleinste Reviergebiet verantwortlich: 0,92 Quadratkilometer klein mit etwa vierzehntausend Einwohnern. Was aber nicht bedeutet, dass es für Polizisten dort wenig zu tun gibt – das Gegenteil ist der Fall.

Diese Wache war eine Art Trutzburg für Recht und Ordnung in einem wahren Hexenkessel von Lust und Laster. Zumindest sahen wir das so. Für mich, hinterm Deich in Dithmarschen aufgewachsen, war St. Pauli ein besonders raues Stück Großstadt. Das zügellose Nebeneinander von Erotik und Gewalt faszinierte mich und stieß mich gleichzeitig ab. Die vielen Menschen, der Straßenverkehr, die Hektik und die Schnelligkeit des öffentlichen Lebens, all das flößte mir eine gehörige Portion Respekt ein, machte mich aber auch neugierig. Ich genoss es, mich unter Großstadtmenschen zu bewegen.

St. Pauli hatte mich während der Ausbildung schon in seinen Bann gezogen, jetzt sollte ich ein Teil dieses Stadtteils werden.

DER PATE VON ST. PAULI

ALS ich meinen Dienst an der Davidwache antrat, war die Welt im Rotlichtviertel auf St. Pauli noch ziemlich übersichtlich. Wilfried Schulz – sein Spitzname war Frieda, auch wenn niemand wagte, ihn so anzusprechen – war der uneingeschränkte Pate im Milieu. Frieda hieß er in Anlehnung an eine Blumenverkäuferin, die, wie er, viel Wert auf bürgerliche Etikette legte. Schulz hasste es zutiefst, wenn er so genannt wurde. Er war in St. Pauli geboren und aufgewachsen. Kurze Zeit arbeitete er als Hafenarbeiter, bevor er als Koberer das Milieu entdeckte. Während die meisten Rotlichtgrößen auf Muskeln und Schlagkraft setzten, überwog bei Frieda Schulz kühler Intellekt und Durchsetzungswillen. Mit eiserner Hand hatte er schon 1959 italienische Zuhälter vom Kiez gefegt – der Beginn seiner fast zwanzigjährigen Herrschaft.

«Schweine-Hans» und «Schläger-Fred» – im Rotlicht waren Spitznamen, die auf auffällige Charakteristika reduziert waren, sehr beliebt – waren die nächsten beiden St.-Pauli-Größen, die Frieda auf seinem steilen Weg an die Spitze der Ludenszene zur Strecke brachte. Anfang der sechziger Jahre sorgten die beiden Brutalos für Unruhe im Revier, weil sie Wirte überfielen und Touristen abzockten. Schulz hatte für sie nichts als Verachtung übrig und verdrängte sie vom Kiez.

Auch optisch setzte Frieda Maßstäbe: Sein Markenzeichen waren großkarierte Sakkos und – bei guter Laune – eine Havanna zwischen den Zähnen. Zu großer Form lief Schulz bei Boxveranstaltungen auf, wo regelmäßig mehr oder weniger einflussreiche Personen aus dem kriminellen Milieu zu sehen waren. Die Kollegen des Fahndungskommandos des Landeskriminalamtes waren jedes Mal erstaunt über die vielen hundert Jahre

Knast, die auf diesen Events in der Ernst-Merck-Halle oder dem Congress Centrum Hamburg (CCH) am Dammtorbahnhof zusammenkamen.

Wer hamburg- oder deutschlandweit im Rotlichtmilieu etwas zu sagen hatte, der durfte alljährlich mit Schulz und dessen Kegelclub «Die letzte Partie» am Vatertag an einer Barkassenfahrt ins Alte Land teilnehmen. Der in Düsseldorf geborene «Schneiders Karl» war stets dabei, eine Art Alterspräsident der deutschen Zuhälter. Schneider hatte unter den Nazis im Konzentrationslager gesessen und wurde im Gewerbe ehrfürchtig Ludenvater genannt.

Zu Friedas Sternstunde wurde die Vertreibung der österreichischen Zuhälter, die in den späten sechziger Jahren St. Pauli beherrschten und gemeinhin als Plage wahrgenommen wurden. 1965 tauchte Arnold Sellner in St. Pauli auf. Der 25-jährige Zuhälter, in St.-Pauli-Kreisen «Wiener Bär» genannt, schüttete in einem Lieblingslokal von Schulz einem Gast Whiskey ins Gesicht und «kitzelte» den Barkeeper mit einem Säbel. Eine Provokation, die als Machtdemonstration gedacht war. Sellner holte weitere Freunde aus Wien an die Elbe und drang offensiv in Friedas Hoheitsgebiet ein. Die im Schlepptau Sellners anschaffenden Österreicherinnen, gut fünfzig an der Zahl, hatten mit ihrem «Wiener Schmäh» für eine starke Konkurrenz im Milieu gesorgt. Außerdem trugen die Österreicher neue, brutalere Umgangsformen ins idyllische St. Pauli: Sie setzten zur Durchsetzung ihrer Interessen Messer ein.

Das rufe die Polizei auf den Plan, befürchteten die Hamburger, die möglichst geräuschlos ihre Geschäfte machen wollten.

«Wir verpassen den Österreichern eine Bahnfahrkarte Wien – ohne Rückfahrschein», drückte es Friedas Mann fürs Grobe «Dakota-Uwe» aus. Im Hotel Austria an der Talstraße überfielen er und seine Kollegen den Konkurrenten, stachen ihm ein Messer in den Hintern und drehten es langsam um. Dann führten sie den verletzten «Wiener Bär» seinen Landsleuten vor und befahlen: «Und jetzt verlasst ihr die Stadt!»

Das saß, nie wieder sollte ernsthaft jemand versuchen, Friedas Macht anzutasten. Die Österreicher waren weg. Alle? Der «Wiener Arnold» hatte von alldem nichts mitbekommen, er hatte die Nächte im Hinterzimmer eines Lokals gepokert.

«Da haben wir ja noch einen vergessen!», rief Friedas Kellner Valentino («Vallo») Steinke, und gemeinsam schlug man ihn nieder. Doch Arnold zog ein Messer. Vallo entwendete ihm die Waffe und rammte sie ihm sieben Mal in den Hintern. «Eier-Otto», ein anderer aus Friedas Gang, legte den stark blutenden Österreicher vor dem Hafenkrankenhaus ab mit den Worten: «Kümmert euch um den, den habe ich vor dem Lokal aufgesammelt.»

Später, vor Gericht, behauptete Arnold allen Ernstes, er sei sieben Mal ins eigene Messer gefallen.

Als ich nach St. Pauli kam, waren nur noch zwei Österreicher im Milieu zu finden. Es waren der später wegen mehrfachen Mordes verurteilte «Wiener Peter» alias Josef Nusser und ein übriggebliebener, unscheinbarer Mann, der in den Sechzigern als Zuhälter seinen Lebensunterhalt bestritten hatte, der in die Jahre gekommene «Mützen-Helmut».

Seit der Vertreibung der Österreicher war Schulz die unangefochtene Nummer eins auf dem Kiez – das Alphatier unter den ganz harten Jungs.

DIE POLIZEI AUF NEUEN WEGEN

«WIR produzieren Sicherheit im Milieu!» Das war Ludwig Rielandts Standardspruch, und mit ihm wandelte sich Anfang der
Siebziger die Einstellung der Polizei zum Milieu grundlegend.
Im Mai 1973 wurde Rielandt neuer Dienststellenleiter der Davidwache. Damals siebenundvierzig Jahre alt, trat er für eine Neuausrichtung der Polizeiarbeit ein. Der «nervige Intellektuelle»,
wie ihn Kritiker nannten, äußerte in kleiner Runde: «Ich möchte,
dass niemand mehr St. Pauli als Geschädigter oder Opfer verlässt.» Oberstes Ziel war somit nicht mehr allein der Kampf gegen
Verbrechen, sondern auch der Schutz der Besucher. Und das
hatte nicht zuletzt ökonomische Gründe: St. Pauli war und ist
ein bedeutender Wirtschaftsfaktor für die Hansestadt Hamburg.
Hier arbeiten und leben viele Menschen, eine große Menge an
Steuereinnahmen verdankt Hamburg dem Rotlichtviertel. Politik
und Ordnungshüter wollten nicht tatenlos zusehen, wie Nepp
und Gewalt die Gäste vertrieben.

Rielandt konnte seine Truppe begeistern. Er war eloquent
und riss seine Zuhörer mit – was nicht unbedingt zu den typischen Eigenschaften von Polizisten gehört und in höheren Poli-
zeikreisen gelegentlich für einen Anflug von Neid sorgte. Ein
neues Klima sollte unsere Arbeit auf dem Kiez erleichtern. Kopf-
arbeit war da gefragt, wo bislang Zwei-Meter-Schränke auf
Streife gingen, die rüde und oft auch respektlos mit dem Milieu
umgingen. «Unsere Waffen sind das Hirn und die Nerven» galt
fortan als neue Devise. Die Polizei, bis dahin auf ihr Machtmono-
pol und auf Abschreckung durch Präsenz vertrauend, widmete
sich plötzlich sozialpolitischer Ursachenforschung.

Ziel war es, in die Haut der Milieuansässigen zu schlüpfen, um deren Handlungsweisen besser einschätzen zu können. Gelang dies, konnte man effektiver agieren und musste nicht ständig reagieren. Man hoffte, so die Sicherheit der Anwohner und Besucher auf St. Pauli besser gewährleisten zu können. Rielandt ordnete an, mit den St. Paulianern in vernünftigem Ton zu verkehren und sich allein schon in Umgangsform und Auftreten vom Milieu abzugrenzen. Was heute wie eine Selbstverständlichkeit klingt, war damals neu, glaubten doch bis dato viele Polizisten, sich im harten Kiez-Milieu nur durch einen angepassten Ghetto-Slang und Pöbeleien durchsetzen zu können.

Wichtig war es auch, den Prostituierten mit Respekt zu begegnen. Wir sollten uns fortan nicht mehr im abfälligen Ton über «Nutten» äußern, ab jetzt waren es für uns Prostituierte – wobei die Frauen selbst die Bezeichnung Huren bevorzugten.

In der Zeit vor Rielandts Eintreffen hatte jeder Beamte mehr oder weniger unkoordiniert «vor sich hin gewurschtelt». Auf Vorkommnisse im Milieu wurde stets reagiert, vorbeugende Verbrechensbekämpfung fand so gut wie nicht statt. Die größte Herausforderung für Rielandts Vorgänger am frühen Nachmittag eines jeden Tages war es, drei Beamte für ein Doppelkopfspiel zu gewinnen. Mit dem Gongschlag um siebzehn Uhr ließ man die Karten fallen, der Revierführer entschwand mit seinem Stab und den Ermittlern in den Feierabend. Wir schoben Dienst nach Vorschrift.

Zwar ging auch Rielandt im ersten Jahr pünktlich nach Hause, tauchte aber dann plötzlich mitten in der Nacht wieder auf, um sich ein realistisches Bild von der Arbeit seiner Mannschaft und der allgemeinen Lage zu machen. Als eine seiner ersten Amtshandlungen versetzte er mehrere Mitarbeiter auf andere Wachen und ersetzte sie durch neue Polizisten. Verschiedenen Kollegen wurden enge Kontakte zu den St. Paulianern aus allen Gewerbebereichen nachgesagt, Straf- und Disziplinarverfahren wurden eingeleitet, die jedoch zu keiner Verurteilung führten. Von alldem bekam die Öffentlichkeit nichts mit, damals funktionierte die Geheimhaltung noch. Auch wir erfuhren nichts, weil die Beteiligten selbst schwiegen. Bekannt ist jedoch, dass es vereinzelt Polizisten gab, die mit dem Milieu kooperierten.

«Können Sie sich vorstellen, als Zivilfahnder im Bereich repressiver und präventiver Prostitution / Zuhälterei tätig zu werden?», fragte Rielandt mich eines Tages direkt.

Der Beamte, der diese Funktion bislang ausgefüllt hatte, war zuvor versetzt worden.

«Zu Ihren Aufgaben gehört es ab sofort, den Kontakt zum Milieu herzustellen. Machen Sie den Alphatieren dort klar, dass sie sich an die Regeln zu halten haben. Schauen Sie den Agierenden auf die Finger, ob im üblen Neppbereich oder in der Zuhälterszene. Beobachten Sie die Szene genau und schreiten Sie ein, wo das Gesetz es zulässt. Vereiteln Sie Straftaten, wo Sie können, aber vergessen Sie dabei nie, Mensch zu bleiben. Ich vertraue Ihnen und stehe hinter Ihnen, falls Probleme auftauchen sollten. Trauen Sie sich das zu?»

Natürlich willigte ich ein. Ich war begeistert und auch ein wenig stolz darauf, ab jetzt als Zivilfahnder tätig zu sein. Im Kollegenkreis genoss dieser Bereich höchstes Ansehen. Ich hatte gleich das Gefühl, dass dies eine Aufgabe war, die mir lag. Endlich konnte ich meine Arbeit eigenverantwortlich gestalten und da wirksam werden, wo Verbrechensprävention wirklich nötig war. Und ich genoss das Gefühl, die so engen Ketten von Befehl und Gehorsam etwas lockern zu können – Kreativität war ausdrücklich erwünscht. Denn es ging auch darum, mit Verbrechern, denen nichts nachzuweisen war, Übereinkünfte zu schließen, Brücken zu ihnen zu bauen. Und im Milieu war so gut wie jeder kriminell, mehr oder weniger.

Auch für die anderen drei Kriminalitätsbereiche – Bekämpfung von Drogenkriminalität, Verstöße nach dem Ausländergesetz und Eigentumsdelikte – wählte Rielandt neue Zivilfahnder aus. Innerhalb der Kollegenschaft gab es für uns jedoch nicht nur Schulterklopfen, sondern gelegentlich auch Neid, zumal dann, wenn jemand besonders erfolgreich tätig war.

Als Zivilfahnder ging ich – der Name sagt es schon – in Zivilkleidung auf Streife. Es gab keine Kleidervorschrift, nur kurze Hosen waren uns untersagt, aber auf diese Idee wäre ich sowieso nie gekommen. Bewaffnet waren wir zunächst, wie damals bei der Polizei üblich, mit einer Pistole vom Typ Walther PP, Kaliber 7,65 Millimeter. Ich musste die Waffe stets bei mir haben, ausnahmslos. Ich trug sie rechts in einem privat erworbenen Pistolenholster am Gürtel. Die dienstlich gestellten Schulterholster mochte ich nicht, denn sie bereiteten mir Schulterschmerzen. Sie waren unbequem, und ich mochte das Gefühl nicht, wenn das schwere Ding auf die linke Brust drückte – wie eine Last auf dem Herzen. Die Pistole hatte ein Stabmagazin mit acht Patronen. Dazu hatten wir ein Ersatzmagazin mit weiteren acht Patronen. Auf längere Schießereien wie in der US-Kultserie «Miami Vice» waren wir also nicht eingestellt. Damit wir uns in den Höhlen der Löwen im Notfall zur Wehr setzen konnten, fuhren wir einmal monatlich auf die uralte Schießanlage der Polizei im Hamburger Stadtteil Bahrenfeld. Anfangs gehörte auch Schießtraining mit einem Gewehr dazu, später mit einer Maschinenpistole der Marke Heckler & Koch, die fester Bestandteil der Ausrüstung eines jeden Peterwagens wurde.

Immer dabei hatte ich außerdem Handschellen – Handfesseln auf Behördendeutsch – und zwei Zehn-Pfennig-Münzen, um im Notfall von der nächsten Telefonzelle aus die Wache anrufen zu können, Handys gab es ja noch nicht. Dazu kam ein dickes Merkbuch, in das ich Namen und Vorgänge zwecks späteren

Abgleichs eingetrug, mitunter auch, um Entwicklungen langfristig zu beobachten.

Jeder Beamte wurde zudem zum Dienstsport alle zwei Wochen verpflichtet. Anfangs fuhren wir in ein altes Schulgebäude im Stadtteil Veddel und erhielten dort ein spezielles Judotraining. Einmal wöchentlich, zumeist in der Spätschicht, die in der Regel um 13.30 Uhr begann, mussten wir am sogenannten Dienstunterricht im Hause teilnehmen. Dort wurden wir über wichtige Ereignisse – Mordserien, Bandenkriminalität, aber auch banalere Entwicklungen – sowie gesetzliche Neuerungen informiert. Dinge, die heute jeder Kollege per E-Mail als Hausmitteilung erhält.

Die Uniformen von uns Fahndern, die wir selten anzogen, hingen in den Spinden. Für die anderen Kollegen galt eine Dienstkleidervorschrift, die ausnahmslos befolgt werden musste. Der Uniformträger sah überall in Hamburg gleich aus, es gab da keine Ausnahmen. In den ersten Jahren trug er die hübsche dunkelblaue, pflegeleichte Uniform, die Hamburg nach Kriegsende von den Engländern übernommen hatte.

Wenn wir eine Razzia in Lokalen, Diskotheken oder an Zuhältertreffpunkten vornahmen, so hatte stets einer der Beamten ein dickes Büchlein dabei. Es war das Deutsche Fahndungsbuch, das vierzehntäglich gedruckt und uns vom BKA zugesandt wurde. Wir kontrollierten Personen und suchten mit ihren Ausweispapieren nach entsprechenden Einträgen im Fahndungsbuch. Darin waren Namen alphabetisch geordnet und mit entsprechenden Vermerken versehen, zum Beispiel: «Haftbefehl wegen Betrugs» oder «Aufenthaltsermittlung wegen Widerstands gegen Vollstreckungsbeamten».

Es war ein sehr mühsames und zeitraubendes Prozedere. Erst 1973 erhielten wir den ersten Computer und waren nun in der Lage, übers Telefon den Datenabgleich vorzunehmen. Nachts saß ein Beamter des Innendienstes am PC, um die Hotelmeldezettel zu überprüfen, die laut Hamburger Meldegesetz jeweils nachts von den Hotels an den Polizeidienststellen abgegeben werden mussten. Nicht selten waren Hotelgäste dabei, die steckbrieflich gesucht wurden. Sie wurden dann unverzüglich aufgesucht und noch im Hotelbett verhaftet.

Die wichtigste Eigenschaft eines Zivilfahnders war die Fähigkeit, auf die unterschiedlichsten Menschen einzugehen, sich gegebenenfalls wie ein Chamäleon zu wandeln. Eine gute Portion Menschenkenntnis und Einfühlungsvermögen waren dazu nötig und gehörten somit zu unserem Rüstzeug. Wir mussten im Umgang mit den St. Paulianern lernen, wie wir ihnen gegenübertraten, um ihre Herzen zu gewinnen, denn wer hier als unnahbarer Apparatschik auftrat, erreichte gar nichts. In der Herbertstraße, den zwei Großbordellen «Eros-Center» und «Palais d'Amour» (heute «Laufhaus») direkt an der Reeperbahn, den edlen Saunaclubs, den Straßenbordellen, einschlägigen Schankwirtschaften, Stripteaselokalen und in den Bordellen am Fischmarkt sprach ich die Leute stets respektvoll mit «Sie» an. Anders im «Bermudadreieck» Talstraße, Simon-von-Utrecht-Straße, Hamburger Berg: Dort, wo sich Stadtstreicher, Gestrauchelte oder Spaßtrinker vergnügten, erreichte ich die Menschen am ehesten mit einem freundlichen «Du», das half, Distanzen zu überwinden. Doch insgesamt war es stets eine ganz persönliche Entscheidung, die von der Situation abhing und für die auch ich erst ganz allmählich ein Gefühl entwickelte.

Schon nach zwei Wochen verpasste man mir im Milieu den Spitznamen Rotfuchs wegen meiner damaligen rotblonden Haarfarbe. Unter diesem Spitznamen bin ich dort bis zum heutigen Tage bekannt. Ich empfand das nicht als beleidigend oder störend, das war eben St. Pauli. Und da ist man mit Spitznamen nicht sehr wählerisch oder phantasievoll, sondern beschränkt sich auf Auffälligkeiten, Verhaltensweisen, Herkunft oder irgendwelche Marotten. So gab es dort unter anderem einen Stotter-Harry, Dödel-Alex, Kinn-Dieter, Lamborghini-Klaus, Blumen-Klaus und einen Schweine-Klaus.

EIN SPASSVOGEL NAMENS LENE

«**HALLO,** ich heiße Günther, kannst ruhig Lene sagen, so nennen mich alle Kollegen», waren die ersten Worte, die mein neuer Partner an mich richtete.

Er war bereits unter Rielandts Vorgänger als Zivilfahnder im Einsatz gewesen. Lene war ein alter Haudegen mit langjähriger Milieu-Erfahrung. Er war eine waschechte Frohnatur, immer zu Späßen aufgelegt, etwa 1,78 Meter groß, ein durchtrainierter Sportler, der weder Alkohol trank noch rauchte. Sein Bestreben war es, immer gut auszusehen, doch das war nicht ganz einfach. Denn Lene hatte eine Glatze, gesäumt von einem dichten Haarkranz. Eitel kämmte er die verbliebenen Haare von der rechten Seite über die kahle obere Hälfte seines Kopfes. Damit das Haar möglichst auch bei Wind seine Glatze kaschierte, verwendete er große Mengen an Haarspray zur Fixierung – derart präpariert, trat er seinen Dienst an. Rückblickend hatte er Ähnlichkeit mit Guildo Horn, mit dem Unterschied, dass Horn das Resthaar wallen lässt und Lene es zur Tarnung der Glatze benutzte.

Wenn wir vor der Spätschicht ins St.-Pauli-Bad unweit der Davidwache gingen, um ein paar Bahnen zu schwimmen – auch das war Teil unseres Dienstes –, stürzte sich Lene stets mit einem ziemlich perfekten Kopfsprung in die Tiefen des Beckens. Tauchte er dann wieder auf, trug er ebenjene Guildo-Horn-Frisur, die nur damals kein prominentes Vorbild hatte.

Lene war ein eher spießiger Typ, verheiratet, Vater einer Tochter und alles in allem mit sich und der Welt zufrieden. Er war nicht das, was man landläufig einen Aufreißer nennt, doch er liebte es, die weibliche Schutzpolizei zu necken.

«Renate, möchtest du auch etwas von dem unschlagbar günstigen Heidehonig haben? Noch hast du die Gelegenheit, dich auf meiner Vormerkliste einzutragen, wie es die anderen auch schon getan haben. Greif zu, ich komm nicht ein zweites Mal, Beziehungen sind alles», flötete er einer Kollegin zu, während er sich am Kopf kratzte. Dabei reichte er ein weißes Blatt Papier, auf der sich bereits zahlreiche Namen mit der Anzahl der zu wünschenden Honigtöpfe befanden. Die Namen von männlichen Kollegen hatte Lene in unleserlicher Schrift selbst hinzugefügt.

Die Kolleginnen mochten Lene und bestellten fleißig – und Lene ließ einige Wochen vergehen, ohne dass etwas passierte. Natürlich gab es die eine oder andere ungeduldige Nachfrage, wo denn der Honig bleibe, woraufhin Lene die Damen um weitere Wochen vertröstete.

Kollegin Erika, offensichtlich ganz wild auf Heidehonig, ließ sich irgendwann nicht mehr mit Versprechen abspeisen: «Wo ist mein Honig, Lene? Ich will jetzt wissen, was Sache ist! Ich rede sonst kein Wort mehr mit dir!»

Lene bat sie in den Wachraum und offenbarte ihr: «Du bist natürlich auf der Warteliste wie die anderen auch. Hab vorhin mit dem Imker telefoniert. Der hat gesagt, es wird noch etwas dauern, denn die Liste ist lang – und es gibt nur eine einzige Biene.» Lene brüllte vor Lachen und schlug sich mit den Händen auf die Oberschenkel. Sein Organ war schon im normalen Gespräch ziemlich laut, sein schallendes Lachen klang wie das Wiehern eines Pferdes. Erika knallte, vor Wut schnaubend, die Tür zu und stapfte in ihr Büro.

Weil Lene aber ein durchweg netter Kerl war, sah man ihm diesen und so manch anderen Spaß nach.

Bei der täglichen Arbeit unterschieden Lene und ich uns grundlegend: Er war ein abgeklärter alter Hase, der auch schon mal fünf gerade sein ließ. Ich dagegen war ein Heißsporn, ein Fohlen, das mit den Hufen scharrte. Ich steckte voller Ideen und wollte die Welt verändern. Wie viele der älteren Kollegen war Lene unter Rielandts Vorgänger eine gemächlichere Schlagzahl gewöhnt und wollte eigentlich nur seine Ruhe haben. Die neue Philosophie der Davidwache riss ihn aus seiner Lethargie und war ihm suspekt, sodass Rielandt ihn alsbald «ausmusterte». Offiziell wurde er nach einem Jahr an meiner Seite in den Innendienst als Verkehrsermittler versetzt, weil er das entsprechende Alter erreicht hatte. Tatsächlich entsprach er jedoch nicht den Vorstellungen des Revierleiters und wurde somit ein Opfer der (personellen) Neuausrichtung unserer Wache.

Ich habe gern mit Lene zusammengearbeitet, ich mochte seine fröhliche, unkomplizierte Art. Doch wirkliche Freunde wurden wir nie, was wohl vor allem an den unterschiedlichen Temperamenten lag.

FRITZ HONKA UND DER «GOLDENE HANDSCHUH»

ZU einer meiner Tätigkeiten im Milieu gehörte von Beginn an die Kontrolle der Kneipen am Hamburger Berg, einer der vielen Straßen, die parallel zur Großen Freiheit in nördlicher Richtung von der Reeperbahn abzweigt. In den zahlreichen Lokalen dort hielten sich hauptsächlich Stadtstreicher, Trunkenbolde, Arbeitslose, Kleinkriminelle und in die Jahre gekommene Prostituierte auf, aber auch Männer und Frauen, die von Neugier, Einsamkeit, Abenteuerlust oder schlicht Bierdurst getrieben waren. Wir hielten vor allem nach steckbrieflich gesuchten Straftätern Ausschau, die im Dschungel von St. Pauli Komplizen kontaktierten oder einfach nur untertauchten. Eines dieser Lokale war und ist «Zum Goldenen Handschuh», damals eine heruntergekommene Spelunke, mittlerweile ein Lokal mit Kultstatus, wie so vieles auf St. Pauli. Früher war die Kneipe zumeist völlig überfüllt, die Luft von Rauch geschwängert, die Menschen tranken lokale Biersorten, Astra oder Holsten, die Flasche – Knolle genannt – zum unschlagbar günstigen Preis von unter einer Mark.

Die Wirtschaft war einst von Herbert Nürnberg gegründet worden, einem Olympiasieger im Boxen und mehrfachen deutschen Meister in den dreißiger Jahren. Anfang der siebziger Jahre hatten jedoch längst seine Söhne den Laden übernommen. Bei meiner ersten Kontrolle stellte ich mich einem der Nürnberg-Söhne vor, der wie immer in tadelloser weißer Kellnerjacke bediente: «Guten Tag, meine Name ist Waldemar Paulsen, ich bin Zivilfahnder der Davidwache. Wir werden ab jetzt wohl öfter das Vergnügen haben.»

Nürnberg murmelte etwas Unverständliches, gab mir kurz die

Hand und widmete sich wieder seiner Arbeit. Ziemlich schnell hatte ich es nicht mehr nötig, mich vorzustellen. Die Gastwirte kannten mich und meinen Partner und ließen uns gewähren. Die Gäste waren ohnehin meist zugedröhnt und hätten vermutlich nicht einmal die Frage beantworten können, ob außerhalb der Kneipe die Sonne scheint oder ein Schneesturm tobt.

Einige dieser gestrauchelten Existenzen erregten mein Mitleid. Zugleich fühlte ich mich unter ihnen immer wie ein Alien, ein Außerirdischer, der für einen Moment einen Blick in diese unbekannte Welt werfen durfte. Bei allem Bedauern konnte ich jedoch nicht verstehen, wie sich diese Menschen in Sachen Kleidung und Hygiene dermaßen gehenlassen konnten. In den einschlägigen Kneipen – darunter «Elbschloss-Keller», «D-Zug 2», «Blauer Peter IV» – stank es zumeist widerlich nach einem Mix aus kaltem Schweiß, Alkohol, Zigarettenrauch und Toilette. Beim Gang in diese Räucherkammern stockte mir stets der Atem, ich musste dann regelmäßig niesen.

Weil wir auch nach Obdachlosen suchten, die mit «offener» Tuberkulose bei der Gesundheitsbehörde gemeldet und durch ihre Touren zu einem gesundheitlichen Risiko für die Öffentlichkeit geworden waren, hatte ich auch immer ein beklemmendes Gefühl in Gegenwart dieser Menschen. Und tatsächlich fühlte ich mich eines Tages mitten im Sommer plötzlich ziemlich elend. Ich bekam Schweißausbrüche, wenn ich Treppen stieg, eine Woche später befiel mich ein starker Hustenreiz, ich wurde immer schlapper. Der Polizeiarzt stellte ungewöhnliche Geräusche in meiner Lunge fest. Ich fuhr mit einem beklemmenden Gefühl nach Hause.

Bereits in der Eingangstür empfing mich meine Frau mit sorgenvoller Miene: «Waldemar, der Ärztliche Dienst hat angerufen. Du sollst sofort in die Lungenheilanstalt Großhansdorf kommen. Es besteht ein Verdacht auf Tbc!»

Der Schrecken fuhr mir in die Glieder. Sofort brachen wir auf. Glücklicherweise wurde ich bereits zehn Tage später aus dem Krankenhaus entlassen – ich hatte lediglich eine verschleppte Lungenentzündung gehabt.

Fast immer fischten wir aus dem Pool der Gestrauchelten zumindest einen kleinen Fisch heraus – einen, der per Haftbefehl gesucht wurde oder der keine offizielle Anschrift für die Vorladung zur mündlichen Hauptverhandlung vor Gericht hatte. Regelmäßig nahmen wir auch Prostituierte – zumeist bereits im Herbst ihres Lebens – mit, weil sie die vorgeschriebenen Kontrolluntersuchungen versäumt hatten. Das hatte folgenden Hintergrund: 1969 hatte die Hamburger Gesundheitsbehörde für gemeldete Prostituierte den gelben «Bockschein» eingeführt. Der Bock war im Kiezdeutsch der Gynäkologenstuhl, auf dem die Untersuchungen vorgenommen wurden – zumeist von Schwester Erna vom Ärztlichen Dienst, die für die Prostituierten auf St. Pauli zuständig war. Konnte eine Prostituierte die gelbe Karte nicht vorweisen, fehlten Eintragungen oder entzogen sich die Damen den Kontrollen, wurden sie zur Fahndung ausgeschrieben und zwangsweise ins Krankenhaus eingewiesen. Der «Nutten-TÜV», wie er im Milieu genannt wurde, fand in einem von der Gesundheitsbehörde angemieteten Gebäude in der Max-Brauer-Allee in Altona statt, etwa zwei Kilometer vom Kiez entfernt. Nahmen wir Prostituierte außerhalb der Geschäftszeiten in Gewahrsam, verständigten wir den Zuführdienst Altona, der zwei Angestellte mit einem VW-Bulli schickte. Sie fuhren die vier, fünf und manchmal auch mehr Prostituierten in das Krankenhaus Heidberg im Hamburger Stadtteil Langenhorn. Dort, weit weg von St. Pauli dicht an der Landesgrenze zu Schleswig-Holstein, blieben die Frauen mindestens eine Woche zur Beobachtung. Hatten die Frauen einen Zuhälter, gab es meist großen Ärger, denn in dieser Zeit fielen Einnahmen aus.

Im «Handschuh» war es laut. Schlager dudelten aus der Musikbox – «Blau blüht der Enzian» von Heino oder «Immer wieder sonntags» von Cindy & Bert. Man musste die Gäste anschreien, damit sie einen verstanden. Bei den Personalüberprüfungen stand oft ein etwa 40-jähriger Mann neben uns und beobachtete das Prozedere. Es war Horst, Horsti genannt, ein Kleinwüchsiger. Horsti, geschätzte 1,30 Meter, hatte das laute Organ eines Riesen, er konnte sich durchsetzen. Im «Goldenen Handschuh» wurde ihm ein gewisser Respekt entgegengebracht.

«Hier ist alles klar, Tarzan und ich haben alles im Griff!», rief mir Horsti eines Tages zu. Wie ein Rekrut vor seinem Vorgesetzten stand er vor mir und erstattete Meldung. Es sah schon ulkig aus, wenn er aus halber Höhe mit ernster Miene und großen Kulleraugen zu mir aufsah und lobende Worte für seinen Lagebericht erwartete. Die spendete ich auch meistens. Mit Tarzan war ein etwa fünfzigjähriger, erwerbsloser Zecher gemeint, dunkelblonde, gekräuselte Locken, schätzungsweise zwei Meter groß, muskulös, ein Fels von Mann – Horstis Assistent. Tarzan war permanent im höheren Promillebereich unterwegs, Trunkenheit war bei ihm der Normalzustand. Wenn er redete, klang das, als kaute er auf einem Stück Wolldecke. Er war ein harmloser, gutmütiger Mensch, der sich um den Verstand gesoffen hatte. Der Riese Tarzan war die Kraft, Zwerg Horsti das Hirn. Das skurrile Duo hatte im Trinker-Biotop «Handschuh» eine Art Selbstverwaltung organisiert. Und das funktionierte sogar. Kam es zum Streit zwischen den volltrunkenen Gästen, dann kam diese Lokal-Feuerwehr zum Einsatz und setzte die Streithammel kurz entschlossen vor die Tür. Die kehrten dann im «Elbschloss-Keller» gegenüber ein. Dort sah es identisch aus, das Publikum war vergleichbar, die Astra-Knolle genauso billig. Nach ein paar Tagen wechselten sie wieder die Straßenseite, Horsti und Tarzan ließen Milde walten und nahmen die reuigen Sünder wieder auf. Für ihre friedenstiftende Arbeit bekamen der Kurze und der Lange für alle Zeit Bier und Korn aufs Haus. Vielleicht beschleunigte gerade dieser All-inclusive-Service Horstis trauriges Schicksal: Ende der siebziger Jahre fanden wir ihn an einem frühen Nachmittag leblos auf der Herrentoilette, er hatte einen tödlichen Infarkt erlitten.

In einem strengen Winter, wir überprüften nachmittags mal wieder die Personalien der Kneipenbesucher, wurde ein Gast handgreiflich. Ich hatte ihn noch nie gesehen. Betrunken weigerte er sich, uns seinen Ausweis zu übergeben. Er schubste mich rüde, sodass ich rücklings auf einen Tisch stürzte und mich in ein brennend heißes Glas Tee setzte. Das tat nicht besonders weh, war aber sehr unangenehm und machte mich richtig sauer. Ich schnappte mir den Suffkopp und zerrte ihn aus einer Sitzgruppe hervor. Mit verdrehtem Arm führten wir ihn in die hundertfünfzig Meter entfernte Davidwache. Der Typ war harmlos, kam auch nicht aus St. Pauli. Ich ging zu meinem Spind, zog mir die Ersatzhose an, weil die andere Hose völlig durchnässt war. Den Typen entließen wir anschließend ohne Folgen.

Einer der Stammgäste des «Goldenen Handschuhs» fiel mir zunächst nicht weiter auf: Es war ein kleiner Mann, vielleicht 1,65 Meter groß, mit schiefer Nase, der entsetzlich schielte, beides bedingt durch einen Autounfall. Es war Fritz Honka, der später als einer der bekanntesten Serienmörder in die deutsche Kriminalgeschichte einging. Doch das ahnte ich bei meinen ersten Begegnungen mit ihm natürlich nicht. Honka war 1935 in Leipzig geboren und 1956 nach Hamburg übergesiedelt. Sein Vater war Kommunist und starb während der Nazi-Zeit in einem KZ. Weil seine Mutter außerstande war, die neun Kinder allein zu erziehen, wuchs Honka im Heim auf, bis er 1951 die DDR verließ.

Vor allem wenn er angetrunken war und laut sprach oder

schrie, sächselte er stark. Honka nannte mich bei den Personen-kontrollen im «Handschuh» stets Herr Paulchen, doch vielleicht klang es auch nur so, weil er stark nuschelte, wohl auch eine Folge der Gesichtsverletzung. Jedenfalls nannten mich eine Zeit lang viele Leute in den Billigspelunken am Hamburger Berg Herr Paulchen, was wohl auf Honkas Nuschelei zurückzuführen war. Er blickte einen nur selten direkt an, schaute vorbei oder auf den Boden, war aber betont freundlich, um nicht zu sagen devot und kriecherisch auf eine Art, die mich extrem abstieß. Verstärkt wurde dieser Eindruck durch das ungepflegte, geradezu ver-nachlässigte Äußere dieser gestrauchelten Existenz – doch darin unterschied er sich nicht fundamental von den anderen Gästen im «Goldenen Handschuh».

Er begrüßte mich stets mit «Guten Tach, Herr Paulchen, wie geht es Ihnen persönlich?» und verabschiedete mich mit: «Herr Paulchen, ich wünsche Ihnen noch einen schönen Tag!» Er konnte aufgrund der fehlenden Schneidezähne kein S oder Sch sprechen. Meist saß er mit Altprostituierten am Tisch, eng umschlungen oder Kopf an Kopf, plapperte sie zu.

Einmal sah ich ihn zusammen mit Annie Wachtmeister, einer uns wohlbekannten ehemaligen Hure, die auf ihre alten Tage für ein paar Drinks zu freien war. Sie sah schrecklich aus: strähnige, fettige, graue, lange Haare, tiefe Furchen rechts und links der Mundwinkel, nur noch Rudimente ihrer einstigen Kauleiste im Mund. Beide kuschelten und lallten sich ein uns unverständ-liches Blabla zu, es war zum Abgewöhnen. Wir kontrollierten sie, da es aber keinen Suchvermerk gab, ließen wir die beiden Turtel-tauben in Ruhe. Annie schaffte es später tatsächlich, ein Schäfer-stündchen mit Honka zu überleben.

Honka arbeite als Nachtwächter bei einer Speditionsfirma in Barsbüttel und liebte seine dunkelblaue Uniform, in der er wich-tigtuerisch herumlief und im «Handschuh» auch gern mal für ein Bier (höherpreisige Exportmarke) den SS-Mann spielte. Ich notierte mir damals Honkas Namen in mein Notizbüchlein, so wie die aller kleineren und größeren Gauner der Szene, beschäftigte mich aber nicht näher mit ihm. Dieser entstellte und verunsicherte Alkoholiker – Lieblingsgetränk: Brause-Korn – hatte zu dem Zeitpunkt, als ich ihn erstmals traf, bereits die 42-jährige Gertraud Bräuer ermordet. Die Friseurin, die für ein paar Getränke mit Männern schlief, hatte Honka den Beischlaf verweigert, was den kleinen Mann so sehr aufbrachte, dass er sie erwürgte. Die Leiche hatte er zersägt, Körperteile in Pakete gepackt und an verschiedenen Orten in Hamburg versteckt, wo sie teils gefunden wurden. Doch die kriminalpolizeilichen Ermittlungen ergaben zu dem Zeitpunkt noch keine heiße Spur.

Im «Goldenen Handschuh» schleppte er immer wieder Prostituierte ab, um sich in seiner Wohnung mit ihnen zu vergnügen. Weil es sich stets um ältere, nicht mehr ganz taufrische (zumeist zahnlose) Prostituierte handelte, die keine sozialen Kontakte mehr pflegten, blieben seine Morde lange Zeit unentdeckt. Im August 1974 erdrosselte er in seiner Wohnung in der Zeißstraße im Stadtteil Ottensen eine 54-jährige Prostituierte, weil sie ihm beim Geschlechtsverkehr zu lustlos erschien. Vier Monate später, im Dezember 1974, erdrosselte er auf die gleiche Weise eine 57-jährige Prostituierte. Einen Monat später, im Januar 1975, brachte er eine 52-jährige Prostituierte um. Stets zerstückelte er die Leichen, verpackte sie portionsweise in Behältnisse und versteckte die Leichenteile auf dem Dachboden des Mehrfamilienhauses, dort, wo die Mieter ihre Bereiche zur Aufbewahrung des persönlichen Hausrates hatten. Unbeachtet blieben die Beschwerden von Hausbewohnern, die sich an dem üblen Gestank im Haus störten.

Erst als am 17. Juli 1975 im Dachstuhl des Mehrfamilienhauses ein Feuer ausbrach, entdeckte die Feuerwehr bei den Löscharbeiten die Leichenteile. Honka wurde festgenommen, in ersten Vernehmungen gestand er, die vier Frauen getötet zu haben. Bei dem vor dem Hamburger Schwurgericht stattfindenden Prozess im Jahr 1976 wurde Honka wegen Mordes im ersten Fall und Totschlags in den anderen drei Fällen zu fünfzehn Jahren Haft und Einweisung in die Psychiatrie verurteilt. Sein Strafverteidiger war damals der bekannte Staranwalt Rolf Bossi. 1993 wurde Honka aus der Psychiatrie entlassen, er lebte bis zu seinem Tod im Jahr 1998 unter dem Namen Peter Jensen inkognito in einem Seniorenheim in Scharbeutz an der Ostsee.

Ich habe oft darüber nachgedacht, ob ich auf Honka hätte aufmerksam werden müssen. Im Rückblick muss ich das verneinen. Ich hätte ihm damals diese Mordserie nie zugetraut, indes dem einen oder anderen im «Goldenen Handschuh» schon eher.

VOLLMOND – UND DIE FREAKS HABEN AUSGANG

WER bei der Polizei arbeitet, zumal in einem Stadtteil wie St. Pauli, lernt zwangsläufig die absurdesten Außenseiter unserer Gesellschaft kennen. Den Einsamen, Sonderbaren und Unangepassten gehören die Nächte. Einige von ihnen zieht es vor allem bei Vollmond auf die Straße. So besuchte uns regelmäßig die «Gräfin» in der Davidwache. Sie war eine gepflegte Frau, knapp 1,70 Meter groß mit der Figur eines Magermodells. Sie war schätzungsweise 45 Jahre alt, hatte brünettes Haar, das sie in einer kunstvollen Frisur hochgesteckt trug. Durch ihre schmalen Lippen wirkte sie durchsetzungsstark, ihr Gesichtsausdruck ließ auf eine gewisse Intelligenz schließen, zumindest machte sie einen gebildeten, kultivierten Eindruck. Immer trug sie einen schwarzen eleganten Hosenanzug, Lippen und Fingernägel waren leuchtend rot bemalt, ihre Handtasche hatte einen langen Trageriemen. Wir nannten sie Gräfin, weil ihre Ausstrahlung und ihr Benehmen aristokratisch anmuteten. Sie drückte sich sehr gewählt aus, mitunter klang es ziemlich geschwollen, was sie so von sich gab. Unter Kollegen wurde gemunkelt, sie entstamme verarmtem Adelsgeschlecht. Sie begrüßte uns stets überschwänglich, winkte mit dem linken Arm und rief laut: «Hallo, meine Lieblinge, hier bin ich wieder!» Auch wenn die Vermutung nahelag, so war die Gräfin doch nie betrunken.

Eines Tages fiel mir auf, dass sie mit dem rechten Arm ihre Tasche umklammerte, die offenbar einen gewichtigen Inhalt hatte, so viel konnte man sehen. Doch bevor wir uns darüber ernsthafte Gedanken machen konnten, tauchte der Geschäftsführer vom «Wiener Wald» vis-à-vis auf, er ähnelte in Körperumfang und Größe dem amerikanischen Schauspieler Danny DeVito, war also klein und untersetzt.

«Diese diebische Elster da war eben in meinem Restaurant und hat einen ganzen Schwung Essbestecke gestohlen. Geben Sie es zu, Sie Diebin!», presste der kleine, glatzköpfige, untersetzte Mann hervor, während er, vom Rennen und Treppensteigen noch ganz außer Atem, nach Luft rang.

«Eine Unverfrorenheit, was dieser ungehobelte Klotz da behauptet», kreischte die Gräfin zurück und herrschte uns an: «Beschützen Sie mich vor dieser impertinenten Person, entfernen Sie ihn augenblicklich aus meinem Gesichtsfeld.»

Wir staunten nicht schlecht, als einer meiner Kollegen hinter dem Wachtresen hervorkam, in die Handtasche der Frau schaute, die das geduldig über sich ergehen ließ, und dort zwölf Löffel, ebenso viele Gabeln und Messer fand. Der schwitzende Gastronom nahm das Diebesgut an sich, verzichtete auf eine Strafanzeige und verschwand alsbald mit den Worten: «Dann bis zum nächsten Vollmond!»

Die älteren Kollegen bestätigten, dass sich die Klauerei mehrfach im Jahr ereignete – stets bei Vollmond. Die Gräfin war eine harmlose, vereinsamte Person, die es bei Vollmond stets nach draußen zu Menschen zog. Vermutlich litt sie unter Kleptomanie, der zwanghaften Sucht, etwas stehlen zu müssen. Vielleicht war es aber auch nur der Versuch einer einsamen Frau, etwas Aufmerksamkeit geschenkt zu bekommen, auch wenn die nur einen Wimpernschlag lang währte. Zumindest gab sie sich bei ihren Diebestouren nie Mühe, unerkannt zu entkommen. Schon unsere kurze Beschäftigung mit ihr schien ihr Genugtuung und Freude zu verschaffen. Doch irgendwann kam sie nicht mehr.

Nicht selten schauten bei Vollmond auch Inhaber oder Geschäftsführer der Kneipen und Cabarets in der Davidwache vorbei.

«Habt ihr meine beiden Kellner gesehen?», lautete eine häufig gestellte Frage.

Die Gesuchten waren hauptsächlich Männer, die bei Vollmond Tage und Nächte um die Häuser zogen und dabei mitunter als vermisst gemeldet wurden. Der Vollmond löste bei ihnen «stechenden Durst» aus. Gepaart mit einer undefinierbaren Rastlosigkeit, führte das zu tagelangen Zechtouren, die mitunter im Alkoholdelirium mündeten. Manchmal fanden Anwohner solche Zeitgenossen in den Hinterhöfen ihren Rausch ausschlafend, dann musste sich die Polizei um diese hilflosen Personen kümmern. In einem Rettungswagen wurden sie in die Zentralambulanz transportiert. Die zwei Krankenpfleger und der anwesende Arzt legten die Trunkenbolde in mit Matratzen ausgelegten Zellen ab und ließen sie erst wieder gehen, wenn sie ohne fremde Hilfe zurechtkamen. Dreihundertzwanzig Mark, viel Geld, kostete diese Hilfeleistung damals.

Bevor es diese Zentralambulanz gab, nächtigten die Zechkumpane in den Arrestzellen der Polizeireviere, also auch im «Hotel Davidwache». Man kann sich vorstellen, wie froh wir waren, als sich die Ambulanz der Alkoholleichen annahm, denn für die Kollegen der Spät- und Nachtschicht, vor allem für den Verwahrbuchführer, der die Trunkenbolde ständig im Auge behalten musste, war dieser Job als Nachtschwester eine große Belastung. Alle dreißig Minuten mussten die Suffköpfe in ihren Zellen kontrolliert werden, der Blick durch den Türspion reichte nicht aus. Zwei Beamte, einer davon besagter Verwahrbuchführer, mussten die Schlafenden wecken, damit es kein böses Erwachen gab – oder im schlimmsten Falle gar keins. Denn es bestand die Gefahr, dass jemand an seinem Erbrochenen erstickte.

Heute sind da unten Kameras installiert, die zumindest einige der unangenehmen Gänge in die Zellen überflüssig machen. Doch wenn es Anlass zur Sorge gibt, muss auch weiterhin der Kontakt zum «Gast» gesucht werden – falls der nicht auf Zuruf per Lautsprecher reagiert.

Neben diesen Scheintoten gab es auch jene, die offenbar zu viel Energie hatten: Sie traten wie von Sinnen gegen die Zellentür und brüllten. Wir im Wachraum und in den Vernehmungszimmern im Hochparterre waren davon maximal genervt. Wir ließen uns von den Krachmachern die Schuhe aushändigen, die dann vor der Zellentür abgestellt wurden, was half, den Lärmpegel zu senken – es tat weh, ohne Schuhe gegen die schwere Holztür zu treten. Im Laufe der Zeit wurde es zur Regel, die Schuhe vor dem ersten Schließen der Zellentür abzugeben. Vor allem an die Ausdünstungen der Käsefüße erinnere ich mich noch heute, viele der Gestrandeten waren schmuddelig und rochen entsprechend. Mitunter machten sie auch in die Hose, während sie volltrunken in der Zelle vor sich hin dämmerten. Fand im Milieu dann auch noch eine Massenschlägerei statt und wurden über Funk von unseren Einsatzkräften vor Ort mehrere Festnahmen angekündigt, dann wusste der Innendienst oft nicht, wohin mit den Festgenommenen. Im Kellergeschoss befanden sich lediglich sieben Zellen. Wer bei uns nicht unterkam, wurde in Nachbarreviere gebracht.

In einer dieser Vollmondnächte kam der 45-jährige Hucky betrunken in die Davidwache gestolpert.

«Die kriegen mich nicht. Ich weiß, wohin ich jetzt gehe, aber es ist ja ohnehin alles für die Katz. Oskar is' ein Knallkopp ...» Er erzählte irgendeine zusammenhangslose Geschichte und verschwand wieder.

Er war bereits zwei Tage und Nächte unterwegs, hatte die Statur eines Bären, war 1,80 Meter groß, kräftig, muskulös, hatte hellblonde, an der Stirn bereits merklich ausgedünnte Haare und einen Vollbart. Seine Unterarme waren tätowiert, was hieß, dass er entweder im Knast gewesen oder zur See gefahren war. Als Lifestyle-Accessoire war das Tattoo noch nicht entdeckt worden. Hucky war zur See gefahren, arbeitete damals jedoch bereits im «Tanga-Club» in der Großen Freiheit, einem Nachtclub mit Live-sex auf der Bühne. Ab zwanzig Uhr verwaltete Hucky dort das Getränkelager. Er war stets freundlich, auch wenn er wie ein Schläger aussah.

Eine halbe Stunde nach seinem Besuch bei uns sahen wir Hucky am Hamburger Berg vor dem «Goldenen Handschuh», wo er sich von einem Saufkumpan im Einkaufswagen eines Supermarktes spazieren fahren ließ. Hucky saß im Wagen, die Beine baumelten vorn heraus, er grölte und gab dem Wagen-schieber lallend Order: «Lass uns im Handschuh 'nen Boxen-stopp einlegen.»

Sie fuhren bis in den Eingangsbereich der Spelunke, scho-ben den schweren Vorhang im Türbereich zur Seite, und Hucky hatte freie Bahn: Er zauberte drei Rollen mit Münzen aus den Hosentaschen, riss die Banderolen auf und warf die Fünfzig-Pfennig- und Markstücke mit einem irren Lärm in den Schank-raum.

«Greift zu, Hucky lässt es Goldstücke regnen», rief er.

An den Tischen, besetzt mit verschlafenen Obdachlosen und Altprostituierten, ging umgehend die Post ab. Wie die Furien stürzten sich die Gestalten in den Münzregen, während Hucky sich totlachte. Die Gäste johlten und stritten sich um die wenigen Münzen, bei Bierpreisen von einer Mark pro Knolle Holsten oder Astra versprach der Geldregen immerhin eine muntere Nacht.

Tage später sprach ich Hucky lachend auf den Vorfall an: «Mensch, Hucky, das war ja wirklich mal 'ne großzügige Aktion. Wann lässt du es denn wieder mal Geld regnen?»

Doch Hucky sah mich nur verständnislos an. Er konnte sich an nichts mehr erinnern. Und natürlich war daran nur der Vollmond schuld.

BEAMTE ALS FREIER IM SPERRBEZIRK

EIN großes Problem waren immer wieder Verstöße gegen die Sperrgebietsverordnung, wie das im Behördendeutsch hieß. Im Sperrgebiet, also in Teilen St. Paulis, wurde die Prostitution toleriert, aber sie unterlag bestimmten Regeln. Schließlich ist St. Pauli nicht nur ein Vergnügungsviertel. Es wohnen auch ganz normale Menschen hier, Familien mit Kindern zum Beispiel, die ein Anrecht darauf haben, vom Sexgeschäft unbehelligt zu leben. Und so besagte eine dieser Regeln, dass nur in der Zeit von zwanzig bis sechs Uhr und nur an bestimmten Plätzen angeschafft werden durfte. Regelverstöße gab es alle naselang, das wussten wir. Doch wie überprüft man das? Die Damen oder Transsexuellen waren nicht auf den Mund gefallen, behaupteten, sie gingen nur spazieren oder führten ihren Hund aus, oder verschwanden eilig in ihrer Absteige. Man musste sie in flagranti ertappen, doch wir waren in der Szene einfach zu bekannt.

Und so erreichten an einem Nachmittag dreißig junge Polizisten der Bereitschaftspolizei, die erst zwei oder drei Jahre im Dienst waren, die Davidwache. Sie kamen in Zivilkleidung und sollten als Freier aktiv werden, natürlich nur, um erste Kontaktgespräche zu führen. Nach einer Einweisung wurden jedem von uns sechs junge Kollegen für ein bestimmtes Gebiet zugewiesen. Ein Verstoß gegen die Sperrgebietsverordnung lag für uns vor, sobald die Prostituierte den Freier außerhalb der genehmigten Gewerbezeit direkt zum Mitgehen aufforderte. Dabei wies sie zumeist mit Schlüsselbund und Zeigefinger in Richtung Bordell. In den milden Monaten waren die Damen oder Transvestiten nur mit einem kurzen Röckchen und leichtem Top bekleidet, dazu stark geschminkt. Fragte der Freier «Wie viel?» und antwortete die Prostituierte zum Beispiel: «Dreißig mit und fünfzig Mark ohne Gummi», dann sollten sich die Kollegen als Polizeibeamte ausweisen und die Personalien der Prostituierten aufnehmen.

Bei einem ersten Verstoß kostete das zwischen fünfhundert und siebenhundert Mark und wurde als Ordnungswidrigkeit behandelt. War die Dame aber schon mehrfach aufgefallen, folgte eine Strafanzeige wegen Verstoßes gegen die Sperrgebietsverordnung, die Akte wurde dem Staatsanwalt übergeben, ein Strafbefehl folgte zumeist auf dem Fuße. Bei beharrlichen Verstößen konnten wir die Person außerdem für drei bis sechs Stunden in einer unserer ungastlichen Sammel- oder Einzelzellen in der Davidwache unterbringen.

Gegen 15.30 Uhr stürzten wir uns also ins nachmittägliche Getümmel auf St. Pauli. Unser Gebiet war der Transvestitenstrich im Bereich Talstraße / Schmuckstraße. Ich hielt mich im Hintergrund. Die jungen Kollegen spielten recht erfolgreich die Freier – und stellten drei Erstverstöße gegen die Sperrgebietsverordnung fest. Einer der Kollegen verhandelte in der Schmuckstraße mit einer Dame, winkte mir dabei zu, ich solle ihm bei der Klärung helfen. Die «Frau», die bei ihm stand, war der mir bekannte Wolfgang Huber, der sich Marianne nannte – 36 Jahre jung, gut 1,80 Meter groß und sehr gepflegt mit langen, hellblonden Haaren. Marianne hatte ein hübsches Gesicht und sah in ihrem roten Sommerkleid und den paillettenbestickten silbernen High Heels wirklich wie eine attraktive junge Blondine aus. Dazu hatte sie tolle große Brüste, um die sie vermutlich viele Frauen beneideten. Sie war fast perfekt, so auch mein Eindruck, im Milieu war sie die Königin der Transvestiten.

Ich hatte Marianne bereits ein Jahr zuvor kontrolliert, wir kannten uns flüchtig. Ich hatte sie häufiger schon vor zwanzig Uhr im Sperrbezirk gesehen, ihr aber stets den freundschaftlich gemeinten Rat mit auf den Weg gegeben, sich nicht wieder außerhalb der erlaubten Zeiten sehen zu lassen. Gründe, sie mit aufs Revier zu nehmen, gab es bislang nie. Doch jetzt hatte sie es eindeutig übertrieben.

«Herr Paulsen, nun seien Sie doch mal bitte gnädig mit der armen Marianne. Ich habe doch wirklich nichts Böses gemacht», jammerte sie, als ich mich der Sache annahm. «Ich wollte doch gar nicht, dass der Süße mitkommt, ich fand ihn nur ganz schnuckelig und wollte seine Telefonnummer.» Später gestand sie reumütig und betont dramatisch: «Na gut, ich habe mich nicht an die Zeiten gehalten. Aber es kommt bestimmt nie wieder vor.»

«Marianne, Sie kommen jetzt schön mit aufs Revier. Jetzt ist Schluss damit. Sonst lernen Sie das nie», sagte ich streng.

Sie nickte stumm und folgte uns auf die Wache. Dort quartierten wir sie für sechs Stunden in einer Beobachtungszelle mit großer Glasscheibe in der Tür ein – die war weniger duster als die geschlossenen Zellen im Kellergeschoss.

Grundsätzlich wurden in diesen Räumen nur Frauen untergebracht, die anschließend von unseren Kolleginnen nach Beweismitteln oder zur eigenen Sicherheit durchsucht wurden. Feuerzeuge, Nadeln, Rasierklingen und Gürtel nahmen die Beamtinnen ihnen ab, also Gegenstände, die geeignet sind, das eigene Leben zu beenden. Nachdem Marianne ohne Murren die Zelle betreten hatte, informierte ich eine Kollegin von der Schutzpolizei. Zugegebenermaßen war mir die Mitte zwanzigjährige Beamtin nicht sonderlich sympathisch. Sie wirkte auf mich stets etwas verstört, besserwisserisch, außerdem rauchte sie wie ein Schlot und hatte auffallend graue Zähne. All das führte dazu, dass mich an diesem Abend der Schalk ritt und ich die Kollegin, ohne sie über Mariannes geschlechtliche Identität aufzuklären, bat: «Kannst du die Dame in der Zelle mal eben nach gefährlichen Gegenständen durchsuchen?»

Die Polizistin, die noch nicht lange in der Davidwache war,

nickte, ging in Mariannes Zelle und schloss die Tür hinter sich. Dann forderte sie Marianne auf, sich zu entkleiden. Kurze Zeit später hörte ich einen gellenden Schrei aus dem Raum, die Kollegin öffnete blitzartig die Tür und rannte ohne Worte an mir vorbei in ihr Büro. In der Zelle stand Marianne, breitbeinig mit geliftetem Sommerkleid und heruntergezogenen Slip. Zwischen den Beinen baumelte ein gigantischer Penis. Marianne grinste mich an und brummte mit nasalem Unterton: «Hm, muss wohl noch etwas abgehärtet werden, die kleine Kollegin.»

Der Streich brachte mir etwas Ärger ein: Die junge Kollegin beschwerte sich über mich, am nächsten Tag holte ich mir eine Standpauke beim Revierführer Ludwig Rielandt ab: «Pauli, was haben Sie sich dabei gedacht? Und kommen Sie mir nicht mit der Ausrede, Sie wüssten ja selber nicht, was da los war!»

Unterschwellig hatte ich den Eindruck, er empörte sich zwar pflichtgemäß über meine Disziplinlosigkeit, unterdrückte aber ein heimliches Schmunzeln. Ich versprach Besserung, hatte damit aber für spaßigen Gesprächsstoff für die nächsten Wochen gesorgt.

DAS GROSSE ÜBEL: NEPP AUF DEM KIEZ

EINES der großen Ärgernisse auf St. Pauli war der Nepp — und ist es auch heute noch. Vor allem Auswärtige wurden in ganz bestimmten Stripteaselokalen, hauptsächlich entlang der Reeperbahn, gnadenlos ausgenommen. Immer wieder erreichten uns Klagen der betrogenen Gäste. Ein Problem waren die Koberer der Lokale, die Türsteher also, die sich vorrangig bis weit auf den Bürgersteig vorm jeweiligen Eingang den vorbeigehenden St.-Pauli-Besuchern in den Weg stellten und sie mit vielen Verheißungen in die Lokale zogen. Da versprachen schmerbäuchige, schnurrbärtige Vierschröter preisgünstige Strip- oder Livesexshows auf der Bühne. Garniert mit frechen Sprüchen der Sorte Altherrenwitz: «Hier könnt ihr gar nicht so schnell wichsen, wie die Mädels sich ausziehen!» Oder: «Unsere Thai-Mädchen blasen wie die Staubsauger.»

Die Koberer waren zumeist gestrauchelte Existenzen mit einer Rotlichtvergangenheit, die ähnlich den Jahrmarktschreiern vor allem folgende Talente brauchten: keine Berührungsangst, stets einen passenden, grenzwertigen Spruch auf den Lippen, gemixt mit einer Prise Menschenkenntnis. Denn sie mussten einen Passanten binnen Sekunden einschätzen und entscheiden, ob es sich überhaupt lohnt, ihn anzusprechen. Und falls ja, welche Kategorie von Sprüchen — derb oder eher sachlich — diesem Passanten zuzumuten war.

Biss ein Gast an, saß er in der Falle, meist in einem der dunklen Séparées, wo sich umgehend eine der freundlich wirkenden Animierdamen seiner annahm. Sie setzte sich an den Tisch des Gastes und suchte das Gespräch: «Darf ich dir für einen Moment Gesellschaft leisten? Bist du zum ersten Mal hier in Hamburg?»

Gab es kein eindeutiges Veto, wurde schon mal ein wenig auf Tuchfühlung gegangen, indem sie beispielsweise mit der Hand am Schenkel entlangstrich. Die Animierdamen waren stets spärlich bekleidet, im kurzen Rock, oft nicht breiter als ein Notverband, dazu ein weit ausgeschnittenes Dekolleté, sodass man die üppigen Brüste andeutungsweise sehen konnte. Während die Dame am Gast herumfummelte, säuselte sie ihm die Frage ins Ohr: «Gibst du mir einen Schaumwein?» Das wiederholte sie so lange, bis er einwilligte.

Für einen Moment wurde die Dame dann sehr sachlich, klatschte laut in die Hände und trug dem Kellner auf: «Der Herr möchte gern eine Flasche Schaumwein.» Der brachte umgehend eine Flasche und zwei Gläser. Von da an sorgte die Dame mit viel Fummelei dafür, dass der Gesprächsfaden nie abriss und der Gast dem ersten knallenden Korken noch weitere folgen ließ. Die Hoffnung des Gastes auf ein erotisches Abenteuer erfüllte sich – obwohl sie stets neue Nahrung erhielt und von der Show auf der Bühne zusätzlich angeturnt wurde – im Laufe des Abends nicht. Doch es blieb nicht bei dieser einen Enttäuschung: Die Rechnung wies für jede Flasche Schaumwein fünfhundertfünfundachtzig Mark aus. Das gab beim Bezahlen natürlich jede Menge Ärger: Gäste wollten nicht zahlen, beschwerten sich lauthals.

Die Rechtslage war eindeutig: Die Preise waren zwar unverschämt, doch der Gast hatte es versäumt, sich beim Personal oder in einer Getränkekarte über den Preis zu informieren. Er musste also zahlen. Es war erstaunlich, aber kaum ein Gast informierte sich vorab über die Preise. Offenbar hatte der Verstand Pause, wenn die Lust die Regie übernahm. Es waren oft dieselben Männer, die akribisch die Karte studierten, wenn sie mit ihrer Ehefrau essen gingen, und es vermieden, das teuerste Gericht zu bestellen. Oft wendeten sich die so ausgenommenen Gäste hilfesuchend an uns, doch wir konnten da zunächst nicht viel machen. Zunehmend versuchten die Gastronomen zu verhindern, dass Gäste sich an die Polizei wendeten, indem sie sie von der Ausweglosigkeit ihres Beschwerdegesuches überzeugten oder sie unter Druck setzten. Und es gab Nächte, in denen uns sogar mehrere Beschwerden erreichten. Irgendwann hatte der Nepp so überhandgenommen, dass wir einen Zustandsbericht an das zuständige Wirtschafts- und Ordnungsamt des Bezirksamtes Hamburg-Mitte mit Nennung einschlägiger Gastronomen weitergaben, obwohl keine Straftat vorlag.

Weil Gäste massiv unter Druck gesetzt wurden, Gewalt angedroht und ausgeübt wurde, schritt die Polizei ab Mitte der siebziger Jahre häufiger zugunsten des Gastes ein. Denn es sah tatsächlich nach räuberischer Erpressung aus, zumal die Opfer genötigt wurden, vorgefertigte Wechsel zu unterschreiben oder Pkw-Schlüssel samt Kfz-Brief auszuhändigen. Viele Gäste zahlten aus Scham und Angst. Vielfach lag auch echter Betrug vor, indem höhere Preise verlangt wurden, als in der Karte aufgeführt waren. Wenn es überhaupt eine Karte gab. Bis Mitte der Siebziger bestürmten die Opfer dieser üblen Nepplokale die Davidwache. Wir mussten also aktiv werden, setzten die unlauteren Striplokale mit ständigen Kontrollen unter Druck. Da wir nicht genügend Einsatzkräfte hatten, halfen die benachbarten Reviere am Großneumarkt und in der Budapester Straße aus. Wir waren dermaßen mit den Nepplokalen beschäftigt, dass wir uns in dieser Zeit anderen Deliktfeldern kaum noch widmen konnten.

Ein Fall bleibt mir besonders in Erinnerung. 1974 verprügelte der St.-Pauli-Portier «Brillen-Werner» in einem üblen Nepplokal in der Großen Freiheit einen Gast brutal, weil der sich geweigert hatte, die völlig überhöhte Zeche in Höhe von zweitausendachthundert Mark zu zahlen. Brillen-Werner, vierzig Jahre alt und 1,85 Meter groß, breitschultrig und von kräftiger Gestalt, verdankte seinen Namen seiner markanten Hornbrille. Der Gast war ein gleichaltriger Professor der Technischen Universität München. Es war gegen 1.20 Uhr, als der Professor in die Davidwache gewankt kam. Sein schleppender Gang war nicht dem Alkohol geschuldet, sondern allein der Tatsache, dass er zuvor brutal zusammengeschlagen worden war. Der Mann, etwa 1,80 Meter groß und ziemlich schlank, sah erbärmlich aus. Sein heller Sommeranzug war im gesamten Brustbereich mit Blut besudelt, das weiße Oberhemd faltig und rissig, drei Knöpfe fehlten. Beide Augen waren geschwollen, er hatte Schwierigkeiten, etwas zu sehen. Außerdem war sein Nasenbein gebrochen, die Nase sah aus wie die eines Boxers nach einem heftigen Kampf. Wir konnten kaum verstehen, was er sagte, denn seine Ober- und Unterlippe waren aufgeplatzt. Die Angelegenheit war ihm zudem äußerst peinlich.

Sofort umstellten wir auf der Suche nach Brillen-Werner das Striplokal mit zehn Kollegen. Doch es war bereits zu viel Zeit verstrichen, sodass wiederum dem Schläger genug Zeit geblieben war, sich aus dem Staub zu machen. Mein Partner und ich überprüften die Personalien der Angestellten, dann sprachen wir mit Gästen, denn wir brauchten Zeugen. Doch es war wie verhext, kein Gast wollte den Vorfall bemerkt haben. Ebenso spielte das Personal den Vorfall herunter. Erst Tage später konnte Brillen-Werner festgenommen und dem Haftrichter zugeführt werden. Wegen räuberischer Erpressung und Raubes verschwand er für einige Jahre hinter Gittern. Der Professor legte großen Wert darauf, dass wir mit ihm nur über ein Postfach in München korrespondierten. Er wollte unter allen Umständen vermeiden, dass seine Frau die wahre Herkunft seiner Blessuren erfuhr.

Für die Nepplokale wurden die Zeiten ungemütlicher. Zusammen mit dem Wirtschaft- und Ordnungsamt legten wir Folgendes fest: Nicht eine ausreichende Anzahl von Getränkekarten musste auf den Tischen ausliegen, sondern mindestens auf jedem Tisch eine. Das Personal legte zwar auf jeden Tisch eine Karte, bedeckte diese jedoch mit einem Glas, in dem sich eine gefaltete Serviette befand, und in der Serviette befanden sich diverse gefächerte Trinkhalme, sodass letztlich die Getränkekarte kaum noch wahrzunehmen war. Also veranlassten wir, dass keine Getränkekarte mehr verdeckt werden durfte – weder ganz noch teilweise. Und wieder hielt sich das Personal an diese Maßgabe – um sie später einfallsreich zu konterkarieren, indem nun die Getränkekarte die Größe der Tischplatte und auch die gleiche Farbe hatte. Also reagierte die Behörde, indem veranlasst wurde, dass sich die Getränkekarte farblich vom Untergrund der Tischplatte zu unterscheiden hatte – und zwar deutlich! Außerdem musste das Séparée ausreichend beleuchtet sein, sodass der Gast die Karte lesen konnte. Zur Begleichung der Zechschuld durften ab sofort keine Wechsel mehr entgegengenommen werden, die Bestellung hatte nicht mehr durch die Animierdame zu erfolgen, sondern war vom Gast an den Kellner zu richten. Resigniert mussten wir Wochen später resümieren, dass auch diese Maßnahmen nicht reichten, um dem Treiben ein Ende zu setzen.

Doch wir gingen noch weiter: Wir erteilten nun mehrfach auffälligen Animierdamen, Kellnern, Koberern ein Beschäftigungsverbot im jeweiligen Lokal. Öfter erlebten wir daraufhin, dass der zuvor in einen Streit involvierte Kellner bei unserem Eintreffen als «Gast» scheinbar unbeteiligt am Tresen saß.

Der betrogene Gast indes erkannte natürlich den Kellner wieder, der jedoch darauf bestand, besagten Gast nie zuvor gesehen zu haben. Quälende, mitunter kindische Debatten folgten. Als nächsten Schritt erteilte das Wirtschafts- und Ordnungsamt den auffälligen Angestellten der Striplokale ein komplettes Betretungsverbot während der Betriebszeit, was uns die Arbeit enorm erleichterte.

Wir setzten auf immer wiederkehrende Razzien, um Flagge zu zeigen und zu warnen. Zu unbestimmten Nachtzeiten rückten wir mit einem Großaufgebot an, unterstützt durch jeweils einen Zug (dreißig Mann) oder eine Hundertschaft der Bereitschaftspolizei. Meistens wählten wir die umsatzstarken Nächte aus, also den Mittwoch, Freitag und Sonnabend.

So ein Einsatz lief immer wie folgt ab: Um 22.30 Uhr trafen die Einsatzkräfte in Mannschaftswagen der Bereitschaftspolizei der Polizeikasernen in Hamburg-Alsterdorf an der Gebäuderückseite der Davidwache in der Kastanienallee ein. Die Zug- und Gruppenführer betraten das Polizeigebäude durch den Hintereingang, während die Mannschaften im Wagen blieben. Nach der Einsatzbesprechung ging dann alles blitzschnell. Die Beamten erfuhren, welche Lokale das Ziel waren, diese wurden dann mit Blaulicht und Martinshorn angesteuert. Eiligen Schrittes bildeten die Schutzpolizisten einen Ring um dieses Gebäude, wir kümmerten uns um das Innenleben. Mitunter schlugen wir zeitgleich in vier Striplokalen zu.

Für die akribischen Überprüfungen nahmen wir uns viel Zeit, in der Regel bis zu zwei Stunden. Der Barbetrieb wurde in dieser Zeit eingestellt, es gab keine Musik, helles Licht wurde eingeschaltet, wir kontrollierten Personal und Gäste. Natürlich war den männlichen Besuchern die Situation peinlich. Vermutlich kamen sie nie wieder – und das war uns auch ganz recht. Denn uns ging es vor allem um Abschreckung: Läden, die oft durch Nepp auffielen, sollten auf diesem Wege bestraft werden. Dass es auch andere Häuser gab, in denen es seriös zuging und die nie Probleme mit dem Wirtschaft- und Ordnungsamt hatten, sprach sich bei den Gästen schnell herum.

Gelegentlich wurden auch Gäste verhaftet, wenn sie zum Beispiel wegen Unterhaltspflichtverletzungen steckbrieflich gesucht wurden. Einige dieser Typen, die ihren Kindern die Unterhaltszahlungen verweigerten, obwohl sie dazu in der Lage waren, gingen uns auf diesem Wege ins Netz. Das war schon schäbig: Die Männer gaben ihr Geld lieber für Sex-Unterhaltung aus als für die Zukunft der von ihnen gezeugten Kinder.

Die Steuerfahnder kontrollierten Kassen und Kassenbons und wühlten mit Plastikhandschuhen in den Papierkörben, um dort leere Spirituosen- oder Champagnerflaschen zu finden, die in der Kasse nicht registriert worden waren. Außerdem wurde der vorhandene Bestand an Getränken gesichtet. Die Koberer erhielten eine Ordnungswidrigkeitenanzeige wegen Verstoßes gegen das Hamburger Wegegesetz, falls sie sich bei ihrer Arbeit aus dem Türeingang entfernt und den öffentlichen Gehweg benutzt hatten, um die Besucher ins Lokal zu schwatzen. Kam es zu insgesamt sieben Verstößen, wurde die Konzession entzogen.

Folgenlos blieb der Entzug der Konzession zumeist für die Betreiber der Lokale. Denn hier zeigte sich das Milieu trickreich: Es gab De-facto-Inhaber und juristische Inhaber. Der eigentliche Inhaber (de facto) war juristisch nicht angreifbar. Er hatte einen Strohmann, der für die Unannehmlichkeiten durch die Behörden vom eigentlichen Inhaber fürstlich entschädigt wurde. Und obendrein war der Strohmann beliebig oft ersetzbar. Für uns zog das eine Sisyphusarbeit nach sich: Laut Gaststättengesetz mussten nach jeder Neuerteilung einer Konzession neue Beweise gegen den Gastronom gesammelt werden, um ihn juristisch zu belangen und das gleiche Prozedere wie zuvor einleiten zu können. Die meisten dieser relativ kleinen Striplokale, die uns negativ auffielen, waren bis zu achtmal unterverpachtet. Der letzte Pächter hatte bis zu achttausend Mark Monatsmiete zu zahlen, plus Nebenkosten. Das setzte ihn natürlich unter Druck, den am Ende die Gäste spürten, indem sie Betrügereien ausgesetzt waren.

Ende der siebziger Jahre verbesserte sich die Situation auf

dem Kiez erheblich – was den Nepp betraf. Die Gastronomen hatten offenbar begriffen, dass es sich besser wirtschaften ließ, wenn man ehrlich arbeitete – und die Polizei einen in Ruhe ließ. Zu allen Zeiten gab es natürlich auch Etablissements, die kein Einschreiten unsererseits erforderten, wie z. B. das Regina, Tabu, Tanga-Club, Colibri, Safari, Lausen, Mehrer, Salambo, um nur einige zu nennen. Am Ende hatten wir längeren Atem bewiesen. Es war ein beachtlicher Erfolg, dessen Vater die behördenübergreifende Zusammenarbeit war. Nie wieder gab es auf dem Kiez eine derartige Häufung von Neppdelikten.

ALS FISCHMARKT-KOMMANDANT
AUF TRIEBTÄTERJAGD

EIN weiteres Aushängeschild der Hansestadt, neben Reeperbahn und Herbertstraße, ist der an der Elbe gelegene Hamburger Fischmarkt, vis-à-vis der Werft Blohm + Voss. Schon damals, Mitte der siebziger Jahre, strömten an jedem Sonntagmorgen zwischen fünf und 9.30 Uhr (im Winter eine Stunde später) fünf-undzwanzig- bis dreißigtausend Besucher an die Große Elb-straße. Die Marktschreier, die neben Fisch auch Gemüse, Fleisch- und Wurstwaren, Pflanzen, Trödel und vieles mehr mit viel Lärm und kessen Sprüchen feilbieten, ziehen bis heute Ham-burger Nachtschwärmer, Feierwillige aus dem Umland, vor allem aber Touristen an. Marktschreierlegenden wie «Aale-Dieter» Bruhn, Jahrgang 1939, der seit 1959 auf dem Fischmarkt vor allem Aale und Lachs unters Volk bringt, genießen Kult-Status. Mit rustikalem Charme wird es den Leuten schwer gemacht, nichts zu kaufen: «Hierher sollst du gucken! Deine Frau siehst du jeden Tag, die ist froh, wenn du sie mal in Ruhe lässt!», lautet so ein typischer Spruch von Aale-Dieter. Wir hatten dafür zu sorgen, dass dieses Spektakel störungsfrei verlief. In den ersten Jahren meiner Zeit als Streifenpolizist war ich alle vier Wochen sonntags als «Fischmarkt-Kommandant» im Einsatz. Damals existierte noch ein kleines Backsteingebäude auf dem Gelände des Marktes, das nutzten wir als Stützpunkt. Zeitweise mischten sich bis zu vier Zivilfahnder unter die Menschenmenge, drei wei-tere Beamte bezogen im Gebäude Stellung. Parallel widmeten sich rund um den Fischmarkt fünf Peterwagen dem Verkehr. Eine Zeit lang beschäftigten uns kolumbianische Taschendiebe, die im dichten Gewühl der Menschen ihre Opfer suchten und fanden.

An einem dieser Sonntagmorgen gegen neun Uhr kamen zwei Zivilfahnder in Begleitung einer 48-jährigen Kölnerin in die Wache am Fischmarkt. Die Frau war ziemlich aufgeregt, gestikulierte wild, schien geradezu traumatisiert zu sein. Sie sprach einen derart starken Kölner Dialekt, dass ich mir große Mühe geben musste, überhaupt etwas zu verstehen. Sie hieß Verena Beimer, war etwa 1,60 Meter groß, untersetzt. Sie sagte, sie sei sexuell belästigt worden und wolle Strafanzeige erstatten. Im Gewühl der Menschen habe sie gespürt, wie ein Mann seinen erigierten Penis an ihr gerieben habe, genauer: an ihrer rechten Gesäßhälfte. Südländisch habe der Mann ausgesehen und trotz der lauen Sommertemperaturen einen Trenchcoat getragen.

«Isch glaub, der wollt mer steschen!», kreischte sie.

Gemeinsam mit der Kölnerin und einem weiteren Zivilfahnder begab ich mich auf die Suche nach dem ominösen Frotteur – so die amtliche Bezeichnung von Menschen, die sich durch Reiben an anderen Personen sexuell stimulieren. Zunächst steuerten wir die zahllosen Kneipen rund um den Fischmarkt an. Bei «Eier-Cohrs», auch «Eier-Carl» genannt, einer uralten Hafenkneipe, die bereits vor hundert Jahren für ihren Eiergrog Berühmtheit «bis in die Straße von Biskaya» erlangt hatte – wie in einem alten Zeitungsartikel nachzulesen ist –, mischten wir uns unters Volk. Die Schankwirtschaft war brechend voll. Nicht nur die Stühle waren besetzt, auch in den Gängen stauten sich die Gäste. Die Kellner, stets tadellos mit weißem Hemd und schwarzer Hose gekleidet, konnten sich kaum bewegen. In der Bude stand die Luft, schwere Rauschwaden erschwerten das Atmen, meine Augen schmerzten. Es war sehr laut.

In der einen Ecke spielte ein alter Mann auf einem Schifferklavier bekannte Seemannslieder von Hans Albers, so wie an jedem Sonntagmorgen.

«Das Herz von St. Pauli, das ruft dich zurück, denn dort an

der Elbe, da wartet dein Glück …», schmachtete er ins Mikrophon, den Tränen nahe. Er trug eine Prinz-Heinrich-Mütze, der in jenen Jahren der damalige Bundesminister und spätere Kanzler Helmut Schmidt zu bundesweiter Berühmtheit verhalf, die hatte er tief in sein Gesicht gezogen, sodass man nur sein schmales Augenpaar sehen konnte. Viele Gäste sangen mit, schunkelten teilweise, es war eine entspannte, friedliche Atmosphäre. Die Stimmung gefiel mir, das war ein Stück Hamburg wie aus dem Bilderbuch, wie ich es auch liebgewonnen hatte. Unter den gut hundert Gästen waren höchstens fünf Frauen. Wir waren schon im Begriff, die Kneipe wieder zu verlassen, als unsere Begleiterin plötzlich kreischte: «Da!»

Sie zeigte auf einen Mann, der ausgerechnet da stand, wo das Gedränge am größten war. Der Mann sah südländisch aus und trug einen hellen Trenchcoat.

«Dat isser! Da bin isch mer janz sischer», zischte mir die Kölnerin ins Ohr.

Wir wühlten uns durch die Menschenmenge. Der Mann stand ziemlich dicht bei einer jungen, attraktiven Frau, die ihn aber nicht wahrnahm. Sie war hauptsächlich damit beschäftigt, ihren Drink nicht zu verschütten. Offensichtlich war er gerade wieder auf der Pirsch. Wir forderten den Mann auf, mit uns das Lokal zu verlassen. Er ließ sich von uns, links und rechts gehalten, um eine Flucht zu verhindern, nach draußen führen. Vor der Tür zeigte er uns seinen türkischen Pass und seine Aufenthaltsgenehmigung. Wir nahmen ihn mit in die Fischmarktwache, noch immer tat er so, als könne er sich nicht erklären, was wir von ihm wollten.

Die Kölnerin schrie ihm entgegen und stemmte ihre Arme in die Hüfte: «Isch weiß, wat de willst! Du willst mer steschen!»

Als wir ihn etwas gründlicher durchsuchten, stellten wir fest, dass seine beiden Hosentaschen kein Futter hatten, er hatte es offenbar herausgetrennt, sodass er «direkten Zugriff» auf seinen Penis hatte. Er trug auch keine Unterhose, am Trenchcoat fehlten die unteren zwei Knöpfe. Offensichtlich suchte er mit Vorsatz große Menschenansammlungen auf, um sich dort das zu holen, was er unter Spaß verstand. Letzte Gewissheit, dass der Vorwurf der Kölnerin gerechtfertigt war, gab uns ein milchiger Fleck, der sich auf dem Stoff ihrer Hose im Bereich des Gesäßes abzeichnete. Die Lage für ihn war aussichtslos, und er sagte nun gar nichts mehr. Sein genetischer Fingerabdruck konnte damals noch nicht ermittelt werden, solche DNA-Analysen als Beweismittel in Strafprozessen sind erst seit Ende der achtziger Jahre möglich. Doch der Mann sah auch so ein, dass Leugnen nichts brachte. Die Frau erstattete Anzeige, Vorwurf: Erregung öffentlichen Ärgernisses. Der Frotteur wurde mit einem Funkstreifenwagen zur Davidwache gebracht, in einer Zelle so lange untergebracht, bis man ihn ins Polizeipräsidium fuhr, wo er erkennungsdienstlich behandelt wurde, man also seine Daten erfasste. Anschließend durfte er gehen. Monate später wurde er − weil erstmals auffällig − zu sechs Monaten Freiheitsstrafe auf Bewährung verurteilt.

Die Kölnerin musste uns ihre beschmutzte Hose als Beweismittel dalassen und mit einer Ersatzhose aus dem Kleiderfundus der Polizei die Heimreise antreten.

NEUES AUFGABENGEBIET: ZUHÄLTEREI

NACH gut einem Jahr bekam ich einen neuen Partner: Alex. Er war zwei Jahre jünger als ich, etwa 1,80 Meter groß, korpulent. Er hatte mittelblonde Haare und trug einen gepflegten Vollbart. Mit seiner ruhigen, ausgleichenden Art war er der Typ «Bär auf Puschen». Er sprach leise, war zurückhaltend und legte viel Wert darauf, sich korrekt zu verhalten, was für unsere Arbeit im Milieu sehr wichtig war. Wir wurden Freunde. Meine Frau und ich verabredeten uns auch privat mit dem Junggesellen, wir versuchten sogar, ihn mit einer Freundin meiner Frau zu verkuppeln, letztlich ohne Erfolg. Alex war nicht unbedingt ein Frauentyp. Er hatte zwar gelegentlich Freundinnen, lange Beziehungen wurden daraus aber nicht. In Sachen Humor lagen wir auf derselben Wellenlänge, wir blödelten viel herum und konnten über dieselben Dinge lachen. Kurzum: Wir passten ideal zusammen und vertrauten uns blind.

Mein Chef lobte mein bisheriges Wirken im Bereich Lokalkriminalität und setzte mich endlich auf die dickeren Fische an. Als Paar sollten Alex und ich uns dem neugegründeten Sachgebiet «Prostitution und Zuhälterei» widmen. Es gab noch drei andere Zivilfahnderpaare, die mit den Schwerpunkten «Bekämpfung der Ausländerkriminalität», «Bekämpfung von Drogendelikten» und «Bekämpfung der Einbruchskriminalität, Kfz-Aufbruch und Hehlerei» beschäftigt waren. Unser Augenmerk sollte sich fortan auf Zuhälterei richten, das organisierte Verbrechen im Rotlichtbereich also, das es zum damaligen Zeitpunkt offiziell noch gar nicht gab.

«Dringen Sie ein in die Tiefe des Milieus, suchen Sie alle Bordelle und Örtlichkeiten auf, wo diese Klientel zu finden ist. Führen Sie mit den maßgeblichen Personen Gespräche und saugen Sie die gewonnenen Erkenntnisse auf, um sie anschließend im Sinne einer geordneten Strategie verwerten zu können», gab uns Ludwig Rielandt als Arbeitsauftrag mit auf den Weg. Bei der Ausführung ließ er uns weitgehend freie Hand, was einem großen Vertrauensbonus gleichkam.

Das Hauptproblem im Milieu waren die Luden. Sie hatten St. Pauli unter sich aufgeteilt, sie beuteten die Frauen aus, handelten mit ihnen, Gewalt, Drogen und Waffen waren ein fester Bestandteil dieser Geschäfte. Im Milieu kursierte über sie eine Redewendung: «Zuhälter werden nicht geboren, sondern dazu gemacht.» Gemeint war wohl, dass alle Männer zunächst vernünftige, solide und tugendhafte Mitbürger sind und dass Frauen daran schuld sind, wenn Männer auf die schiefe Bahn geraten. Am Ende dieser Entwicklung steht der Lude, der die Frau beschützt, während sie mit fremden Männern ins Bett geht, um das Geld für den Mann zu verdienen, den sie liebt: den Beschützer.

Ich machte die Erfahrung, dass Zuhälter und auch die Frauen im Milieu überwiegend gestörten Familienverhältnissen entstammten. Gewalt, fehlende Zuneigung und Alkohol prägten zumeist das Elternhaus – und sehr oft Armut. Das Milieu verhieß diesen Menschen Wohlstand und eine gewisse Geborgenheit, aber auch Spielregeln, die man von zu Hause kannte: Der Stärkere setzt sich durch, der Schwächere bleibt auf der Strecke. Ich sollte eine Welt kennenlernen, die zwar offen gegen die Gesetze der bürgerlichen Welt verstieß, die diese aber durch ein eigenes Regelwerk ersetzte, das noch viel detaillierter und kleinkarierter war.

Ein Beispiel: Wurde eine Frau, die für einen Luden (wir nennen ihn Tommy) anschaffte, von einem anderen Luden angesprochen, beispielsweise in einer Bar, hatte sie ihm gleich mitzuteilen: «Du weißt aber, dass ich mit Tommy zusammen bin.» Wechselte der Lude dann weitere Sätze mit ihr, drohte großer Ärger – denn das sah nach einem Abwerbeversuch aus. Bahnte sich tatsächlich ein Wechsel an, musste der neue Zuhälter dem alten eine «Abstecke» zahlen, beim Fußballer würde man Ablösesumme sagen.

Streit wurde stets innerhalb der großen Familie St. Pauli geschlichtet. Auch dafür galten eherne Regeln, ein Ehrenkodex, an den sich alle hielten. Das Einschalten der Staatsmacht war nur dann erlaubt, wenn Kindermörder oder -schänder gesucht wurden. In solchen Fällen gaben uns sogar die Luden Hinweise zum Aufenthaltsort des Verbrechers. Wer sonst die Polizei informierte, riskierte viel. Eine Art Sondertribunal richtete dann über den Verräter. Die Strafen waren häufig Prügel, manch einer musste auch eine Runde im Hafenbecken schwimmen. Im schlimmsten Fall wurde ein Platzverweis für St. Pauli ausgesprochen. Das hieß für den Bestraften faktisch ein Berufsverbot – und keine Einkünfte. Todesurteile gab es zumindest damals nicht. Es war die Ära von Frieda Schulz. Er war der Richter des Tribunals, seine rechte Hand, «Dakota-Uwe», fungierte als Staatsanwalt. Der «Angeklagte» konnte sich von einer Person seines Vertrauens verteidigen lassen. Es gab auch einen Gerichtssaal: das Kellergeschoss von Friedas Nobelbordell «Cherie» am Steindamm in St. Georg, etwa sechs Kilometer von St. Pauli entfernt.

Unser Ziel war es, diese Parallelstrukturen zu zerstören und dem staatlichen Gewaltmonopol wieder Geltung zu verschaffen.

Hamburgs Großbordelle sind das Ergebnis eines Senatsbeschlusses aus dem Jahr 1967. Damals gab es in Hamburg rund eintausenddreihundert registrierte Huren, zumeist waren sie auf der Straße tätig. Anwohner hatten sich – flankiert von einer Pressekampagne – beschwert, die Huren würden schon tagsüber ihrem

Gewerbe nachgehen. Der Senat reagierte, die Huren sollten von der Straße. Im Auftrag der Stadt baute Kiez-König Willi Bartels 1967 an der Reeperbahn 170, wo einst das «Hippodrom» stand, das «Eros-Center», Deutschlands größten Puff, ein kasernenartiges Bordell mit zweihundertsechsundsechzig Zimmern und hundertvierundsiebzig Betten. 4,7 Millionen Mark wurden in das Gebäude investiert, es galt seinerzeit als eines der aufwendigsten und modernsten Bordelle überhaupt und leitete die Ära der Großbordelle ein. Der Komplex umfasste einen vierhundert Quadratmeter großen sogenannten Kontakthof, wo in der Hauptgeschäftszeit bis zu dreihundert Frauen gleichzeitig anschafften. Umgeben war der Kontakthof von drei- bis viergeschossigen Gebäuden, in denen sich insgesamt hundertsechsunddreißig Appartements befanden, pro Etage acht bis vierzehn Zimmer. Anders als in den vielen kleinen Eckpuffs gab es im «Eros-Center» sanitäre Anlagen, man wollte weg vom Schmuddelimage. Ein Jahr später wurde die zweite Großanlage eröffnet, das «Palais d'Amour» mit hundertvierzig Betten.

Der «König von St. Pauli», Immobilienmogul und Mäzen Willi Bartels – er starb 2007 im Alter von 93 Jahren –, besaß zahlreiche Hotels, Geschäfte und Wohnhäuser im Stadtteil, war allseits beliebt und genoss in ganz Hamburg ein hohes Ansehen. Immer wieder kam es vor, dass er in jenen Jahren als Schlichter auftrat und Personen aus dem Milieu auch finanziell aus der Patsche half. Ich sprach oft mit ihm und war beeindruckt von seiner freundlichen Art und dem Gespür im Umgang mit den St.-Paulianern. Natürlich ging es auch Bartels stets darum, möglichst viel Profit zu machen. Er bekam pro Zimmer dreihundertsechzig Mark Miete im Monat und verpachtete etagenweise. Die sechs Betreiber wiederum kassierten von ihren Frauen das Drei- bis Fünffache an Miete, also zwischen tausend und tausendachthundert Mark.

Bei allem Sinn für gute Geschäfte hatte Bartels doch immer auch ein großes Interesse an der Entwicklung des Stadtteils St. Pauli. Als Eigentümer kooperierte er mit uns und gab uns die Zusage, bei Vertragsabschlüssen mit einem Bordellbetreiber der Polizei das Recht einzuräumen, unerwünschten Personen ein Hausverbot zu erteilen – wenn von ihnen ein Sicherheitsrisiko ausging.

Während in der Herbertstraße ausschließlich Frauen als sogenannte Wirtschafterinnen arbeiteten, was wir als sehr angenehm empfanden, denn der Ärger hielt sich dort in Grenzen, waren im «Eros-Center» und im «Palais d'Amour» fast ausschließlich männliche Wirtschafter tätig. Wer eine solche Aufgabe übernahm, hatte sich bei uns unter Vorlage der Ausweispapiere vorzustellen. Es wurde geprüft, ob er oder sie schon einmal kriminalpolizeilich aufgefallen war oder gar per Steckbrief gesucht wurde. Traf beides nicht zu, wurde die Beschäftigung geduldet.

Ein Wirtschafter war – und ist – de facto das Mädchen für alles: Er führte Aufsicht über die Prostituierten in einem Bordell, war Rausschmeißer, Hausmeister und Chef in einer Person. Er sorgte an vorderster Front dafür, dass der Betrieb reibungslos verlief. Wirtschafter waren also nicht zwangsläufig auch Zuhälter. Die Zuhälter waren die eigentlichen Bosse, für die die Mädchen anschafften. Doch diese Strukturen erkannten wir nicht an und duldeten ihre Anwesenheit in den Großbordellen nicht – zumindest nicht während der Geschäftszeiten. Wir wollten keine dirigistische Zuhälterei unter unseren Augen. Unsere Ansprechpersonen waren die Wirtschafter, die oft entweder von den Zuhältern eingesetzt wurden oder selbst als Luden aktiv waren.

Nach Angaben des Hamburger Landeskriminalamtes 242 und meinen Ermittlungen soll der Durchschnittsverdienst einer Hure in der Hochzeit des Gewerbes Ende der siebziger Jahre zwischen fünftausend und dreißigtausend Mark monatlich gelegen haben. Das hing davon ab, ob sie auf dem Straßenstrich, im Sexclub, Appartement oder Edelbordell arbeitete. Diese Zahlen galten allerdings nur für Frauen ohne Zuhälter, mit «Beschützer» blieben vom Verdienst maximal zwanzig Prozent übrig.

Damals erhielt der Wirtschafter zehn Mark von jeder Prostituierten pro Schicht. Die Freier wurden mit fünfzig Mark gekobert. Waren sie erst einmal mit der Prostituierten auf dem Zimmer, blieb es nie dabei: Wollte der Freier Sex ohne Kondom, wurden aus dem Fünfziger schnell hundert Mark. Sehr verbreitet war die «Gummiallergie», denn fast alle Männer wollten Sex ohne Präservativ. Hinzu kamen zwanzig bis dreißig Mark für Getränke, denn die Damen waren verpflichtet, pro Freier eine bestimmte Anzahl an Pflichtgetränken umzusetzen, an denen der Wirtschafter ebenfalls verdiente. In den großen Häusern waren in jeder Nachtschicht bis zu zwanzig Prostituierte pro Einheit tätig, in der Tagschicht etwa die Hälfte. Noch bevor die Mädchen ihren ersten Freier bedienten, hatten sie bereits hundertfünfzig Mark abzuliefern – für die Miete, die Kosten für die Musikbox, für Bettwäsche, Handtücher, Hygieneartikel usw. Das Geld steckten die Frauen in kleine Schlitze in der Wand am Raum des Wirtschafters, dahinter verbargen sich kleine Metallboxen. Jeder Schlitz war mit einer Zimmernummer gekennzeichnet.

Dazu kamen die Einnahmen seiner Prostituierten, falls der Wirtschafter selbst noch als Zuhälter fungierte. Mit nur einer Prostituierten konnte er es auf ein monatliches Salär von dreißigtausend Mark bringen – ohne auch nur einen Pfennig Steuern dafür zu zahlen. Es gab Luden, die hatten fünf oder mehr Frauen auf dem Strich. Sie verdienten sich damit dumm und dämlich. Die einzigen Steuern, die diese Szene bezahlte, waren die Kfz-Steuern für ihre Nobelschlitten und die Mehrwertsteuer für ihre

Luxusartikel. Sie lebten wie die Könige: Ausschweifende Partys und teure Urlaube gehörten natürlich dazu. Lohnsteuerkarten waren unbekannt. Versiegten irgendwann die Geldquellen, ging man zum Sozialamt und ließ sich vom Staat alimentieren. Ihr Motto lautete: «Ich lebe heute, was schert mich das Morgen.» Doch ein Vermögen sprang dabei trotzdem selten heraus. Die meisten Luden lebten in den Tag hinein, verprassten das Geld, kaum jemand legte sich etwas fürs Alter zur Seite. Sie alle waren infiziert von der Sucht nach Geld und Genuss.

Das «Eros-Center» wurde übrigens 1987 geschlossen. Seit 1998 betreibt ein Unternehmer, Besitzer des Riesenbordells «Pascha» in Köln, ein Remake des Großbordells an der Reeperbahn – das «Laufhaus».

ST. PAULIS TREPPEN
SIND MANCHMAL GLATT

ALEX und ich widmeten uns mit Feuereifer der neuen Aufgabe. Für uns bedeutete das zunächst: lernen, Etablissements aufsuchen, Leute angucken, Namen merken, auf Zwischentöne achten, Stimmungen analysieren. Wir tauchten nun ständig unangemeldet in den einschlägigen Lokalitäten auf. Zu oft, wie einflussreiche Bordellbesitzer und Konzessionäre befanden, die sich sogar bei Rielandt beschwerten. Sie mutmaßten, es gebe eine neue, gezielte Strategie des Störens bei der Polizei. Die gab es natürlich nicht, wir wollten einfach nur die Läden kennenlernen. Und uns bekannt machen.

Ich erinnere mich an einen Vorfall im «Eros-Center». Während einer nächtlichen Kontrolle trafen wir dort auf einen unbekannten Mann, der angab, der Wirtschafter und obendrein neu zu sein. Er hieß Wolf Ermer, stammte aus Frankfurt, war vierunddreißig Jahre alt, schlank, mit schulterlangen blonden Haaren und Schnauzer.

«Was wollt ihr denn?», pöbelte er in unsere Richtung.

Er wirkte arrogant, geradezu überheblich, sein Machogehabe und seine gespielte Lässigkeit fielen mir sofort unangenehm auf. Nach einer Personenüberprüfung, die ergab, dass Ermer nicht gesucht wurde, baten wir ihn, am nächsten Tag auf unser Revier zu kommen, da er sich noch nicht offiziell vorgestellt hatte. Natürlich kam er nicht. Als wir ihn zwei Tage später erneut aufsuchten, forderten wir ihn nochmals auf, sich umgehend auf der Davidwache zu melden. Wir setzten ihm eine Frist, doch auch die verstrich.

Weitere drei Nächte später, wir kontrollierten gerade Personen im «Domino» an der Ecke Talstraße und Reeperbahn, trafen wir morgens um 5.15 Uhr erneut auf Ermer. Viele Zuhälter warteten dort auf das Schichtende ihrer Frauen. Der Pächter Donald Schulze stand hinterm Tresen und bediente die Gäste. Während sich die anderen fünfzehn Luden höflich und korrekt benahmen, wurde Ermer sofort unangenehm und ausfallend. «Hört genau zu: Ich habe nicht nötig, mich bei euch vorzustellen. Habt ihr das kapiert?»

Es war deutlich, dass er vor den anderen Zuhältern Eindruck schinden wollte. Ich wiegelte ab, denn ich war aufgrund der vorgerückten Stunde müde und dachte eigentlich nur an den nahenden Feierabend. Doch es war nicht ganz risikolos, vor solch einem Forum Schwäche zu zeigen, denn die Stimmung konnte leicht zugunsten Ermers kippen. Dann hätten wir uns ab sofort warm anziehen können und − zumindest auf absehbare Zeit − unser Gesicht verloren. Im Hinausgehen sagte ich ihm laut, sodass es auch der Pächter Donald Schulze hören konnte, dass er sich an die Hamburger Gepflogenheiten gewöhnen müsse und es ihm zu verdanken sei, dass wir ab sofort das «Domino» regelmäßig kontrollieren würden, denn es sei ja wohl Ermers Stammlokal.

Am Sonnabend darauf, wir waren gerade in Hanne Kleines «Ritze» mit Kontrollen beschäftigt, humpelte plötzlich Ermer auf uns zu − mit bandagiertem Arm und blauem Auge. Er bat um ein Gespräch, wir wählten den Hinterausgang zum Parkdeck des «Palais d'Amour» und setzten uns abwartend auf die Gartenstühle.

«Tut mir leid, dass ich mich ein bisschen danebenbenommen habe. Aber ich hatte gerade privaten Ärger, mit Ihnen hatte das natürlich nichts zu tun», entschuldigte er sich überraschend kleinlaut. Er teilte uns mit, dass er bereits bei der Sitte gewesen sei und eine Erlaubnis erhalten habe, in dem Bordell zu arbeiten.

«Was ist Ihnen denn passiert?», fragte ich ihn und deutete auf seinen bandagierten Arm.

«Ach, so 'ne dumme Sache. Ich bin ganz blöd die Treppe runtergefallen. Hatte wohl einen über den Durst getrunken», antwortete er schmallippig und beeilte sich, aus unserem Blickfeld zu verschwinden.

«Ja, St. Paulis Treppen sind mitunter glatt», sagte ich grinsend zu Alex, der lachte.

Ein Informant erzählte uns später, dass Ermer nach dem Vorfall im «Domino» von mehreren Zuhältern verprügelt worden sei. Meine Drohung, ab sofort häufiger das «Domino» zu kontrollieren, war dafür ausschlaggebend. Das Milieu sah uns lieber aus der Ferne, man wollte ungestört den Geschäften nachgehen. Sie hatten ihm zur Bedingung gemacht, sich bei mir zu entschuldigen, bei Androhung der Höchststrafe: St. Pauli-Verbot! Für mich war das ein Zeichen, dass ich auf St. Pauli weitgehend respektiert wurde, weil ich berechenbar geblieben war und fair mit den entscheidenden Größen des Milieus umging. Solche Herausforderungen wie die «Disziplinierung» Ermers vor versammelter Ludenmeute suchte ich auch ganz gezielt, denn ich wollte, dass das Milieu mich kannte, über mich sprach, auf mich hörte. Auf keinen Fall wollte ich unsichtbar durchs Revier schleichen. Ich wollte der Szene signalisieren, dass man sich auf meine Zusagen verlassen konnte, solange nicht Gesetze übertreten wurden. Es war der neue Umgang der Halbwelt mit der Staatsmacht im Hamburger Sperrbezirk St. Pauli – und andersherum.

Donald Schulze, der damals 38-jährige Pächter des «Dominos», war ein Riese: 1,90 Meter groß, Kurzhaarschnitt, eine athletische Figur. In seiner frühen Jugend soll er, wie so viele auf dem Kiez, ein leidenschaftlicher Hobbyboxer gewesen sein. Aus dieser Zeit schien auch ein Problem mit seinem etwas zu groß geratenen

Riechorgan herzurühren, denn während des Gespräches rümpfte er oft auffällig die Nase. Er zog die Spitze etwas hoch und schniefte gut hörbar. Das kannte ich auch von anderen Boxern, denen schon mehrfach die Nase gebrochen worden war.

Es war ein paar Tage nach dem Vorfall mit Ermer, als wir uns wieder einmal im Laden von Schulze umsahen. Außer uns hielten sich noch etwa zwölf Luden in dem Hotel mit Schankwirtschaft auf. Die Stimmung war fröhlich, fast alle hatten einen getankt und waren ausgelassen.

Ich sah mich auf der Suche nach dem «unbekannten Gesicht» in der Runde um, um gegebenenfalls das eine oder andere Bild aus der Fahndungsliste streichen zu können. Plötzlich schrie ein Mann aus der hinteren Reihe laut: «Rotfuchs, hau ab, sonst jag ich dir eine Kugel in den Kopf, du Arschloch!»

Ich sprach zu mir selbst: «Nicht schon wieder», demonstrierte aber nach außen Entschlossenheit.

Der mir unbekannte Mann hatte die Drohung mehr gelallt als geschrien, er musste ziemlich betrunken sein. Ein bisschen klang es, als hätte er eine Kartoffel im Mund. Die anderen Gäste waren verstummt, alle warteten auf eine Reaktion von mir. Rückblickend sage ich, es war wie eine dieser kitschigen Saloonszenen in einem Western. Der Mann, den ich endlich zu sehen bekam, weil sich die Menge in seinem unmittelbaren Umfeld etwas zerstreute, war gut 1,80 Meter groß, etwa 45 Jahre alt, breitschultrig. Er stand im schwarzen Maßanzug am Tresen und redete sich gehörig in Rage. Ich vernahm nur Wortfetzen: «Bullen … Penner … uns in Ruhe lassen …» Mit jedem Satz attackierte er mich aufs Neue. Die Zornesröte stieg ihm ins Gesicht, sein Ausdruck war aggressiv, die Situation wurde für mich zunehmend bedrohlich.

Beim Blick in die Runde wurde mir schnell klar, dass der Typ nicht mit Unterstützung rechnen konnte. Die Gäste verhielten sich vielmehr abwartend und passiv, ebenso Donald Schulze. Ich hatte gar keine andere Wahl, als die Herausforderung anzunehmen und dem rüpelhaften Säufer eine Lektion zu erteilen. Doch ich behielt auch einen kühlen Kopf, denn ich hatte im Laufe der Jahre gelernt, ziemlich viel zu schlucken. Ausgerechnet in diesem Moment fiel mir ein Spruch von dem Lyriker Karl-Heinz Söhler ein, der in den siebziger Jahren als Kolumnist im «Hamburger Abendblatt» täglich Weisheiten zum Besten gab, von denen ich einige noch heute auswendig kenne: «Der ängstlich vorsichtigen Art bleibt selbstverständlich viel erspart, doch wenn sie niemals überschäumt, hat sie auch allerhand versäumt.» Hier ist von Wagemut die Rede.

Ich ging auf den Provokateur zu, bis ich ganz dicht vor ihm stand. Äußerlich blieb ich ruhig, aber innerlich war ich natürlich ziemlich aufgeregt, was er glücklicherweise nicht merkte. In sachlichem Tonfall forderte ich ihn auf, mir seinen Personalausweis zu zeigen, weil ich vorgab, Strafanzeige wegen Bedrohung und Beleidigung erstatten zu wollen. Das alles teilte ich ihm mit, während mein Partner Alex in etwa zwei Meter Entfernung an einer Wand lehnte und meine Sicherung übernahm. Nichts brachte Alex so schnell aus der Fassung, er behielt auch unter größtem Stress stets den Überblick. Ich registrierte, wie Alex' rechte Hand bereits in Richtung Hüfte wanderte, wo sich direkt unter der Jacke seine Pistole befand.

Der Mann fing erneut an zu pöbeln, er bedrohte und beleidigte mich, dann schrie er: «Du und auch dein Kumpel, ihr kriegt meinen Ausweis nicht! Und nun haut endlich ab, bevor ihr was auf die Mütze bekommt!»

Ich fragte ihn in entspanntem Ton: «Wie viele Peterwagen möchten Sie denn als Geleitschutz zur Davidwache haben? Sagen Sie es mir, ich bestelle so viele, wie Sie wollen.»

Er lachte nur schallend, als ich ihn nochmals aufforderte, mir seinen Ausweis zu zeigen. Wieder brüllte er: «Rotfuchs, hau ab!»

Handys gab es noch nicht, also forderte Alex per Funkgerät mindestens drei Peterwagen im Eiltempo an, damit wir den Fall abschließen konnten. Der Wachhabende quittierte unseren Wunsch, was ich hören konnte, so laut war das Funkgerät eingestellt. Zu Alex sagte ich laut und für alle hörbar: «Unsere Muskeln sind auf dem Weg!»

Wieder blickte ich in die Runde, denn ich befürchtete, dass mir die Zeit langsam davonlief. Allmählich musste etwas passieren. Glücklicherweise blieb die Runde weiterhin ruhig, die Ganoven verhielten sich passiv. Höchstens drei Minuten später rauschten drei Funkstreifenwagen mit Blaulicht und Martinshorn auf den Gehweg vor dem «Domino», sechs Kollegen plus zwei Praktikanten stürmten in die Kneipe. Wir hatten jetzt acht Uniformierte im Laden, das wirkte schon ziemlich martialisch. Drei von ihnen waren Schränke. Sie warteten nur darauf, dass der Typ handgreiflich wurde. Doch so weit ließen wir es gar nicht erst kommen. Was geschehen war, reichte bereits. Auf meine Weisung hin packten die Kollegen das Großmaul an den Armen und führten ihn nach draußen. Er zeigte keine Gegenwehr.

Als ich das «Domino» verließ, sagte ich in die Runde: «Es tut mir leid, dass wir die Party stören mussten. Aber der Abend ist ja noch jung, genießen Sie ihn.»

Anschließend gingen wir zu Fuß hinüber zur Davidwache, um uns den Kerl vorzunehmen. Er kam aus Schleswig-Holstein, betrieb auf dem Land eine Diskothek. Ich ordnete eine Blutprobenentnahme an. Weil er nicht gesucht wurde und obendrein ohne Hilfe seinen Weg fortsetzen konnte, durfte er die Davidwache nach kurzer Zeit wieder verlassen. Zur Tatzeit hatte er 2,2 Promille Alkohol im Blut.

Fünf Monate später gab es eine Gerichtsverhandlung. Bedrohung und Beleidigung zu meinem Nachteil, so weit die Anklagepunkte. In der Hauptverhandlung vor dem Amtsgericht Hamburg zeigte sich Roman B. reumütig, er gab auch vor, sich bei mir entschuldigen zu wollen, und kam mir mit ausgestrecktem Arm im Gerichtssaal entgegen. Doch ich lehnte eine Entschuldigung ab, denn ich hatte mir im Vorfeld seine Kriminalakte zu Gemüte geführt und dabei festgestellt, dass dieser Mensch nicht resozialisierungsfähig war. Erhebliche Straftaten von Bedeutung und Brutalität waren da aufgelistet. Offenbar war seine Reue nur dem Versuch geschuldet, die Höhe der drohenden Geldstrafe zu drücken. Am Ende wurde Roman B. zu einer Geldstrafe von achttausend Mark verurteilt, ersatzweise zu achtzig Tagen Haft. Er entschied sich für die Geldstrafe.

Ein Jahr später traf ich ihn wieder. Er war mit seiner Clique im «Domino», saß am Tresen. Er blickte etwas hilflos auf seinen Schoß und fummelte am Gelenkriemen seiner Herrenhandtasche herum, scheinbar ohne Notiz von mir zu nehmen. Ich blickte ihn an, lächelte leicht und dachte in diesem Augenblick: Ist es achttausend Mark wert, sich für einen Moment so gehen zu lassen?

Und wieder einmal musste ich feststellen, dass der meiste Ärger im St.-Pauli-Milieu von Personen ausging, die hier nicht zu Hause waren.

BORDELLGESCHICHTEN RUND UM DIE HERBERTSTRASSE

ES dauerte nicht lange, da kannte ich durch meine Tätigkeit im Bereich Prostitution sämtliche Bordelle auf St. Pauli und auch in St. Georg östlich des Hauptbahnhofs. Die Herbertstraße gehörte ebenso dazu wie die Großbordelle, die vielen Absteigen, die gewerblichen Zimmervermietungen rund um den Hans-Albers-Platz, der Straßenstrich des Hamburger Fischmarktes sowie die wenigen Luxusbordelle auf der Reeperbahn und der Großen Freiheit. Anfänglich kontrollierten wir vor allem die Damen in den Bordellen und stießen dabei regelmäßig auf Minderjährige, die wir den Erziehungsberechtigten oder der Jugendbehörde übergaben. In fast jedem Bordell wurden wir fündig. Die Bordellbetreiber erwarteten Verfahren wegen Förderung der Prostitution Minderjähriger. Die drohenden Strafen waren empfindlich.

Weil die Aktionen in den Medien hohe Wellen schlugen, wurde alsbald im Hamburger Senat diskutiert, ob es nicht sinnvoll sei, noch mehr Betriebsgenehmigungen für Bordelle zu erteilen, um damit Prostituierte und Zuhälter gezielter kontrollieren zu können. Außerdem wären minderjährige Frauen in genehmigten Einrichtungen besser geschützt als in zwielichtigen Bordellen, die sich als Saunaclubs ausgaben. Das Problem war, dass das Milieu die minderjährigen Mädchen, besonders nach unseren stringenten Kontrollen, niemals in lizenzierten Bordellen beschäftigte, sondern in der Grauzone halbseidener Clubs und Absteigen. Doch der erhöhte Druck, den wir aufbauten, hatte trotzdem nach relativ kurzer Zeit Erfolg. Die Betreiber wagten es irgendwann nicht mehr, Prostituierte anschaffen zu lassen, die jünger als achtzehn waren. Die Kontrollen führten wir dennoch weiter durch.

Oft sprachen wir in der legendären Herbertstraße vor. Seit 1922 trägt die Straße diesen Namen, der in ganz Deutschland ein Begriff ist, davor hieß sie Heinrichstraße. Ein Namensgeber – «Herbert» oder «Heinrich» – existierte nie, der Straßenname ist Produkt des Konzeptes, den Straßen männliche Vornamen in alphabetischer Reihenfolge zu geben, weswegen sie unweit der Davidstraße liegt. Seit ihrer ersten Bebauung im 19. Jahrhundert wird in der sechzig Meter langen Straße der Prostitution nachgegangen. Ein zeitloses Stück Hamburg, nicht einmal das Kopfsteinpflaster hat sich seitdem geändert. Weil die Nazis nach der Machtergreifung Prostitution und Striptease untersagten, dieses Verbot aber in der Herbertstraße nicht konsequent durchsetzen konnten, wurden damals die Sichtbarrieren an beiden Enden errichtet – als Zeichen der verschämten, aber stillen Duldung. Geblieben sind sie bis heute.

In den neunzehn Häusern arbeiteten in den siebziger Jahren zweihundert Prostituierte in zwei Schichten. Die Tagschicht begann um zehn und endete um zwanzig Uhr, die dann beginnende Nachtschicht endete um sechs Uhr. Frauen, die nicht in der Herbertstraße arbeiten, dürfen sie nicht betreten. Ludwig Rielandt ließ Mitte der siebziger Jahre kraft des zuständigen Bezirksamtes Hamburg-Mitte diese Verfügung erlassen. Zuvor hatte es immer wieder Ärger mit den Prostituierten gegeben, die in der Herbertstraße hinter Schaufenstern sitzen. Als es noch Frauen und Paaren erlaubt war, durch die Straße zu schlendern, störten sich die Huren daran, einfach nur begafft zu werden. Des Öfteren kam es vor, dass Prostituierte am Fenster mit einem Eimer Urin lauerten, wenn sie eine Frau nahen sahen. Befand sich die dann in Höhe des Fensters, gab es, begleitet von einem Schwall Pöbeleien, eine Dusche. Passieren indes Männer die Scheibe, wird durch Klopfen oder freche Zurufe Kontakt aufgenommen. Signalisiert der Freier Interesse, wird ein Fenster geöffnet, und die Absprache über Preis und Vorliebe beginnt.

Vormittags, wenn der Lkw des Getränkelieferanten kommt, wird das Tor aufgeschlossen. Auch in der Davidwache und bei der Feuerwehr gibt es Schlüssel für diese Tore, um im Notfall in die Straße fahren zu können.

Zu unseren Aufgaben gehörte es, die Neuzugänge unter den Damen zu kontrollieren. Wir überprüften ihr Alter, ihr Vorleben und ob sie zur Personenfahndung ausgeschrieben waren. Und wir achteten darauf, dass sich während der Betriebszeiten keine Zuhälter in den Pachteinheiten herumtrieben. Die Herbertstraße zog die Luden an wie die Motten das Licht, denn sie wollten die Frauen, von denen einige «zuhälterfrei» anschafften, vor Ort im Auge behalten. Trafen wir einen an, so wurde er von uns sofort des jeweiligen Hauses verwiesen. Diese Klientel störte die Frauen bei der Arbeit, brachte Unruhe, Ärger und typische milieubezogene Strafdelikte mit sich wie Erpressung, Körperverletzung, Bedrohung und Nötigung, wenn die Frauen wieder einmal in den Augen der Luden nicht fleißig genug waren.

Die Herbertstraße bildete innerhalb des Sperrbezirks eine Art Sonderzone. Es gab eine stille Übereinkunft der Sittenpolizei mit den ehemaligen Hauseigentümern und einigen Pächtern der neunzehn Bordelleinheiten. Ausnahmslos durften dort nur Frauen als Wirtschafterinnen tätig sein. Diese Besonderheit gab es schon in den zwanziger Jahren. Die Häuser waren überwiegend von den Ersteigentümern als gute Wertanlage mit hoher Rendite innerhalb der Familien vererbt worden. Es waren seriöse Familien aus der Mitte der Hamburger Gesellschaft, die im Milieu nicht präsent waren und die Gebäudeeinheiten unterverpachteten. Eine dieser Einheiten soll sogar im Besitz eines Mitarbeiters einer Hamburger Behörde gewesen sein.

Unsere routinemäßigen Kontrollen basierten auf gegenseitigem Respekt: Wir traten den Frauen höflich-distanziert gegenüber. Wir kamen natürlich stets überraschend, waren aber als Personen bekannt, sodass wir nie als wirklich störend empfunden wurden. Und die Frauen verhielten sich uns gegenüber ebenfalls freundlich-distanziert, eben vollkommen anders als Freiern gegenüber. Nie hätten sie zum Beispiel den Arm um uns gelegt, uns umgarnt oder kesse Sprüche von sich gegeben. Ich glaube, weil wir einen respektvollen Umgang vorlebten, verhielten sich die Frauen ebenso. Größere Vertrautheiten gab es von beiden Seiten nicht. Die Frauen hüteten sich davor, vor den anderen Prostituierten so zu wirken, als pflegten sie gute Kontakte zur Polizei. Man beäugte sich gegenseitig argwöhnisch. Niemand wollte in Verdacht geraten, ein Spitzel der Polizei zu sein. Man führte in dieser Szene eben kein privates Gespräch mit den Gesetzeshütern, sondern antwortete nur höflich auf belanglose Fragen, aus denen die Polizei keinen verwertbaren Nutzen ziehen konnte. Die Frauen standen unter permanentem psychischen Druck. Die berühmte Domenica – die 2009 verstorbene Anita Niehoff –, die zeitweise in der Herbertstraße ein Bordell führte und ohne Zuhälter arbeitete, war aufgrund ihrer freundlichen Art uns und anderen Polizisten gegenüber im Milieu als Polizeispitzel verschrien, obwohl sie niemals auch nur ansatzweise Tipps oder Hinweise gab.

Doch es gab auch Prostituierte, die gern mit einem Polizisten eine Beziehung gehabt hätten. Nicht der schönen Augen oder der Uniform wegen, vielmehr versprachen sie sich davon den Wechsel in eine bürgerliche Normalität, die sie in ihrem Beruf so vermissten. Und tatsächlich waren viele der Frauen sehr attraktiv, einige gefielen mir sogar. Doch ich war glücklich verheiratet, hatte zwei Kinder und war nicht empfänglich für derartige Signale. Außerdem war mir bewusst, dass eventuelle Avancen nicht mir als Person galten, sondern meinem beruflichen Status und der «Machtstellung» auf dem Kiez. Hinzu kam, dass man immer damit rechnen musste, dass solche Kontakte von Luden lanciert waren, um einen zu erpressen oder bei den Kollegen anzuschwärzen.

Unvergessen auch eine Begebenheit in der Herbertstraße. Eva-Maria war knapp über vierzig, schlank, langbeinig, eine etwas reifere Schönheit. Bereits seit acht Jahren arbeitete sie in dem Bordell. Sie war stets höflich und besaß die in diesen Kreisen seltene Gabe, sich druckreif artikulieren zu können.

Mit dem Satz «Herr Paulsen, wir haben ab heute eine neue Frau hier, es ist meine Tochter, die heute achtzehn Jahre geworden ist» empfing sie mich. Dann rief sie ihre Tochter, um sie uns vorzustellen: «Isabell, komm doch mal her. Herr Paulsen von der Davidwache ist hier und möchte dich kennenlernen.»

Ich gratulierte dem Mädchen zum Geburtstag, wünschte ihm viel Glück und Gesundheit, ersparte mir aber die Bemerkung, dass ich es schön fände, wenn sie, nunmehr volljährig, einen anderen Lebensweg einschlagen würde. Sie reichte mir ihren Personalausweis, sodass ich sie in unsere Liste eintragen konnte. Vor mir stand ein sehr schlankes Mädchen, ziemlich blass, ansonsten von der gleichen Gestalt wie ihre Mutter, aber noch wahnsinnig schüchtern. Sie ging auch gleich an die Arbeit und setzte sich in den Koberraum vor die Fensterscheibe, während die Mutter erzählte, dass beide von nun an gemeinsam anschaffen würden – in einer Art Familienunternehmen. Eva-Maria begann sich zu rechtfertigen, ohne dass ich ihr Vorwürfe gemacht hatte: «Wir müssen anschaffen, denn mein geschiedener Mann ist spielsüchtig und hat einen enormen Schuldenberg angehäuft. Von was sollen wir denn sonst leben?»

Ein bisschen klang es wie eine Ausrede, denn zwischen den Zeilen hörte ich sehr wohl heraus, dass sie diese Karriere sehr bewusst gewählt hatte und den unkonventionellen Job genoss.

Sie erzählte mir zudem, dass sie zwar ihren Körper für Geld feilbot, dabei aber nie ihre Seele preisgab. Was heißen sollte, dass sie hoffte, nie ganz Teil dieser Szene zu werden, sondern im Kopf stets eine Art Gastarbeiterin zu bleiben. Wie auch immer, ich fand die Vorstellung erschreckend, dass sie sich zukünftig zusammen mit ihrer Tochter prostituieren würde, obwohl ich allmählich an einen Punkt gelangte, wo mich nichts mehr schockieren konnte.

Eines Sonntagnachmittags erhielten wir Nachricht von einem Todesfall in einem Bordell in der Kastanienallee unmittelbar hinter der Davidwache. Die 28-jährige Prostituierte Anna Michels hatte einen 64-jährigen Freier, der während des Schäferstündchens einen Herzinfarkt erlitten haben soll. Der Tote war ein übergewichtiger Fachwirt für Schweinezucht aus Niedersachsen. Nachdem wir den Abtransport der Leiche in das Gerichtsmedizinische Institut mit anschließender Obduktion veranlasst hatten, verständigte ich telefonisch die Frau. Eine Stunde später erschien sie mit ihrer Tochter auf der Davidwache und wollte die näheren Umstände zum Tod ihres Mannes erfahren. Ich tischte ihr ein Märchen auf, fühlte mich aber nicht wohl dabei: «Ihr Mann wurde unten am Hafen leblos auf dem Gehweg gefunden, Passanten haben die Polizei gerufen.»

Die Geschichte hatte ich zuvor mit meinem Vorgesetzten abgestimmt. Ich hätte eine solche Entscheidung, den Angehörigen den wahren Ort des Todes zu verschweigen, nie allein getroffen. Glücklicherweise glaubten mir die Ehefrau und die Tochter die Geschichte. Sie wirkten auf mich ziemlich gutgläubig, fast ein bisschen naiv. Sie kamen aus der tiefen Provinz und hätten dem Familienvater gar nicht zugetraut, gelegentlich in Hamburgs Rotlichtviertel zu wildern. Und ich hätte den beiden wohl keinen Gefallen getan, hätte ich die Wahrheit erzählt. Die Trauer über den plötzlichen Verlust war allein schon eine Zumutung, die Enttäuschung über das gelegentliche Doppelleben des Mannes hätten nur das Andenken an den Toten beschädigt. Glücklicherweise bohrte die Frau nicht weiter nach, sonst hätten wir wohl mit der Wahrheit herausrücken müssen. Blieb nur die Frage, wo der Mann seinen Wagen, einen 280er Mercedes, geparkt hatte? Von dem fehlte jede Spur. Wir schrieben das Fahrzeug zur Fahndung aus. Es dauerte ganze drei Monate, bis es in einem nahe gelegenen Parkhaus gefunden wurde und der Familie übergeben werden konnte. Dass Männer beim Beischlaf mit einer Prostituierten sterben, passiert immer wieder – bis heute. Viele übernehmen sich offensichtlich, sexuelle Erregung und körperliche Verausgabung bilden dann einen Stresscocktail, der zum Herzinfarkt führt. Heute kommt die Einnahme von Viagra hinzu, das Potenzmittel erhöht das Risiko eines Infarktes.

Zu meiner Dienstzeit in der Davidwache kam es etwa dreimal jährlich zu natürlichen Todesfällen in Bordellen, fast ausschließlich durch Herzinfarkte. Bei einem Fall in der Herbertstraße hatte sich ein Freier bei einer Domina an einem schwarzen Holzgerüst versehentlich erhängt – ein klassischer Unglücksfall. Es gab keine Anordnung, wie in solchen Fällen mit den Angehörigen zu verfahren ist. Häufig wurde ich gebeten, die traurige Nachricht zu übermitteln. Und auch wenn irgendwo anders in Deutschland oder im Ausland ein Angehöriger bei einem Unfall zu Tode kam und die Angehörigen in unserem Gebiet wohnten, dann machte zumeist ich mich auf den Weg und überbrachte die traurige Nachricht. Ich glaube, ich habe da ein gewisses Talent entwickelt, mich in die Situation der Betroffenen hineinzuversetzen und sie mitfühlend über das Ableben des Angehörigen zu informieren. Manchmal war es auch angebracht, einfach mal einen Moment zu schweigen.

DOMENICA Anita Niehoff, die vermutlich bekannteste Prostituierte Deutschlands, kam 1972 nach St. Pauli, im selben Jahr wie ich. Über die Station «Eros-Center» – viereinhalb Jahre schaffte sie für den späteren «Ritze»-Wirt Hanne Kleine an – landete sie in der Herbertstraße. In späteren Jahren pachtete sie dort sogar ein Bordell. Es war eines von zwei Bordellen in der Mitte der Straße, welches über eine Art Hinterhof zu betreten war. Postalisch handelte es sich um die Hausnummern 7a und b. Im Kiezjargon wurden die beiden Etablissements «Gichtecke» genannt, weil sich dort ausschließlich Prostituierte mittleren Alters aufhielten, keine jungen Hühner.

Domenica, Halbitalienerin, Jahrgang 1945, war bei vielen Männern beliebt. Das lag sicher auch an ihrer üppigen Oberweite, sie hatte Körbchengröße 120 DD. Doch ihre Freier wählte Domenica sorgsam aus. Sie war eine Frau, der es gelang, Eleganz und Stil mit Herz und Fröhlichkeit zu verbinden. Ich schätzte sie sehr, auch weil sie für die Legalisierung und rechtliche Absicherung des Berufsstandes eintrat und somit für andere Prostituierte zu einem Vorbild wurde. Ich unterhielt mich oft mit ihr, wenn wir Kontrollen in ihrem Bordell durchführten. Sie kokettierte ein wenig damit, wie viele Prominente aus Film, Funk und Fernsehen zu ihren Stammfreiern zählten. Mitunter sah ich bekannte Gesichter im Aufenthaltsraum warten, wenn Domenica gerade noch mit einem anderen Freier beschäftigt war. Sie sprach einen derben Kölner Dialekt und hatte ihr pechschwarzes Haar streng nach hinten zu einem Zopf gebunden. Markant waren ihre hohen Wangenknochen und die vollen Lippen. Meistens trug sie während der Arbeit schwarze, halterlose Nylonstrümpfe und ein

Oberteil aus dem gleichen Material, das den Blick auf ihre Oberweite freigab. Während eines Schwätzchens zwinkerte sie alle paar Minuten, verzog dabei verschmitzt den Mund. Das gehörte zu ihrer Art der Kommunikation, es wirkte selbst auf Fremde sehr vertraut und baute Distanz ab.

Häufiger sahen mein Partner und ich sie morgens um fünf, wenn sie gerade Feierabend machte. Sie zog dann gelegentlich mit einer ihrer hübschen Freundinnen aus einem anderen Bordell der Herbertstraße noch um die Häuser, mit Ellen zum Beispiel. Sie besuchten Kneipen, tranken einen Absacker und plauschten mit den Gästen. Ellen schaffte irgendwann tatsächlich den Absprung auf die Art, von der Prostituierte nicht erst seit dem Film «Pretty Woman» träumen. Ein vermögender Freier nahm sie mit in sein Chalet in der Schweiz, sie heirateten, und ich hoffe sehr, dass sie noch heute glücklich und zufrieden zusammenleben.

Eines Morgens, im strengsten Winter, begegnete ich Domenica auf dem Zebrastreifen Ecke Davidstraße und Reeperbahn. Sie fiel mir mit ihrem wiegenden Gang schon aus der Ferne auf. Sie trug einen eleganten, schwarzen, langen und geöffneten Persianermantel, darunter sah man ihren «Nahkampfanzug», die Arbeitskleidung aus Nylon. Ihre prallen Brüste wogten. Den noch auf der Meile umherstreifenden männlichen Besuchern fielen die Stielaugen beinahe aus dem Kopf.

«Guten Morgen, Herr Paulsen, was für ein toller Tag! Meine Schäfchen haben es heute wirklich gut mit mir gemeint», freute sie sich, um dann in Richtung ihrer Wohnung zu entschwinden, damals in der Hein-Hoyer-Straße 36.

Zu dieser Zeit arbeitete sie längst nicht mehr für einen Zuhälter. Sie trat häufig in Talkshows auf und hatte Nebenrollen in Filmen. 1990 gab sie die Prostitution auf, wurde Streetworkerin und betreute drogensüchtige Mädchen. Sie war in ihrer neuen

Aufgabe sehr engagiert und auch erfolgreich. Doch die gab sie leider Ende der neunziger Jahre auf, weil sie eine Schankkonzession für das «Fick» ergatterte, eine Kneipe am Hamburger Fischmarkt, die zuvor der verstorbene Bernie Fick führte. Dieses kleine Lokal war bei Gästen beliebt, das änderte sich auch nicht unter Domenicas Regie. Zum Verhängnis wurden ihr der chaotische Umgang mit den Finanzen und die Tatsache, dass sie wohl zu ihren besten Kunden gehörte. Wegen Steuerschulden musste das Lokal bereits nach zwei Jahren wieder geschlossen werden.

Dafür konnte sie sich über einen ganz anderen Erfolg freuen: Am 1. Januar 2002 trat endlich das neue Prostitutionsgesetz als Bundesgesetz in Kraft. Hierin wird die Prostitutionsausübung als Beruf und Dienstleistung rechtlich anerkannt. Ab diesem Zeitpunkt war der Hurenlohn zivilrechtlich einklagbar. Endlich konnten die Frauen und Männer, die auf dem Strich arbeiteten, auch kranken-, arbeitslosen- und rentenversichert sein.

Domenica verließ vorübergehend Hamburg, zog in die Eifel, wo sie versuchte, das Restaurant ihres verstorbenen Bruders zu führen, kam jedoch 2009 wieder zurück. Sie war verarmt, krank und dem Alkohol verfallen. Im Februar 2009 starb sie 64-jährig, viel zu früh. Sie litt an Lungenkrebs, hatte obendrein starken Diabetes. Auf dem Friedhof in Ohlsdorf fand sie ihre letzte Ruhe – wie so viele, die St. Pauli geprägt haben.

EINE BIZARRE SZENE

WIE die berühmte Domenica arbeitete auch die 32-jährige Domina Rosi in einer der Pachteinheiten der Herbertstraße in Eigenregie, also ohne Zuhälter. Eines Abends besuchten wir die Rothaarige. Ihr Haar band sie stets zum Zopf, sie hatte hohe Wangenknochen, rehbraune Augen, ein bildhübsches Gesicht mit wohlgeformten Lippen. Auch sie hatte eine üppige Oberweite, was in der Szene damals einfach zur Grundausstattung gehörte, obendrein schlanke, lange Beine. In ihrem schwarzen kurzen Lederkleid zeigte sie uns stolz ihr frisch renoviertes Zimmer. An Haken baumelten vor den schwarz gestrichenen Wänden zahlreiche Ledermasken, Peitschen, Gerten, Rohrstöcke, Spezialfesseln, Ketten und Latexutensilien. Wir sahen eine Streckbank und einen Strafbock, dazu einen schwarzen hölzernen Käfig, in dem ein Stuhl stand.

Das alles wirkte auf mich ziemlich befremdlich, obwohl ich in meinen Hamburger Jahren doch schon einiges gesehen und mich auch auf die sadomasochistische Szene vorbereitet hatte. Moralische Vorbehalte gegen solche Vorlieben hatte ich nicht. Ich fand, dass alles seine Richtigkeit und Daseinsberechtigung hatte, solange sich Leute freiwillig ihren Leidenschaften hingaben. Schließlich gab es diese Art von Vergnügen schon im Mittelalter. Ich redete mir ein, dass das alles sogar gut sei, denn vermutlich gibt es weniger Sexualdelikte, weil Menschen ihre bizarren Neigungen ausleben können. Auf jeden Fall fand ich diese Szene sehr spannend, ich fühlte mich ein wenig wie ein Voyeur, ein langweiliger Spießer, dem es vergönnt war, hinter die Kulissen dieser fremden Welt zu blicken.

«Ich erwarte heute noch ganz wichtigen und seltenen

Besuch», erzählte uns Rosi. «Er ist Kapitän, fährt auf einem großen Containerschiff zur See, das heute Nacht im Hafen eingetroffen ist. Der Mann kommt nur alle Jubeljahre vorbei, lässt es dann aber richtig krachen», sagte sie, während ein süffisantes Lächeln ihre Mundwinkel umspielte.

Extra für ihn hatte sie den Käfig anfertigen lassen, den wir in der Mitte des Raumes bestaunten. Ich ließ mir nicht anmerken, dass ich innerlich schmunzeln musste. Ich dachte an Menschen in Käfighaltung und hoffte, dass sich Greenpeace dieses Falles annehmen würde.

Rosi erzählte, dass der Kapitän wie einer dieser typischen Freier gestrickt sei, die gelegentlich in der Mittagspause ihrer Arbeit kämen: «Sie schlüpfen aus ihrer Chef- oder Vorgesetztenrolle und genießen es, von anderen gegängelt zu werden.»

Ich dachte mir, offensichtlich ist das der Preis, den man bezahlt, wenn man zu viel Verantwortung trägt und leitet. Und dann war ich plötzlich ganz zufrieden in meinem Job …

In diesem Moment erschien der «Einholer der Herbertstraße» im Türrahmen, ein sechzigjähriger, gramgebeugter Mann.

«Johann, ich brauche ganz dringend ein Kilo Bananen, egal was sie kosten, und egal, wo du sie herholen musst», ordnete Rosi an. Uns erklärte sie, die Bananen brauchte sie für den Kapitän. Das zu erwartende Prozedere beschrieb Rosi so: «Nach einer kurzen, formlosen Begrüßung setzt sich der Kapitän in den Käfig, den ich dann verschließe. Und dann füttere ich mein Äffchen mit Bananen, da wird es sich so freuen, dass es ganz laut kreischt.» Das helfe dem Freier, den Stress der letzten Monate abzubauen. Nächster Programmpunkt: Er zieht sich eine blonde Langhaarperücke über, schminkt sich, kleidet sich in ein schwarzes Mieder sowie halterlosen Nylonstrümpfen und setzt sich ins Schaufenster, um von den vorbeilaufenden Freiern angesprochen zu werden. Sie beschrieb, dass er Beine wie ein Reh habe, nur nicht so schlank, dafür aber so behaart. Würden die vorbeilaufenden Freier irgendwann bemerken, dass er ein Mann sei, komme der Kapitän jedes Mal zum Höhepunkt.

Zweimal im Jahr soll er die Domina aufgesucht haben. Das reichte offenbar aus, um seine leeren Batterien neu aufzuladen. Für die Domina lohnten sich diese Besuche stets, denn er soll sie fürstlich entlohnt haben.

Im nächsten Bordell trafen wir eine Frau, die zu dem Zeitpunkt, als ich meinen Dienst in der Davidwache antrat, bereits zwölf Jahre in der Herbertstraße anschaffte. Seit 1960 versah Heidi W. alias Lola ihren «Kundendienst» als Domina. Erst relativ spät, im Alter von vierzig Jahren, hatte sie diese Karriere begonnen. Sie hatte rotblonde Haare, war knapp 1,70 Meter groß und schlank. Auffallend war ihre betont aufrechte Haltung. Selbst wenn sie im Schaufenster der Herbertstraße saß, drückte sie ihre Wirbelsäule stets durch, das strahlte eine vornehme, graziöse Unnahbarkeit aus. Den Kopf hielt sie ebenfalls aufrecht, Falten an beiden Mundwinkeln bis hinunter zum Kinn gaben ihrem Gesicht eine ernste Note. Stets trug sie ihre Dienstkleidung aus schwarzem Leder: enge Stiefel, die bis kurz unters Knie reichten und von unten bis oben geschnürt waren. Sie trug einen schwarzen Slip samt Hüfthalter, an dem transparente Seidenstrümpfe befestigt waren. Den Oberkörper umschloss ein schwarzes Korsett mit eng geschnürten Lederbändern, das einen Blick auf ihr üppiges Dekolleté gewährte. Wenn ich sie traf, hatte sie immer eine Zigarette im Mund.

Passierte man ihr Schaufenster nachts, so dachte man im ersten Moment, dass da eine Wachspuppe aus dem Panoptikum saß, so unbeweglich und in sich ruhend verharrte diese faszinierende Frau da, ohne auch nur zu blinzeln. Sie koberte auch nicht offensiv, das hatte sie nicht nötig, denn sie lebte von ihren Stammkunden. Jedem Passanten war sofort klar, dass diese Frau eine Domina war, weshalb Freier, die einfach nur die schnelle Nummer suchten, sie mieden. Im Unterschied zu ihren Kolleginnen auf dem Kiez, die oft ein recht loses Mundwerk hatten, sprach Lola stets leise und war ausgesprochen höflich. Alles passte zusammen, sie wirkte wie ein Gesamtkunstwerk.

Doch wirklich ins Gespräch kam ich mit ihr nicht, obwohl ich sie bei meinen Streifengängen oft sah. Ihr gesamter Habitus wirkte auf mich unnahbar und befremdlich. Hinzu kam, dass ich mich in ihrer Gegenwart mitunter ein bisschen schämte, ein Mann zu sein, denn ich stellte mir vor, in welche Rollen meine Geschlechtsgenossen in ihrer Gegenwart schlüpften und welche Wünsche sie Lola abverlangten. Ich habe mir oft auszumalen versucht, was diese Frau im Lauf ihrer fast dreißigjährigen Tätigkeit als Domina alles erlebt haben muss und was ihre Psyche hatte verarbeiten müssen. Sie war eine Therapeutin, die sich den Abgründen der männlichen Seele widmete. Später erfuhr ich, dass sie bis 1987 in der Herbertstraße arbeitete und 1992, siebzigjährig, an Lungenkrebs starb. Ärger mit Lola hatten wir nie.

In der Erichstraße parallel zur Herbertstraße fanden und finden sich der «Club de Sade» und «Club Justine». Gäste sind hier ausschließlich SM-Freier, also Männer, die sadomasochistische Praktiken lieben. Häufig waren dort Prostituierte jenseits der fünfzig beschäftigt, die in der «normalen» Prostitution aufgrund ihres Alters keine Kunden mehr fanden. In den Clubs wurden Rollenspiele angeboten, aber auch Flagellationen, also Auspeitschungen mit unterschiedlichen Ruten, Riemen und ähnlichen Gegenständen. Zumeist gaben die Männer vor, Dinge getan zu haben, für die sie betraft werden müssten – verbotene Handlungen, zumeist Erlebnissen aus der Kindheit entlehnt. Oder sie ließen sich als Sklaven mit der «siebenschwänzigen Katze» auspeitschen, weil sie das Gefühl brauchten, sich demütigen zu lassen.

Alex und ich besuchten den «Club de Sade» einmal gegen halb zwei nachts. Wir waren zuvor nie dort gewesen, weil es nie einen Anlass für Kontrollen gegeben hatte. Denn diese Klientel verhielt sich äußerst diskret. Der Raum hinter der Bar glich einem mittelalterlichen Folterkeller, die Wände waren schwarz gestrichen, zahlreiche Folterwerkzeuge hingen an Haken von den Wänden, außerdem schwere Eisenringe, an denen Menschen angebunden werden können. Ich sah im Raum einen sogenannten Strafbock, eine Streckbank und davor zwei große Strohballen.

Die Chefin des Hauses kam uns im knappen Latexslip und -BH entgegen. Dazu trug sie schwarze Strümpfe, die an einem Hüftgürtel befestigt waren, sowie rote High Heels. Sie war Mitte fünfzig und hatte den strengen Gesichtsausdruck, den Dominas offenbar haben müssen. Ihre schwarzen Haare trug sie straff nach hinten zu einem kleinen Pferdeschwanz gebunden. Wir wechselten ein paar belanglose Worte und verzichteten darauf, die Gäste zu kontrollieren.

«Fühlen Sie sich durch uns nicht gestört und tun Sie einfach so, als wären wir nicht hier. Wir bleiben auch nicht lange», versprachen wir der Chefin.

Uns ging es nur darum, einen authentischen Eindruck von dieser uns so fremden Welt zu gewinnen und natürlich auch, um Polizeipräsenz zu zeigen. Vielleicht gab es ja auch in diesem Milieu Schutzgelderpressungen?

Während wir noch einen Moment an der Bar plauschten, hörten wir ein lautes Winseln. Irritiert sah ich mich um. Durch einen Spalt im Vorhang erkannte ich einen schlanken Mann, der sich, nur mit einer schwarzen Latexmaske bekleidet, über einen der Strohballen beugte und winselte und schnaufend stöhnte. Nach dem, was ich von seinem Körper sah, musste er knapp über sechzig gewesen sein. Ich musste immer wieder in seine Richtung blicken, und gelegentlich schaute er auch zu uns und schien sagen zu wollen: «Hoffentlich erkennen die mich nicht!»

Eine blonde Domina, eine regelrechte Walküre, hieb mit ihrer Peitsche auf seinen nackten Hintern ein, die Schläge waren kraftvoll. Er kreischte mit verzerrter Stimme immer wieder: «Mehr, mehr, gib's mir!»

Die Domina bohrte einen Fuß in seinen Rücken, sie trug schwarze geschnürte Lederstiefel, die ihr bis zu den Lenden reichten und spitze, hohe Hacken hatten. Nach einer Weile hielt sie mit den Schlägen inne, der Freier erhob sich mit seinem von Striemen überdeckten Rücken und Hintern vom Strohballen und hockte sich auf allen vieren vor den Ballen. Nun legte die Domina ihm ein ledernes Halsband um den Hals, befestigte daran eine Hundeleine und zog ihn im Kreis durch den Raum. Mir stockte der Atem, als ich den Mann dann auch noch bellen hörte: «Wau, wau, wau!»

Während die Domina mit ihm schimpfte, begann er wieder kläglich zu winseln. Er gab das Bild eines Häufleins Elend ab, ein Mensch, der um Erniedrigung flehte. Dann hob er das rechte Bein empor wie ein Hunderüde, umfasste mit der rechten Hand seinen Penis und pinkelte in einen kleinen Emailletopf, während er sich waagerecht nur auf der linken Hand und dem linken Knie gestützt hielt. Es hatte etwas Akrobatisches. Den Urinstrahl lenkte er gezielt in die Mitte des Topfes. Entweder war es Zufall, dass er so zielgenau traf, oder er hatte dieses Kunststück schon mehrfach geübt.

Da saß ich nun als junger Polizist und sprach zu mir selbst: «Was tust du hier eigentlich?» War ich nicht Polizist geworden, um zu helfen, die Gesellschaft ein bisschen friedlicher und freundlicher zu machen? Stattdessen hockte ich hier und schaute Menschen zu, denen es gefällt, nackt Gassi geführt zu werden und pinkelnd in Töpfe zu zielen. Mir reichte es, ich wollte das nicht länger sehen. Wir verabschiedeten uns und wünschten gute Umsätze. Ursprünglich hatten wir noch vorgehabt, in den «Club Justine» zu gehen, aber für diese Nacht waren wir mit Eindrücken aus der sadomasochistischen Szene mehr als bedient.

DER TOD MEINES KOLLEGEN PETER KOCH

DER 13. Dezember 1974 war in meinen Erinnerungen an die Zeit auf St. Pauli ein rabenschwarzer Tag. Er sollte mir drastisch vor Augen führen, welch hohen Risiken wir als Gesetzeshüter in diesem kriminellen Umfeld tagtäglich ausgesetzt waren – ohne dass wir uns der Situation ständig bewusst waren. Am Nachmittag fand eine kleine Feier in der Davidwache statt, unser stellvertretender Revierführer hatte Geburtstag. Zahlreiche Gäste, viele davon Mitarbeiter, feierten, während der normale Schichtbetrieb weiterlief. Erst gegen Abend wurde der Personenkreis der Feiernden kleiner. Unter den Gästen war auch Peter Koch, der damals als Verkehrsermittler im Innendienst beschäftigt war.

Koch hatte noch bei Tageslicht etwas angeschickert, aber keineswegs betrunken die Wache verlassen und sich in den Feierabend verabschiedet. Mein Nachtdienst und der meines Partners Alex begann gegen 21.30 Uhr. Auf dem Schreibtisch des Wachhabenden lag ein Zettel, für uns bestimmt, wonach in der Friedrichstraße am Hans-Albers-Platz vor dem «King George» eine hilflose Person auf dem Gehweg liegen sollte. Der Vorfall war bereits um kurz vor 21 Uhr gemeldet worden, wegen eines Missverständnisses hatte sich jedoch noch niemand um die Angelegenheit gekümmert. Wertvolle Zeit war verstrichen. Alex und ich machten uns umgehend auf den Weg zum Einsatzort.

Das «King George» war ein Ludentreff mit gewerblicher Zimmervermietung für Prostituierte. Es lag etwa fünfzig Meter vom legendären «Chikago» entfernt, dem vermutlich berüchtigtsten Ludentreff der damaligen Zeit. Einst hatte das «King George» Frieda Schulz gehört, nun war jedoch eine ältere Dame mit Namen

Meta Schoop Konzessionärin, die dem St.-Pauli-Paten Schulz sehr nahe stand, wie zu hören war. Die meisten dort arbeitenden Prostituierten waren bereits in die Jahre gekommen und bekamen eine Art Gnadenbrot, wie die sechzigjährige Nina R. Ich hatte schon mehrfach mit ihr geplaudert, sie sprach ein dialektfreies Deutsch, wie man es im Raum Hannover spricht. Die Frau reagierte stets sehr bedächtig, wenn ich sie ansprach, sie hatte einen immer gleichbleibend hohen Alkoholpegel. Nina war knapp 1,70 Meter groß, schlank, mit hellblond gefärbtem Haar, das sie meistens zu einem Zopf nach hinten gebunden hatte. Trotz ihres Alkoholproblems war sie stets in der Lage, sich gewählt zu artikulieren. Auf mich machte sie den Eindruck einer Frau, die aus besserem Hause stammte – zumindest gab es Momente, in denen ich das hinter ihrer kaputten Fassade zu entdecken meinte. Nina hatte so gut wie nie Freier, aber im «King George» eine Art betreutes Wohnen gefunden. Ich hatte keine Idee, wie sie die tägliche Zimmermiete aufbrachte. Ich vermute, sie hatte einen Gönner oder eine Gönnerin, der oder die ihr den Lebensabend finanzierte.

Als wir im Lokal eintrafen, ging ich umgehend auf die Altprostituierte zu: «Hallo, Nina, was war denn heute hier los? Hier soll jemand zu Schaden gekommen sein, weißt du etwas?»

«Schönen Abend, Herr Paulsen – wieso, weshalb, warum? Wer nicht fragt, bleibt dumm. Immer wollt ihr irgendwas wissen. Nee, keine Ahnung, hab nichts mitbekommen. Aber mit mir spricht ja auch sonst niemand», sagte sie mit einem leicht dramatischen Unterton.

Auch sonst konnte sich niemand im Lokal an einen Vorfall erinnern. Was nichts heißen musste. Im Zweifel hatte im Milieu nie jemand irgendetwas gehört oder gesehen. Eine Nachfrage bei der Feuerwehr ergab, dass ein Rettungswagen um 21.23 Uhr eine verletzte Person vom «King George» ins Hafenkrankenhaus transportiert hatte.

Im Krankenhaus herrschte die übliche Hektik. Ein Krankenpfleger brachte uns zur Intensivstation, wo wir die eingelieferte Person fanden. Vom Gesicht des auf der Trage liegenden Mannes wurde ein Beatmungstubus genommen.

«Scheiße», entfuhr es mir, und meine Knie wurden weich: Da lag unser Kollege Peter. Ihm war nicht mehr zu helfen, kurze Zeit später starb er.

«Sein Zungenbein war gebrochen», erklärte uns ein Mediziner. Er war vermutlich erstickt.

Umgehend riefen wir Alarmbereitschaft aus. Alle verfügbaren Funkstreifenwagen St. Paulis, der Nachbar- und Innenstadtreviere wurden zum Hans-Albers-Platz beordert. Auch der Kriminaldauerdienst und die einsatzbereite Gruppe der Mordkommission trafen am Tatort ein. Zudem forderten wir bei der Bereitschaftspolizei in Alsterdorf einen Lichtmastwagen zur Ausleuchtung des Tatortes an. Das Personal des «King George» wurde vorläufig festgenommen. Alle hüllten sich in Schweigen, wie bereits zuvor bei unserem Besuch. Die Spurensicherer stellten fest, dass ein Kampf im Lokal stattgefunden haben musste. An Vorhängen und Möbeln wurden zahlreiche frische Blutspuren entdeckt.

Spätere Untersuchungen ergaben, dass Peter zuletzt und schon sehr betrunken in diesem Lokal gewesen war und Streit mit einer Bardame bekommen hatte. Der Streit soll so eskaliert sein, dass er mit mehreren Männern in eine Prügelei verwickelt worden war. Während der Schlägerei brach das Zungenbein des Kollegen Koch, der Schläger und eine weitere Person schleiften Peter vor die Tür und legten ihn auf dem Gehweg ab. Dann telefonierte man anonym mit der Feuerwehr und sagte, dass vor dem Lokal eine hilflose Person liege. Anschließend flüchteten die Täter.

Besonders tragisch war, dass die Staatsanwaltschaft Hamburg

das Verfahren gegen die drei Beschuldigten einstellen musste. Sämtliche Zeugen hatten zugunsten der Täter ausgesagt. Es machte mich wütend: Da war ein Kollege totgeschlagen worden, und die Schläger spazierten auf dem Kiez als freie Leute herum. Was für ein Triumph für das organisierte Verbrechen – auch wenn Peter nicht klug daran getan hatte, nach Feierabend ausgerechnet in diesen Absteigen einzukehren. Über andere Varianten, eventuelle Kontakte zum Milieu, möchte ich gar nicht spekulieren.

Peters Frau war nun Witwe mit zwei kleinen Kindern, wohnte in einem neuerbauten Haus, für das der Kredit noch nicht abbezahlt war. Ich war mit einigen Kollegen der Davidwache bei seiner Bestattung auf dem örtlichen Friedhof in Schleswig-Holstein. Wir waren sehr ergriffen, einigen Kollegen liefen während der Trauerfeier Tränen übers Gesicht. Dieser Vorfall setzte mir schwer zu. Zum damaligen Zeitpunkt ahnte ich noch nicht, dass es auch in meinem Leben einmal eine Situation geben sollte, die einige Parallelen zum Tod von Peter aufwies.

DER FALL BERLING

ES war ein warmer Sommernachmittag 1977, wir gingen gerade die Davidstraße in Richtung Elbe hinauf, da hörten wir in Höhe Kastanienallee, einer Parallelstraße zur Reeperbahn, mehrere laute Knallgeräusche.

Alex starrte mich an: «Klang wie ein Schuss. Das kam vom Hans-Albers-Platz.»

Wir rannten los. In der Friedrichstraße 11 sahen wir unweit des Animierlokals «Tenne» auf dem Gehweg einen Mann liegen. Wir kannten ihn: Es war der in Düsseldorf geborene, damals 47-jährige Gastwirt Karl Berling, Besitzer der «Tenne» und von zwei weiteren Animierlokalen rund um Friedrichstraße und Kastanienallee. Anfang der siebziger Jahre war Berling bereits einmal in der «Tenne» angeschossen worden, damals war er dem Tod nur knapp entkommen. Als sein Kellner seinerzeit von zwei Brüdern zehn Mark Zechschulden kassieren wollte, gingen diese mit Gewehren auf ihn los. Als Gastwirt Berling den Streit schlichten wollte, verletzte ihn ein Schuss in die Brust lebensgefährlich. Mehrere Monate musste er auf der Intensivstation des Universitätsklinikums Eppendorf verbringen, lag anfangs sogar im Koma. So gefährlich sah seine Verletzung jetzt nicht aus.

«Verdammt, tut das weh!», fluchte der Mann. Zu sehen war eine blutende Schusswunde am Oberschenkel. Vom Schützen fehlte natürlich jede Spur.

«Wissen Sie, wer auf Sie geschossen hat?», fragten wir Berling.

Doch der fluchte nur: «Nein, ich habe keine Ahnung, heilige Scheiße, tut das weh. Macht doch was, ich verblute!»

Wir riefen einen Rettungswagen, dann durchsuchten wir den nahegelegenen Imbiss, in den der Täter geflüchtet sein sollte. Doch selbst im Keller, wo sich die Toiletten befanden, war niemand zu entdecken. Aber mir fiel auf, dass die Stoffrolle im Handtuchspender an der Wand zerwühlt war. Also sah ich mir den Kasten genauer an. Ich griff in den Behälter und ertastete neben der Handtuchrolle ein kaltes Metallteil. Das entpuppte sich als Pistole vom Typ Walther PP, 7,65 Millimeter – die Waffe, mit der zuvor auf den Gastwirt geschossen worden war.

Über Informanten erfuhren wir später, dass ein Zuhälter mit Namen «Braunschweiger Volker» geschossen hatte, auch er war uns gut bekannt. Volker war ein Riesenkerl, 1,90 Meter groß mit Händen wie Schaufeln. Allgemein galt er als gutmütig, eine stets zu Späßen aufgelegte Frohnatur, dessen Einkommensquelle im «Eros-Center» arbeitete – eine Frau genügte ihm zu seinem bescheidenen Dasein als Kleinspurlude. Doch «Braunschweiger Volker» hatte eine große Leidenschaft, Prelu und Capta genannt. Prelu und Capta standen im Milieujargon für Preludin und Captagon – Medikamente, die stimulieren und ähnlich wie heute die Droge Crystal Speed Energiereserven im Körper aktivieren. Die Folgen waren Schlaflosigkeit, Persönlichkeitsverfall und Abhängigkeit. Man sprach vom typischen St.-Pauli-Frühstück: zwei Captagon-Tabletten, dazu eine Zigarette. Mandrax war ähnlich beliebt und in einschlägigen Kneipen nicht nur um den Hans-Albers-Platz jederzeit unter dem Thekentisch zu haben. Es ist eine synthetische Droge, die häufig zusammen mit Cannabis konsumiert wurde. Kokain gab es zu dieser Zeit lediglich in Schickeriakreisen. «Luding out» nannte man den gleichzeitigen Genuss von Wein und Methaqualon, einer damals verbreiteten Droge, die noch in den sechziger Jahren als legales Schlafmittel zu bekommen war. Kurz nach der Einnahme stellt sich ein Gefühl großer Euphorie ein, wobei alle Hemmungen fallen und das sexuelle Ver-

langen wächst. Damit war Methaqualon die ideale Droge für viele
Prostituierte im Milieu, weil sich so der Umsatz steigern ließ.
Fraglich, ob die Luden es so toll fanden, wenn sich ihre «Pferd-
chen» mit dieser Droge versorgten, denn besonders motivierte
Prostituierte verwöhnten nur unnötig die Freier und verdarben
so die Preise. Außerdem liefen zugedröhnte Prostituierte stets
Gefahr abzustürzen. Man kann das mit einem Auto vergleichen,
das mit Serienausstattung lange Zeit fehlerlos fährt, in getuntem
Zustand schneller fährt – aber auch schneller verschleißt.

Volker war seit Tagen im Capta-Rausch, dazu total besoffen
durch die Straßen gezogen, um sich Nachschub zu besorgen,
natürlich auf Pump, denn viel Geld hatte er ja nicht. Der Capta-
Rausch und die Aussicht versiegenden Nachschubs ließen Volker panisch werden. Er soll bei Berling in der «Tenne» gesessen
haben, erinnerte sich der kürzlich verstorbene Joannis Gakomiros, ein Geschäftspartner und Freund des Gastwirts aus dem
Milieu. Berlings Einkommensquelle war, neben seinen Lokalen,
der illegale Verkauf von Captagon. Volker, durch den Entzug
äußerst gereizt, bedrängte Berling, ihm eine Runde Capta auszu-
geben.

«Hau ab und schlaf deinen Rausch aus», soll Berling geant-
wortet haben. Woraufhin der «Braunschweiger Volker» seine
Walther gezogen und Berling ins Bein geschossen hatte. Das
Geschoss war in den Oberschenkel eingedrungen.

«Braunschweiger Volker» konnte später verhaftet werden
und kam in Untersuchungshaft, anschließend in psychiatrische
Behandlung. Er konnte sich kaum an etwas erinnern, hatte bei
der Tat zusätzlich zu den Tabletten einen Alkoholpegel von
2,8 Promille gehabt und war obendrein total zugekifft gewesen.
Eine gefährliche Mixtur. Doch in der mündlichen Verhandlung
wiegelte das Opfer Karl Berling ab.

«Ich wollte den Gast gewaltsam hinauswerfen, weil er im

Rausch war und offenbar einen Affen schob. Ich schlug ihn, und da wehrte er sich», log Berling, wobei er mit «Affen schieben» die Entzugserscheinungen des Luden meinte. Dafür verschwieg der «Braunschweiger Volker» vor Gericht Berlings florierenden Captagonhandel. Dennoch wurde Volker wegen illegalen Waffenbesitzes und vorsätzlichen Betäubungsmittelrausches zu achtzehn Monaten Freiheitsstrafe verurteilt. Abgerechnet die lange U-Haft, konnte er als Ersttäter alsbald entlassen werden. Später erfuhr ich, dass sich beide Kontrahenten im «Domino» unter der Regie von Donald Schulze versöhnt hatten. Schulze, St. Paulis erfolgreichster Schlichter, wollte damit vor allem späteren Racheakten vorbeugen.

Karl Berling wurde Mitte der achtziger Jahre noch eine traurige Berühmtheit zuteil, ein handfester Krimi spielte sich in seiner Familie ab. Der Fall sorgte sogar bundesweit für Aufsehen. Zusammen mit seinem Sohn betrieb Berling die Geschäfte in den Animierlokalen «Käpt'n Morgan», «Ventilator» und «Tenne». Bekannt war, dass er eine sehr junge, attraktive Frau hatte, Claudia Milautzki, Typ Marilyn Monroe oder Jean Harlow. Mit ihr bewohnte er im bürgerlichen Hamburger Stadtteil Eppendorf eine schicke Wohnung. Milautzki ging in der Herbertstraße auf den Strich, ihr eilte der Ruf einer Femme fatale voraus, einer Frau, die allen Männern den Kopf verdrehte. Was in der «täglichen Sexarbeit» sicher eine gute Geschäftsbasis ist, geriet im familiären Umfeld zum Drama mit tödlichem Ausgang. Denn irgendwann geriet Claudia Milautzki zwischen Berling und seinen Sohn, der bereits zuvor einen Dauerkonflikt mit seinem Vater ausfocht.

«Ich weiß nicht, was ich noch machen soll, die Frau macht mich fix und fertig, ich gehe daran noch zugrunde», weinte sich Berling bei einem Freund, der Kiez-Größe Joannis Gakomiros, aus.

Am 16. April 1985, einen Tag nach ihrem Geburtstag, telefonierte Claudia Milautzki mit ihrer in Braunschweig lebenden Mutter – danach verlor sich ihre Spur. Im Juli desselben Jahres wollte eine Nachbarin gesehen haben, wie Berling drei große, schwere, mit blauen Plastiksäcken ummantelte Pakete aus seiner Garage im Eppendorfer Weg in seinen draußen geparkten roten Opel Commodore hievte. Er legte die Pakete auf dem Beifahrersitz ab und rauschte davon. Die Nachbarin verständigte die Polizei, die bei den sich anschließenden Untersuchungen auf eine Tropfspur stieß, die vom Garagentor bis zu dem Platz führte, wo der Pkw abgestellt war. Nachdem die Garage gewaltsam geöffnet worden war, schlug den Beamten ein Verwesungsgeruch entgegen, der besonders intensiv an diesem warmen Julitag war. Die Spurensicherer ließen die Flüssigkeit untersuchen, und schnell wurde ein Verdacht zur Gewissheit: Es handelte sich tatsächlich um Menschenblut. Die Beamten drangen daraufhin gewaltsam in Berlings Wohnung ein. Dort fanden sie blutverschmierte Kissen in einem Wäschekorb. Gegen Karl Berling wurde ein Haftbefehl erlassen, Verdacht: vorsätzliche Tötung. Er wurde zur Festnahme ausgeschrieben, nach seiner Lebenspartnerin ließ man ebenfalls fahnden.

Am 27. September 1985 wurde der Fall der deutschen TV-Gemeinde zur besten Sendezeit serviert – in der legendären ZDF-Fahndungssendung «Aktenzeichen XY … ungelöst» mit Moderator Eduard Zimmermann. Ich habe gehört, dass sich die Sendung in Kiezkreisen großer Beliebtheit erfreut, mitunter sieht man da alte Bekannte wieder.

Sechsundzwanzig Monate lang passierte nicht viel, bis eine Schiffsbesatzung auf der Elbe in Höhe von Neumühlen im Bereich des Hamburger Hafens einen in einen blauen Müllsack verpackten, schwimmenden Gegenstand fand: eine Frauenleiche. Schnell gewann man Gewissheit: Bei der entstellten Leiche handelte es sich um Claudia Milautzki. Der Gerichtsmediziner stellte fest, dass die Leiche Monate, wenn nicht sogar Jahre im Wasser gelegen hatte. Der Frauenkörper war fest verschnürt und mit schweren Steinen beschwert worden.

Zwei Wochen nach Identifizierung der Leiche wurde «Aktenzeichen XY ... ungelöst» erneut aktiv – und endlich mit Erfolg. Kriminalpolizeiliche Recherchen führten die Ermittler auf die Spur einer alten Bekannten Berlings, die in Düsseldorf lebte. Ermittler riefen die fünfzigjährige Prostituierte im Stadtteil Oberbilk an und wunderten sich nicht schlecht, als sich am Telefon eine männliche Stimme meldete. Sofort wurde gemutmaßt, dass es sich um Berling handelte. Also brachen drei Kriminalbeamte umgehend zu der Wohnung auf, und da niemand auf ihr Klingeln und Klopfen reagierte, entschied man sich dafür, die Tür gewaltsam zu öffnen. Gerade als die Beamten die Wohnung betreten hatten, vernahmen sie aus einem der Räume einen Schuss. Hysterisch schreiend kam ihnen die Mieterin entgegen. Fluchtartig verließen die Beamten die Wohnung wieder und forderten per Funk ein Sondereinsatzkommando an. Das SEK stürmte die Wohnung und sah Berling tot auf dem Boden liegen. Neben ihm lag ein Revolver der Marke Smith & Wesson, Kaliber .38. Er hatte es vorgezogen, sich selbst zu richten, als in den Knast zu gehen. Die Akte konnte geschlossen werden.

DER TOD VON CAMPARI-BERND

GEGEN Mittag an einem ganz normalen Tag Mitte der siebziger Jahre kam ein Mann in die Davidwache. Er war aufgeregt, hatte deutliche Blessuren im Gesicht und erstattete Anzeige gegen einen mir unbekannten Zuhälter, der ihn eben auf dem Gehweg der Reeperbahn vor dem «Club 88» verprügelt haben sollte. Der «Club 88» war eine Diskothek, die als Sammelpunkt für Zuhälter und Prostituierte bekannt war. Der Mann war etwa 1,75 Meter groß und trug das, was man damals eine Minipli nannte, eine Lockenpracht wie heute der Comedian Atze Schröder, nur dass sie schwarz war. Ich nahm die Anzeige auf, der Mann wies sich mit einem in Dortmund ausgestellten Reisepass aus, damals waren unsere Pässe noch grün. Ich überprüfte ihn, er wurde nicht gesucht, und so verließ er die Davidwache wieder, nachdem er uns schriftlich hinterlassen hatte, wo er zu erreichen war. Um es vorwegzunehmen: Der Pass war eine Fälschung höchster Qualität. Monate später erhielt ich vom stellvertretenden Dienststellenleiter des Nachbarkommissariats den Hinweis, dass es sich um Bernd Wünsch handelte, der uns mit seinem gefälschten Pass genarrt hatte. Damals wurde er in Zuhälterkreisen «Campari-Bernd» genannt.

Und auch mit der Prügelei hatte es sich etwas anders verhalten: Campari-Bernd war verprügelt worden, so viel konnte ich sehen, nur die Umstände waren anders als von ihm beschrieben. Er war in einer Straßenabsteige in der Reeperbahn 82, wo eine Frau für ihn anschaffte, mit Leuten in Streit geraten, weil er sie übervorteilen wollte. Welche innere Stimme ihm geraten hatte, ausgerechnet auf eine Polizeiwache zu gehen – keine Ahnung. Denn der Mann wurde mit sieben Haftbefehlen bundesweit gesucht. Erst ein Jahr später sollte ich wieder von ihm hören.

Ich kam gerade zum Frühdienst, es war 6.30 Uhr, wir lösten soeben den Nachtdienst ab. Die Besatzung eines Peterwagens, darunter mein Kollege Hansi, kam mit einer verletzten und zuvor im Hafenkrankenhaus versorgten Person in der Wache an. Die Kollegen sagten, der Mann habe eine wirre Geschichte erzählt. Demnach soll er am Hamburger Berg mit seinem Mofa von einem Auto angefahren worden sein, dessen Fahrer sei geflüchtet. Komisch nur: Der Verkehrsunfalldienst konnte weder den Unfall nachvollziehen, noch fand man Spuren des Mofas. Der Mann konnte sich nicht ausweisen und gab an, fremd in Hamburg zu sein. Wir wurden gebeten, die korrekten Personalien des Mannes herauszufinden. Der Mann war übel zugerichtet und krümmte sich vor Schmerzen. Wir führten den Unbekannten in ein Büro. Mein Partner Alex und ich waren zu diesem Zeitpunkt allein in der unteren Etage, weil sich die wenigen anwesenden Kollegen noch in den Umkleideräumen der oberen Etagen aufhielten.

Der Mann saß neben dem Schreibtisch, unmittelbar nahe der einzigen Tür zum Flur. Alex stand im Türbereich, ich saß am Schreibtisch vor der Schreibmaschine und begann, die Angaben abzufragen. Er sagte, er sei mit dem Mofa auf dem Weg an die Ostsee gewesen, um dort auf einem Campingplatz bei Scharbeutz seine schwangere Verlobte zu besuchen. Er machte jedoch keine Angaben zu seiner Person, die verwertbar gewesen wären, sondern wand sich wie ein Aal. Ich kam nicht weiter und versuchte, etwas über seine Eltern, Großeltern und Geschwister zu erfahren. Da rief ein Kollege: «Pauli, komm mal, Telefon!»

Ich ging aus dem Raum, Alex drehte gerade dem noch immer sitzenden Mann den Rücken zu, da stürzte sich der auf den Tisch und sprang, nachdem er das Doppelflügelfenster geöffnet hatte, drei Meter in die Tiefe auf die Fahrbahn der Davidstraße. Ich hatte das alles nicht mitbekommen, denn ich telefonierte mit dem stellvertretenden Kriminalkommissariatsleiter des Nachbarreviers, der mir soeben mitteilte, wir hätten den gesuchten Campari-Bernd bei uns. Just in diesem Moment hörte ich Schreie: «Mensch, der haut ab!»

Ich ließ den Telefonhörer fallen, öffnete blitzschnell im Wachraum eines der Fenster und sprang ebenfalls hinaus auf die Fahrbahn der Davidstraße. Glücklicherweise kam kein Auto. Auf dem glatten Kopfsteinpflaster wäre es für den Fahrer unmöglich gewesen, so kurzfristig zu stoppen.

Ich konnte gerade noch sehen, wie Campari-Bernd nach links am «Wienerwald» vorbei in Richtung Hans-Albers-Platz flüchtete. Zuvor war er, sich krümmend und wimmernd, als hätte er schwere Schmerzen zu erleiden, aus dem Hafenkrankenhaus gekommen, doch jetzt rannte er wie ein Leistungssportler. In Höhe des Hans-Albers-Platzes hatte ich bis auf Sichtweite aufgeschlossen. Es war am frühen Morgen, 6.40 Uhr, der Kiez war menschenleer, die Nachtschwärmer hatten bereits den Heimweg angetreten.

«Bleib stehen, sonst muss ich schießen!», schrie ich hinter ihm her. Ich schoss auch tatsächlich zweimal in die Luft, der Knall hallte über den menschenleeren Platz. Mit dem Resultat, dass Campari-Bernds läuferisches Potenzial regelrecht explodierte und er sogar noch einen Zahn zulegte. Er rannte wie ein Besessener.

Er bog in die Querstraße ein, dann in die Silbersackstraße und verschwand in der geöffneten Tiefgarage eines Mehrfamilienhauses. Ich folgte ihm, musste mich jedoch langsam vortasten, da rechts und links Autos geparkt waren, hinter denen er sich in gehockter Haltung hätte verstecken können. Ich wollte verhindern, dass er hinter meinem Rücken wieder aus der Garage entkam. Irgendwann hatte ich das Ende der Tiefgarage erreicht, gelangte ins Treppenhaus des Wohnhauses und wurde gewahr, dass auch Campari-Bernd diesen Weg genommen haben musste. Von da aus war es für ihn ein Leichtes gewesen, durch die unverschlossene Haupteingangstür zurück auf den Gehweg der Reeperbahn zu kommen.

Ich folgte also diesem Weg, rannte weiter in die Talstraße und lief ins «Domino». Der Kellner hatte niemanden gesehen, der auf meine Beschreibung passte, doch auf diese Standardaussage gab ich nichts. Ich forderte Verstärkung an. Wir durchsuchten den gesamten «Domino»-Komplex – ergebnislos. Campari-Bernd blieb verschwunden. Es war phänomenal, wie er es wieder einmal geschafft hatte, uns zu foppen. Nicht allein seine Flucht war spektakulär, auch hatte er sein äußeres Erscheinungsbild so verändert, dass wir ihn auf der Wache nicht erkannt hatten.

Monate später bekam ich von einer Prostituierten, die mit ihm offensichtlich noch eine Rechnung offen hatte, einen Tipp. Campari-Bernd sollte am folgenden Tag, aus Spanien kommend, auf dem Hamburger Flughafen Fuhlsbüttel in Begleitung seiner Frau eintreffen. Ein weiterer Lude sollte zusammen mit einer Frau bei ihm sein. Der Airport teilte mir mit, dass am besagten Tag acht Maschinen aus Spanien in der Hansestadt landen sollten, zwischen 6.45 Uhr und 22.30 Uhr. Es gab einiges zu tun.

Ich informierte den stellvertretenden Kommissariatsleiter unseres Nachbarreviers. Wir vereinbarten, am folgenden Morgen zu viert am Flughafen zu sein, um Wünsch endlich dingfest zu machen.

Bereits gegen 5.30 Uhr fanden wir uns in der Ankunftshalle ein, stimmten unser Vorgehen ab, dann versteckte ich mich seitlich hinter einem Pfeiler in der Nähe des Gepäckbandes. Meine drei Kollegen gingen, mehr oder weniger verdeckt, in Stellung.

Die Passagiere des ersten Fluges aus Spanien hatten inzwischen die Passkontrolle hinter sich und warteten auf ihre Koffer. Dieses Mal fiel er mir sofort auf: Braungebrannt stand er da in Begleitung seiner Frau und eines anderen Paares. Sofort gab ich den anderen Polizisten das Zeichen zum Zugriff. Statt mit der einen Hand den soeben ankommenden Koffer ergreifen zu können, klickte an Campari-Bernds Arm blitzschnell die «Hamburger Acht», die Handschellen. Wünsch wurde verhaftet.

Er nahm es relativ gelassen, sagte grinsend in meine Richtung: «Ihr müsst mich schon am Stuhl festbinden, sonst bin ich demnächst wieder weg. Ihr kennt das ja schon … Ich habe nämlich panische Angst vor dem Knast.»

Ich scherzte zurück: «Darauf können wir leider keine Rücksicht nehmen, Campari. Aber Sie sehen ja ganz ordentlich erholt aus und werden das schon durchstehen.»

Als wir ihn durchsuchten, fanden wir einen Personalausweis auf den Namen Bernd Zieske, mit Campari-Bernds Lichtbild. Den Kollegen vom Bundesgrenzschutz war bei der Passkontrolle nichts aufgefallen, sie hatten ihn anstandslos passieren lassen. Mir fiel indes auf, dass die beiden Befestigungen des Lichtbildes neu waren und glänzten, während auf dem Ausweispapier der Gegenseite die Abdrücke rostiger Ösen zu sehen waren.

Campari-Bernd landete im Knast und verbüßte dort eine lange Freiheitsstrafe. Jahre später war er wieder da, erkämpfte sich im Milieu seinen Platz zurück. Bei den anderen Luden war er jedoch nicht sehr beliebt, weil er ständig versuchte, sie zu übervorteilen. Bernd Wünsch wurde am 12. Juli 1987 in einem Kleingartenverein in Hamburg-Farmsen von spielenden Kindern tot hinter einem Komposthaufen gefunden – mit einer Pistole in der Hand. Die Obduktion der Leiche ergab, dass er Antidepressiva genommen hatte. Er starb wie so viele der Akteure aus dem Milieu. Sie wurden das Opfer von Gewalt, von Drogen oder setzten ihrem Leben ein Ende, weil sie sich in ausweglose Situationen manövriert hatten. Vermutlich nahm sich Wünsch das Leben, weil er im Prozess gegen den «Wiener Peter», Josef Nusser, aussagen sollte, der zentralen Figur eines Dramas auf dem Kiez.

DAS ENDE VON FRIEDAS ÄRA

WILFRIED «Frieda» Schulz, der letzte Pate von St. Pauli, der diesen Titel auch verdiente, schien unantastbar. Über lange Zeit. Er residierte in einer schmucken Villa in Blankenese und hatte scheinbar alles erreicht, was man im Milieu nur erreichen kann: Er war Großverdiener, Herrscher, Respektsperson, Krisenmanager. Nur etwas blieb ihm dauerhaft verwehrt: die gesellschaftliche Anerkennung, der Sprung in die feine hanseatische Gesellschaft. Um dies zu erreichen, ließ er nichts unversucht. 1977 organisierte er eine gigantische Box-Gala im CCH. Doch die Veranstaltung floppte. Obwohl er Schlagerstars wie Roberto Blanco und Katja Ebstein aufbieten konnte, blieb die Halbwelt weitgehend unter sich. Am Ende ging die Gala als «einer der größten Ganovenbälle, der wohl jemals in Deutschland stattgefunden hatte», so das Behörden-Fazit, in die Geschichte ein. Denn obwohl Frieda über einen Freund beim Norddeutschen Rundfunk, den Sportchef Fritz Klein, sogar Sendezeit im Fernsehen bekam, mied Hamburgs gesellschaftliche Elite das Großereignis wie der Teufel das Weihwasser.

Für die Justiz war Schulz eine permanente Herausforderung: Immer wieder hatten Ermittler versucht, ihm strafrelevante Taten nachzuweisen. Zumeist ging es um Rauschgiftdelikte, Menschenhandel, Falschspiel, Bestechung und um seine internationalen Kontakte zur US-Mafia. Man unterstellte ihm, in Politik, Staatsanwaltschaft und Polizei Leute zu schmieren. Wie zum Beispiel den Hamburger Kriminaldirektor Hans Zühlsdorf, Chef der Abteilung «Spezielle Kriminaldienste», von dem es immer wieder hieß, er sei Friedas Mann. Der Regierungsdirektor Bernd Sievert vom Bezirksamt Hamburg-Altona soll sogar auf Friedas

Gehaltsliste gestanden haben – für die unkomplizierte Erteilung von Gaststättenkonzessionen. Er war bei der Geldübergabe auf dem Parkplatz vor dem Bezirksamt Altona gefilmt worden. Später starb der Mann unter mysteriösen Umständen in einem Bordell.

Für die Geldübergabe wie auch sonst für alle schmutzigen Jobs war Friedas Handlanger zuständig, Uwe Carstens alias «Dakota-Uwe», der diesen Namen trug, weil er in jungen Jahren die «Dakota Bar» auf St. Pauli betrieben hatte. Er war berüchtigt und gefährlich, ein Bär von Mann, dem niemand zu widersprechen wagte. «Dakota-Uwe» trat ständig mit übersteigertem Imponiergehabe auf und versuchte beharrlich, sein Gegenüber einzuschüchtern. In den frühen Morgenstunden sah ich ihn mit Gefolgsleuten häufig durch die Straßen ziehen. Er suchte Lokalbesitzer auf, bot seinen Schutz an und wollte kassieren. Kam es nicht dazu, wurden von ihm und seinen Gesinnungsgenossen in dem jeweiligen Lokal die «Möbel verrückt», was im Klartext bedeutete: Die Einrichtung wurde zertrümmert. Half auch das nicht, nahmen sie den Besitzer oder Pächter gewaltsam in die Mangel. Offiziell erfuhren wir davon nichts, und falls doch, dann erst nach Monaten über Zuträger. Keiner war zu einer Aussage bereit. Jahre später berichtete mir einmal ein inzwischen verstorbener Gastronom, wie er einen Auftritt Carstens' erlebt hatte: Mit ausgestrecktem rechtem Arm kam der Hüne in die Kneipe, rieb Daumen und Zeigefinger mehrmals gegeneinander und äußerte: «Ich bin dein Partner, ich will deinen Strom!», wobei Strom im Jargon St. Paulis eine Bezeichnung für Geld ist. Dann schlug er alles kurz und klein.

Doch Carstens, der Experte in Sachen Bedrohung und Einschüchterung, konnte auch anders. Mir gegenüber trat er stets zurückhaltend, ja geradezu zahm auf. Wie sein Boss so strebte auch «Dakota-Uwe» eine bürgerliche Existenz an. In den achtziger Jahren durfte er im Volksparkstadion Imbissstände betreiben, dafür hatten sich einflussreiche Personen aus Sport und Politik eingesetzt, so ein späterer Vorwurf der Staatsanwaltschaft. Danach führte er einen Gastronomiebetrieb in der Gästelounge des HSV, wo sich zahlreiche Honoratioren aus dem gesamten Bundesgebiet trafen, auch, um dem jeweiligen Bundesligaspiel zuzusehen.

Für sein Altersruhegeld erwarb er 1983 im feinen Stadtteil Othmarschen die Kneipe «Lütt Döns», es war sein endgültiger Abschied vom Kiez. Prominente aus dem Sport wie die Fußball-Legenden Uwe Seeler, Günter Netzer und Franz Beckenbauer zählten zu seinen Bekannten und kamen als Gäste. Es war, als wollte sich Carstens von seiner gewalttätigen Vergangenheit ein Stück weit freikaufen, denn plötzlich sammelte er uneigennützig Spenden, beschenkte Obdachlose, veranstaltete Benefizessen, blieb dabei aber immer bescheiden und dezent im Hintergrund. Er wollte ein besserer Mensch werden, versagte dabei jedoch komplett als Betriebswirt. Denn seine Kneipe «Lütt Döns» und das Bistro «Lütt'n Schnack» vis-à-vis, das er zusätzlich erworben hatte, häuften ein Schuldengebirge an, weil sich Carstens im Steuerdschungel verlief. 1998 nahm er sich 55-jährig das Leben, bis über beide Ohren hoffnungslos verschuldet.

Carstens' Mentor Schulz zog sich bereits Ende der siebziger Jahre vom Kiez zurück – «Wie ich es meinem Vater versprochen hatte», soll er geäußert haben. Frieda, dessen Kodex «Faustrecht, aber keine Waffen» das Milieu über fünfzehn Jahre relativer Friedfertigkeit verdankte, erwarb in St. Georg am Steindamm das Animierlokal «Cherie», ebenfalls fürs Altersruhegeld, und liebte es ansonsten, auf seiner Zweihunderttausend-Mark-Jacht «Sea Ray» im Mittelmeer zu kreuzen – ohne gültigen Bootsführerschein. Groß, breitschultrig, mit vorspringendem Kinn, immer fein angezogen, vornehmlich in Anzügen mit zu breiten Streifen gehüllt, strahlte Schulz wie ein Hollywoodpate in einem Mafiafilm. Er gehörte schon damals zu einer auf dem Kiez aussterbenden Spezies, denn die Verhältnisse im Milieu begannen sich spätestens Ende der siebziger Jahre grundlegend zu ändern.

Es waren zwei Entwicklungen, die die Szene kräftig durcheinanderwirbelten: Da war zunächst das sich verändernde Sexbusiness. Nicht mehr die Laufhäuser und Großbordelle waren gefragt, die Freier entdeckten plötzlich kleine Etablissements und Privatwohnungen, wo Frauen, über ganz Hamburg verteilt, wesentlich «serviceorientierter» und preiswerter ihre Körper feilboten. Täglich schalteten sie bis zu fünfhundert Kleinanzeigen in den Hamburger Boulevardzeitungen «Morgenpost» und «Bild». Das Monopol der Laufhäuser und Großbordelle schien gebrochen, und keine Macht konnte das stoppen – nicht einmal Frieda.

Schlimmer, weil erbarmungsloser, krempelte jedoch die Drogenschwemme Ende der siebziger Jahre das Milieu um. Zunächst kam das Kokain, man flirtete zu viel mit der «weißen Dame», sagte man damals im Milieu. Später folgte das Heroin. Ungeahnte neue Geschäftsbereiche öffneten sich der Halbwelt, leicht verdiente Millioneneinnahmen lockten. Harte Verteilungskämpfe begannen, die Karten wurden neu gemischt.

Doch die Szene wurde selbst von den Drogen infiziert. Prostituierte, vor allem aber die Luden, verfielen dem Kokain. Sie hatten das Geld, sie hatten die Kontakte, um günstig an Drogen zu gelangen. Die Nächte auf St. Pauli standen zunehmend im Zeichen des weißen Pulvers. Dominierten zuvor starke Persönlichkeiten wie eben Wilfried Schulz die Szene, so führte die Drogenwelle dazu, dass viele Zuhälter die Bodenhaftung verloren, ihren Verantwortungen nicht mehr nachkamen, wirtschaftlich den Überblick einbüßten, kurzum: abstürzten. Viele reagierten irrational und sprunghaft, was zu schweren Belastungen mit den Geschäftspartnern führte – und das in einer Szene, wo aufgrund des Fehlens vertraglicher Bindungen klare Absprachen und das Einhalten von Übereinkünften substanziell wichtig waren. Und auch Friedas Kodex, Konflikte auf dem Kiez in einer Art Gerichtsverhandlung auszutragen, in jedem Fall aber ohne Waffen, verlor an Gültigkeit.

Schulz suchte den Frieden in der Blankeneser Bürgerlichkeit, sollte ihn aber nicht finden. Denn die Justiz jagte ihn. Über zwei Dutzend Strafverfahren waren angestrengt worden, keines führte jedoch am Ende zur erhofften Verurteilung des Paten von St. Pauli. 1982 beendete eine der größten Polizeirazzien der Nachkriegsgeschichte endgültig die Karriere von Wilfried Schulz. An die hundert Nachtlokale, Spielsalons und Wohnungen wurden durchsucht. Doch was als großer Schlag gegen den St.-Pauli-Paten geplant war, geriet letztlich zur Farce. Der Vorwurf der Bildung einer kriminellen Vereinigung war nicht zu halten. Am Ende wurde Schulz nur wegen Steuerhinterziehung, Anstiftung zur Falschaussage, Führen eines gefälschten Bootsführerscheins und Förderung der Prostitution verurteilt. Für das letztgenannte Vergehen wurde als Indiz eine verbriefte Aufforderung aus der Feder von Schulz herangezogen, in der er die Huren im «Cherie» anwies, nicht schlampig und nachlässig gekleidet der Sexarbeit nachzugehen. Er wurde 1983 lediglich zu zwei Jahren und sechs Monaten Haft verurteilt.

Hatten Staatsanwälte und Ermittler im Umgang mit Schulz «Manschetten»? Schonten sie den Kiezpaten aus strategischen Erwägungen? Immer wieder hatte es intern geheißen, der Pate verfüge über heimlich aufgenommene Filme, die unter anderem auch einen Hamburger Senator bei Bordellbesuchen zeigen. Auch von Schuldscheinen, die von Polizisten stammen, war die Rede. Letztlich tauchten sie aber nie auf. Besiegt wurde Frieda Schulz am Ende nicht von der Justiz, sondern vom Prostatakrebs, dem er 1992 im Alter von 63 Jahren erlag.

«Er gelangte unter Ausschöpfung seiner besonderen Gaben zu Reichtum und Ansehen», sagte der Pastor. Die Kapelle auf dem Friedhof in Ohlsdorf spielte «I Did It My Way».

RINGO KLEMM – (K)EIN NEUER PATE AUF DEM KIEZ

1977 übernahm Reinhard «Ringo» Klemm die legendäre Bar «Chikago» von Joannis «Janny» Gakomiros. Das «Chikago», an der Ecke Friedrichstraße und Gerhardstraße direkt am Hans-Albers-Platz gelegen, war vorübergehend so etwas wie das Epizentrum des Rotlichtmilieus, ein Treffpunkt der Halbwelt. Ringo und den Vorbesitzer Janny verband, dass sie beide aus der Seefahrt kamen und im Windschatten von Frieda Schulz Kiezkarriere machen durften.

Klemm, Jahrgang 1946, war nur 1,67 groß, geradezu schmächtig, während die meisten anderen Kiezgrößen aufgepumpte Kraftpakete waren. Doch nicht allein seiner Statur wegen passte er äußerlich nicht so recht in die Szene. Stets sah er aus wie ein neugieriger St.-Pauli-Tourist. Er wirkte harmlos und kleidete sich unauffällig, auch das unterschied ihn von den meisten anderen Luden. Der gebürtige Sachse strandete Anfang 1970 auf dem Kiez, seine Frau schaffte damals auf dem Straßenstrich in der Gerhardstraße an. Seine Bewährungsprobe kam, als er zusammen mit «Stotter-Harry», «Dakota-Uwe» und «Tabak-Ilja» am helllichten Tag den Gangster Sergio di Cola in der Friedrichstraße erschlagen haben sollte. Nachgewiesen wurde ihm das allerdings nie. Der Italiener soll Zuhältern die Mädchen abgeworben haben, im Milieu ist das eine unverzeihliche Missetat.

Mit diesem «Gesellenstück» und dem Segen des Paten kämpfte sich Klemm in der Ludenhierarchie immer weiter nach oben. Seine Loyalität und sein Durchsetzungsvermögen wurden ihm in Form von verschachtelten Beteiligungen an Bordelletagen und Lokalen vergoldet. Mit der Übernahme des «Chikago» gehörte ihm 1977 das Hauptquartier der Ludenszene St. Paulis, das verlieh ihm hohes Ansehen, Respekt und enormen Einfluss. Man ging zu Ringo und war sichtlich bemüht, ihn zu seinen Freunden zu zählen. Denn wer nicht ins «Chikago» durfte, gehörte nicht mehr zur Familie. Verdiente sich Frieda Schulz respektvoll den Titel «Pate von St. Pauli», so durfte sich Klemm Ende der siebziger Jahre zumindest stolz «Pate vom Hans-Albers-Platz» nennen. Doch er trat nicht so auf. Weder hörte man ihn, noch drängte er sich lautstark in den Vordergrund. Auch das verband Ringo mit Frieda Schulz. Die lautesten, am martialischsten auftretenden St. Paulianer waren nicht zwingend die Mächtigsten – das zumindest hatte ich schnell gelernt. Um sich auf dem Kiez wahre Autorität zu erkämpfen, bedurfte es eines langen Atems.

Die Konzession für das «Chikago» hatte Klemms Mutter Anna T. erworben, die vermutlich froh war, dass ihr Junge in das Gastronomiegewerbe einstieg und auf diesem Weg Abstand zum Rotlichtmilieu gewann. Was hätte sie wohl gesagt, wenn sie gewusst hätte, dass Klemm das Zentrum der Halbwelt betrieb? Doch im Lokal, offiziell Eiscafé, traf sich nicht nur der harte Kern der Ludenszene, hinzu kamen immer mehr Prominente aus Film und Fernsehen, ich sah sie dort gelegentlich. Denn es wurde allmählich schick, mit dem Rotlichtmilieu zu kokettieren. Der Regisseur Jürgen Roland war gelegentlich dabei, der Maler und Bildhauer Jörg Immendorff, Udo Lindenberg sowie der Sänger Achim Reichel. Solide Gäste, ob mit oder ohne großen Namen, gaben dem Laden einen bürgerlichen Anstrich. Wir überprüften regelmäßig unbekannte Personen im «Chikago», denn die Chance, jemanden dort zu finden, der mit Haftbefehl gesucht wurde, war vergleichsweise hoch.

Immer wieder eckten wir dabei bei Rüdiger Grüneis an, einem unangenehmen Zeitgenossen, der im «Chikago» als Kellner arbeitete, aber auch einige Frauen anschaffen ließ. Zuvor gehörte ihm eine eigene Bordelleinheit im Ludentreff «Dornröschen» an der Ecke Hans-Albers-Platz und Querstraße. Grüneis war schlank, 1,80 Meter groß. Seine schwarze Löwenmähne sah aus, als wäre sie auf Volumen geföhnt worden, und wellte sich im Nacken bis auf die Schultern. Der Mann war ein irrer Choleriker. Sah er mich, konnte er sich kaum beherrschen, warf mir böse Blicke zu, stülpte die Ober- über die Unterlippe und bemühte sich krampfhaft, sich nicht blutig zu beißen. Im «Chikago» schrie er oft giftige Bemerkungen in unsere Richtung, während wir gerade uns unbekannte Luden kontrollierten.

«Habt ihr nichts Besseres zu tun? Verpisst euch und belästigt hier nicht die Leute!», presste er heraus.

Ich ließ mich davon nicht einschüchtern: «Grüneis, entspannen Sie sich und hören Sie auf, uns anzupöbeln. Sonst werden Sie sich demnächst eine andere Absteige suchen müssen.» Und ich gab ihm noch einen gutgemeinten Ratschlag mit auf den Weg: «Vielleicht sollten Sie weniger saufen und mal auf Salbeitee umsteigen, der beruhigt.»

Grüneis schluckte, riss sich aber zusammen. Tatsächlich unterließ er seine Anfeindungen in den nächsten Wochen, doch nun waren es uns unbekannte Männer, die uns − von Grüneis angestachelt, wie ich aus dem Augenwinkel sah − anbrüllten: «Was will denn die Schmiere hier? He, verpisst euch!»

Doch solche Herausforderungen nahm ich dankbar an. Nach abgeschlossener Personenkontrolle machten wir uns also freiwillig etwas mehr Arbeit und kontrollierten auch jene Maulhelden, die uns eben angepöbelt hatten. Mit dem Ergebnis, dass sie uns zu Fuß auf die Wache begleiten durften.

Ich schaute mir die Stänkereien von Grüneis und Konsorten eine Weile an, sprach dann mit Ringo: «Sorgen Sie bitte dafür, dass Grüneis hier nicht den dicken Mann markiert. In unser aller

Interesse. Sonst sorgen wir dafür, dass hier jede Nacht flächendeckend Gäste kontrolliert werden. Dann geht hier für Stunden kein Getränk mehr über den Tresen, und ich glaube nicht, dass Sie daran Freude haben.»

Mein beharrliches, selbstbewusstes Auftreten im «Chikago» überzeugte den cleveren Ringo schnell. Ohnehin hatte ich den Eindruck, dass Ringo Klemm uns respektierte. Es blieb ihm ja auch keine andere Wahl, wollte er im «Chikago» und in dem darüberliegenden Bordell weiterhin gute Geschäfte machen. Er hatte keine Lust, sich von Grüneis in die Suppe spucken zu lassen, denn das «Chikago» war Ende der siebziger Jahre schwer angesagt: Luden aus ganz Deutschland und sogar aus den Nachbarstaaten gaben sich dort die Klinke in die Hand. Hätte ich permanent seine Gäste überprüft, wäre es mit diesem Erfolg schnell vorbei gewesen. Klemm spielte also mit und überzeugte Grüneis – wie auch immer –, während unserer Anwesenheit einfach mal das Maul zu halten.

Im Obergeschoss des «Chikago» gab es fünfzehn Zimmer, in denen Mädchen anschafften. In einem zusätzlichen größeren Raum, in dessen Mitte ein großer, runder Tisch stand, saßen donnerstags Hamburgs Luden, später Zuhälter aus dem gesamten Bundesgebiet, zusammen, um zu zocken, also unerlaubtem Glücksspiel nachzugehen. Die Zocker verspielten dort mitunter an einem Abend das Jahresgehalt eines Durchschnittsverdieners.

Immer mittendrin: Rüdiger Grüneis. Er verzockte erhebliche Summen, nicht nur am «Luden-Donnerstag», sondern auch bei anderen Gelegenheiten mit der Gang des Ungarn Ferry K. Er soll Schuldscheine im Wert von zweihunderttausend Mark ausgestellt haben. Es war eine Welt, zu der wir Normalbürger keinen Bezug und keinen Zutritt haben.

Ein halbes Jahr war vergangen, seit wir bei Klemm interveniert hatten, sein Intimus möge uns gegenüber sein Verhalten ändern, da erfuhren wir von Grüneis' Freitod. Er hatte in einem Waldstück im Raum Schwarzenbek Abgase in seinen Mercedes geleitet, war am Kohlenmonoxid erstickt. Nicht einmal sein Freund Janny Gakomiros hatte etwas mitbekommen, er hätte sonst sicher eine Lösung für Grüneis' Probleme gefunden. Offenbar ging es bei diesem Freitod nicht allein um finanzielle Probleme. Grüneis soll beim Glücksspiel auf St. Pauli gezinkte Würfel und gefakte Karten benutzt haben, wie Ludenvater Sascha Lüdemann bei seiner Grabrede andeutete.

Wir suchten an den Wochentagen oft gegen 4.15 Uhr das «Chikago» auf. Stets herrschte dort um diese Zeit Hochbetrieb, obwohl das Lokal keine Frühkonzession besaß, es hätte also zwischen vier und sechs Uhr morgens schließen müssen. Das versuchten wir auch durchzusetzen. Ringo reagierte auf meine Anweisung und verschloss in den Folgenächten um vier Uhr die Eingangstür und zog die Vorhänge zu. Als Folge dessen hatten wir weder Zugang noch Einblick ins Lokal, obwohl wir laute Musik hörten und man drinnen weiter fröhlich zechte. Immer wieder beschwerten sich andere Gastronomen, sie würden viel Geld für Frühkonzessionen bezahlen, das «Chikago» aber halte sich nicht an diese Zeitvorgaben und ziehe dadurch Gäste ab.

Ringo sprach mich über Monate mehrfach an und bat: «Was soll ich machen? Meine Mutter hätte ja gern eine Frühkonzession, doch das Amt hat uns die bislang immer verweigert. Können Sie da nichts machen?»

Ich traf mit Ringo die Übereinkunft, beim Amt für ihn vorstellig zu werden, wenn er für einen störungsfreien Ablauf im Lokal sorgte und unsere Kontrollen nicht behinderte. Siebenhundert Mark monatlich kostete damals die Frühkonzession. Tatsächlich erteilte das Amt die Konzession, was uns ganz gelegen kam, denn von nun an konnten wir in den Morgenstunden

Kontrollen vornehmen und hatten einen besseren Überblick, wer im «Chikago» ein und aus ging.

Das Lokal wurde zu einem der beliebtesten Treffpunkte auf St. Pauli, nicht nur unter Zuhältern. Legendär waren vor allem die Tage mit Livemusik, der Laden war dann brechend voll. Dann hatte Ringo stets einen allseits bekannten Türsteher engagiert, «Rocky», Jahrgang 1926, ein «Freigekaufter» aus der DDR. Er hatte achteinhalb Jahre wegen angeblicher Spionagetätigkeit im Zuchthaus Bautzen gesessen. Rocky arbeitete nach der Übersiedelung in den Westen drei Jahre als Krankenpfleger in Hannover und wurde letztlich dort wegen seiner äußeren Erscheinung entlassen. Ich erinnere mich noch, als Rocky plötzlich jeden Quadratzentimeter seiner Haut hatte tätowieren lassen. Selbst das Gesicht und die Ohren hatte er nicht verschont. Er trug einen schwarz gefärbten Irokesenschnitt, in beiden Nasenöffnungen blitzte ein goldener Ring. Rocky war immer mit schwarzer Lederhose und Lederweste bekleidet. Ich kann mir vorstellen, dass furchtsame Menschen, die ihn nicht kannten, die Gehwegseite wechselten, wenn sie ihn kommen sahen, obwohl er ein absolut harmloser Typ und froh war, einen Job gefunden zu haben. Bei den Live-Events im «Chikago» war Rocky jedoch immer eine auffällige und schillernde Figur, wie man sie nicht besser für eine Tätigkeit als Türsteher an diesem Ort hätte wählen können. Klemm mochte diesen Rocky.

War Klemm nun der neue Pate von St. Pauli? Die Tagespresse sah das so, doch ich habe da meine Zweifel. Im Wettbewerb der Kiezgrößen erreichte Ringo nie Friedas Größe. Er hatte nicht den analytischen, messerscharfen Verstand von Schulz und war sensibler. Er schaffte es nie, zu der von allen akzeptierten Autorität im Milieu aufzusteigen und ging auch nicht so strategisch vor wie Frieda, der sich bewusst mit einer Armada loyaler Leute umgab und es so schaffte, auf St. Pauli eigenen Gesetzen Kraft zu verleihen. Außerdem war Klemm weniger prinzipientreu und ließ sich von seinem Umfeld negativ beeinflussen. So stieg Ringo groß ins Kokaingeschäft ein, was ihm am Ende das Genick brach.

Zu mir war Ringo stets höflich und nett, er wirkte sogar etwas zurückhaltend. Naive Gemüter hätten ihn für harmlos oder gar unsicher gehalten, doch das war lediglich eine von Ringo Klemms Maschen.

AUFSTIEG DER GMBH

FRIEDA Schulz hatte sich bis Anfang der achtziger Jahre weitgehend aus dem Milieu zurückgezogen, und es gab niemanden, der das Vakuum, das der Pate hinterließ, ernsthaft ausfüllte. Es begann die Ära der Rotlichtkartelle. Vier junge Männer waren bereits in den siebziger Jahren ein Zweckbündnis eingegangen, das sich GMBH nannte und das Anfang der achtziger Jahre auf dem Kiez zum ersten großen Zuhälterkartell aufstieg. Die Abkürzung – eine Zeitung verballhornte sie später einmal als «Gesellschaft mit bereitwilligen Huren» – setzte sich aus den Anfangsbuchstaben der vier Hauptakteure zusammen: Gerd Glissmann war zuständig für die Finanzen, Michael Luchting, genannt «der schöne Mischa», war der Charmeur, der die Frauen anwarb und betreute, Walter «Beatle» Vogeler war für die Ordnung und für strategische Fragen zuständig, und Harry Voerthmann, genannt «der Hundertjährige», kümmerte sich um die Immobilien. Ihr Hauptquartier war ein Clublokal in der Silbersackstraße 3, unterhalb der Absteige, die sich in der ersten Etage befand.

Die GMBH wurde straff geführt und war in einem irren Tempo zu Macht und Reichtum gekommen. In ihrer besten Zeit, so schätzte man, verdiente jeder der vier zweihunderttausend Mark im Monat. Das Geld quoll ihnen nur so aus den Taschen. Sie hatte ihre Bordelle im Bereich Silbersackstraße, Herbertstraße, «Eros-Center», «Palais d'Amour», in der noblen Gegend Blankenese am Elbufer und in anderen Stadtteilen. Zeitweise hatten sie die Kontrolle über hundertzwanzig Zuhälter und fünfhundert Frauen. Diese Truppe war mit nichts vergleichbar, was wir bislang kannten. Bei den alten St. Paulianern galt ein Ehrenkodex: Leben und leben lassen. Das Ideal war der «Ganove mit

Anstand». Auch mit der Zurschaustellung von Reichtum hielt man sich hanseatisch zurück. Doch diese vier standen für einen neuen Zuhältertyp, der sich am Lebensstil der Serienhelden von «Miami Vice» orientierte, auch wenn diese US-Serie erst Mitte der achtziger ausgestrahlt wurde.

Walter «Beatle» Vogeler, Jahrgang 1942, war die schillerndste Gestalt der Gruppe. Er war ein Frisurenfanatiker, trug eine Vokuhila, also vorne kurz, hinten lang, die er gewissenhaft pflegte. Ehe er aus seinem zweisitzigen Cabrio Mercedes-Benz SSK-Excalibur stieg, einem Direktimport aus den USA, brauchte er ewig, um sein Haar zu richten. Er sprach einen starken Kölner Dialekt und war in seiner rheinischen Heimatstadt zuvor als Taxifahrer tätig gewesen. Ein Job, den er, völlig verarmt, an seinem Lebensende auch wieder ausüben sollte – doch bis dahin war es noch ein langer Weg. Zunächst waren die späten siebziger und frühen achtziger Jahre paradiesische Zeiten für ehrgeizige, skrupellose Aufsteiger im Milieu. Beatle war etwa 1,78 Meter groß, hatte einen ansehnlichen Körperbau, Resultat zahlreicher Stunden im Sportstudio, vermutlich aber auch diverser Anabolika.

«Der schöne Mischa», Michael Luchting, Jahrgang 1948, war knapp über 1,80 Meter groß, schlank, apart, ein absoluter Frauentyp. Der schwäbische Bankkaufmann mit Abitur setzte im Milieu neue organisatorische Maßstäbe, denn er war sehr gewissenhaft, ein Ordnungsfanatiker. Stets kleidete er sich in feinem Zwirn. Er trug im Sommer gern helle Maßanzüge. Durch seine feminine Art wirkte er ein wenig schwul, ohne dass mir bekannt wäre, dass er solche Neigungen hatte. Mischa fuhr einen perlmuttfarbenen Rolls-Royce Silver Shadow.

Harry Voerthmann, Jahrgang 1940, «der Hundertjährige», wirkte optisch wie ein in die Jahre gekommener Altrocker. Seinen Namen hatte er bekommen, weil er gern über seine Knastjahre sprach – «Ich habe ein paar Jahre in diesem, die nächsten

Jahre in jenem Gefängnis gesessen» –, sodass der Zuhörer am Ende den Eindruck gewann, der Typ müsste mindestens hunderte Jahre alt sein. Harry war etwa 1,85 Meter groß, hatte eine stämmige Figur. Er trug einen schwarz gefärbten Schnauzer, auch sein langes, wild wallendes Haar war dunkel gefärbt. Er war Brillenträger, verdeckte seine Augen zumeist hinter leicht getönten Gläsern, sprach laut und mit rheinischem Dialekt und fuhr einen Mercedes 500 SL.

Gerd Glissmann, Jahrgang 1945, knapp 1,80 Meter groß, Kurzhaarschnitt, untersetzte Figur, ehemaliger deutscher Karatemeister. Neben den Finanzen war er auch fürs Grobe zuständig – musste aber nur selten ernsthaft zulangen. Denn seine Vorgeschichte als Schwarzgurt genügte offensichtlich, um andere einzuschüchtern. Ansonsten habe ich ihn als unauffälligen Zeitgenossen in Erinnerung, der hinter seinen eitlen Partnern – vor allem Luchting und Vogeler – eher im Hintergrund blieb.

Die Männer der GMBH wollten auffallen: So waren sie die Ersten, die damals die noch nicht vom deutschen TÜV abgenommenen Trikes fuhren, dreirädrige Motorräder mit zwei oder drei Sitzen, die heute im Straßenbild hauptsächlich in den frostfreien Monaten zu sehen sind. Sie lebten stets nach dem Motto: Wer es sich leisten kann, sollte ein schönes Auto fahren, denn das Leben ist viel zu kurz, um schlechte Autos zu bewegen.

Im Milieu erzählte man sich, der Hundertjährige habe sein reetgedecktes Bauernhaus in Schleswig-Holstein an seine Rechtsanwältin veräußert, die anschließend einen starken Befall von Holzbock bemerkt haben will – das Haus war ein Sanierungsfall. Was vielleicht für die Art spricht, wie man auch in der GMBH selbst mit Wohlgesinnten Geschäfte tätigte.

Doch auch diese Leute waren bis zu einem bestimmten Punkt berechenbar, wie das folgende Beispiel zeigt: Eines Tages im Jahr 1980 erreichte uns ein neuer Haftbefehl, der auf einen Zuhälter, der für die GMBH arbeitete, ausgestellt war. Es ging um ein vergleichsweise geringes Vergehen, Urkundenfälschung. Zwölftausend Mark Geldstrafe waren zu zahlen, ersatzweise drohten hundertzwanzig Tage Freiheitsstrafe. Der Aufenthaltsort des Gesuchten war nicht bekannt, dafür aber der Personenkreis, in dem er verkehrte. Also telefonierte ich mit einem der GMBH-Bosse, mit Beatle Vogeler. Ich wies ihn auf den Haftbefehl hin und bat ihn, den Mann darüber zu informieren, dass der Betrag plus 1,20 Mark Zahlkartengebühr bei der Gerichtskasse Hamburg zu entrichten sei. Sollte ich nicht innerhalb von fünf Stunden den Eingang des Betrages bestätigt bekommen, wäre der von mir offerierte Deal hinfällig – ich würde dann die Person im GMBH-Revier ermitteln und die Verhaftung vorzugsweise am Wochenende vornehmen, am besten Freitagnacht. Der Gesuchte hätte dann ganz sicher nicht genug Geld bei sich und könnte sich auf ein Wochenende im Knast freuen. Vogeler äußerte Kooperationsbereitschaft, versprach sein Bestes. Es verging nur eine knappe Stunde, da kam ein Bote, brachte den Geldbetrag zur Einzahlung bei der Gerichtskasse. Ich händigte ihm eine Quittung aus, die Personenfahndung wurde gelöscht.

So wie die GMBH für mich in Teilen berechenbar war, galt ich für das Milieu nach solchen und ähnlichen Übereinkünften als kalkulierbarer «Bulle». Ich erwarb mir so bei diesen Leuten Achtung und Respekt.

STEFAN UND HANNE –
DIE OSTDEUTSCHE BOX-CONNECTION

IN der späteren Hierarchie der Luden war Stefan Hentschel keines der ganz großen Lichter. Doch er prägte den Kiez lange Zeit durch seine Präsenz, sein Auftreten und auch durch seine starke Persönlichkeit. Geboren im ostdeutschen Chemnitz, verschlug es Hentschel Anfang der siebziger Jahre auf den Kiez. Frieda Schulz brachte ihn eines Tages im Sommer 1973 in seiner Rolle als Boxpromotor in den Boxkeller in Hanne Kleines «Ritze» mit. Schulz hatte große Pläne mit dem 25-jährigen Hentschel, wollte zeigen, dass er einen Bodybuilder über Nacht zu einem erfolgreichen Profiboxer aufbauen konnte. Zuvor hatte Hentschel in einer Bosch-Vertretung auf der Veddel eine Lehre als Kfz-Mechaniker abgebrochen, fuhr anschließend Lkw. Hentschel war ein leidenschaftlicher Boxer, der ständig im Boxkeller der legendären «Ritze» zu finden war und für seinen Traum, die Profikarriere, hart trainierte. Er war stolz auf seinen durchtrainierten Körper, 1,82 Meter groß, hundert Kilo schwer. Später erzählte er gern Kiezbesuchern, dass er einst Profiboxer war. Doch in Wahrheit endete seine Profikarriere just an jenem Tag, als sie begann: am 21. September 1973.

Schulz hatte die Ernst-Merck-Halle gemietet, die mit fünftausend Besuchern ausgebucht war, das Rotlicht der ganzen Republik feierte einen der ihren. Hentschel war zuvor als Senkrechtstarter gepriesen worden, als Junge vom Kiez, der das Zeug zu einer großen Karriere hat – obwohl er bereits 25 Jahre alt war. Und mit dem Holländer Erwin Josefa, «Big Ali» genannt, stand ihm ein Gegner gegenüber, den er schlagen konnte, eigentlich schlagen musste.

Doch die «Ritze» ersetzte eben kein professionelles Trainingsprogramm, vor allem mental schien Hentschel, das erste Mal im Leben vor einer solchen Kulisse boxend, komplett überfordert. Nur so ist es zu erklären, dass «Big Ali» Hentschel mit einem einzigen K.-o.-Schlag bereits nach sechs Minuten auf die Bretter schickte. Nach sechs Minuten Kampf und einer blutenden Nase hatte Stefan Hentschel seine Laufbahn als Profiboxer beendet – um sich von da an voll und ganz seiner Karriere im Kiezmilieu zu widmen.

Auf den Kiez fand er über einen Kumpel, den er in einem Sportstudio in der Ost-West-Straße kennengelernt hatte und der ihn mit ins «Café Chérie» nahm, eines der damals angesagtesten Bordelle. Er selbst behauptete, sich in eine Hure verliebt zu haben, die Reni hieß. Er träumte davon, sie freizukaufen. Sechzigtausend Mark soll ihr Zuhälter, «Luden-Schorsch», verlangt haben. Geld, das Hentschel nicht besaß. Also klärte er die Sache auf seine Art und zertrümmerte dem vierzigjährigen «Luden-Schorsch» den Kiefer. Danach war Reni Hentschels Mädchen.

Er selbst liebte es, seine eigene Legende zu stricken, die Legende vom «göttlichen Zuhälter»: «Ich habe mit vier Frauen in der Tagesschicht angefangen, nach zwei Monaten waren es siebenundzwanzig Damen.» Vermutlich war es so.

Er war eine beeindruckende Erscheinung, die auf Frauen wirkte: Prostituierte wechselten zu ihm, ohne dass Hentschel eine Abstecke zahlen musste, das im Milieu übliche Kompensationsgeld.

Die siebziger und frühen achtziger Jahre waren Hentschels Zeit. Rolex, Porsche Carrera, Goldkettchen – Hentschel trug seine wirtschaftlichen Erfolge spazieren. Sein Erfolgsrezept war simpel: «Du machst den Zampano, legst eine Werbewoche auf Gran Canaria ein, zeigst der Dame die große Welt», erzählte er.

Er war Einzelgänger, wirkte obendrein zumeist ziemlich miss-mutig. Er strahlte sogar eine gewisse Arroganz aus, mit der er sich im Milieu viele Feinde machte. Er rastete ziemlich schnell aus, wirkte mitunter Minuten später melancholisch und in sich gekehrt. Er hielt sich immer für etwas Besseres, neigte aber auch zu Depressionen. Er vermied es, dem abgesteckten Terrain der GMBH zu nahe zu kommen und ging mit seinen Kumpanen Wal-demar Dammer, genannt «Neger-Waldi», und Wilfried Häfele, genannt «Neger-Willy», eigenen Geschäften nach.

Ich machte meine eigenen Erfahrungen mit Hentschels auf-brausender Art, denn er liebte es, Grenzen auszutesten, sie zu überschreiten und uns zu provozieren. Ich liebte diese Spiele nicht, denn das hieß für uns, Muskeln zu zeigen, Zeichen zu set-zen, Konfrontation. Auch im Milieu suchte Hentschel geradezu die Konfrontation: Zweimal wurde er angeschossen, viermal schwer verletzt.

«Du läufst aus wie eine Milchdose», sagte er später in einer NDR-Reportage. «Ich habe zweieinhalb Liter Blut verloren.»

Nachts saß er die meiste Zeit im «Globetrotter», einer Kneipe in der Großen Freiheit, direkt gegenüber dem Hintereingang zum «Eros-Center». Da saß er oft bei einem Glas Hefeweizen. Er hätte sein Bier natürlich lieber im Aufenthaltsraum des «Eros-Centers» getrunken, wo er in seiner Hochzeit eine Etage gemietet hatte, und seine Geschäfte überwacht, doch das war ihm wie allen anderen Zuhältern von Amts wegen versagt.

Trat ich im «Globetrotter» ein, verfinsterte sich sein Blick, ohne dass er sprach. Einmal sah ich ihn sogar mit Schaum im Mundwinkel, vermutlich Bier, doch zusammen mit diesem Blick wirkte er wie ein Irrer. Er konnte, ohne dass etwas passierte oder Worte gewechselt wurden, regelrecht in Rage geraten. Unsere ständigen Kontrollen im «Eros-Center» nervten ihn.

Ein Typ schlug ihm mit einem Weißbierglas ins Gesicht,

Hentschel verlor dabei sein rechtes Auge – Hentschel, der Selbst-darsteller, erzählte die Geschichte gern und zeigte den verdutz-ten Zuhörern ebenso gern sein Glasauge. Ein Beweis seiner unbe-rechenbaren Stimmungsschwankungen kursiert noch immer auf der Website der Internetplattform YouTube. Hentschel führt da ein WDR-Fernsehteam durch die Große Freiheit. Ein harmloser Passant, der seinen Weg kreuzt und damit das Kamerabild stört, wird von Hentschel angepöbelt: «Hast du 'n Problem? Geh wei-ter!» Und weil dieser nicht sofort reagiert, vermutlich weil er der deutschen Sprache nicht mächtig ist, bekommt er unversehens eine Backpfeife, sodass er fast umfällt. Dann widmet sich Hent-schel wieder ganz ungerührt dem TV-Team.

Es mag Leute geben, und die hohen Klickzahlen belegen das, die finden das Video lustig. Doch in Wahrheit ist es einfach nur brutal und verrät mehr über Hentschels Wertewelt als tausend Worte.

Waren die siebziger und achtziger Jahre Hentschels Zeit, so waren die neunziger Jahre sein Untergang: 1994 explodierte in Hentschels Club «Base» eine Bombe. Er zog sich vom Kiez zurück, gründete eine Reinigungsfirma. Doch von Betriebswirt-schaft und Marketing hatte der Einäugige keine Ahnung, die Firma ging pleite, Hentschel blieb auf einem Berg Schulden sit-zen. Er schrieb seine Memoiren, versuchte sich als lebende Kiez-größe in Film und Medien zu verkaufen. Ebenfalls erfolglos. Ihm blieben seine Freunde: «Ritze»-Wirt Hanne Kleine und der ehemalige Box-Weltmeister Eckhard Dagge zum Beispiel. Dagge hatte als Boxer Millionen verdient, doch er verlor alles.

«Viele Weltmeister sind Alkoholiker geworden, aber ich bin der erste Alkoholiker, der Weltmeister wurde», hatte Dagge ein-mal gesagt. Auch er war Stammgast in der «Ritze».

Hentschel begleitete Dagge, als dieser an Krebs erkrankte und im April 2006 im Hamburger Hospiz «Leuchtfeuer» elendig starb.

Und auch Hentschels Ende gleicht dem vieler ehemaliger Kiezgrößen: Im Alter bleibt ihnen vom einstigen Glanz, von Reichtum und Macht nichts als die Erinnerung. Hentschels Depressionen nahmen zu, er kiffte sich das Leben schön – am Ende wurde Hanne Kleines «Ritze» sein letzter Hafen. Am 18. Dezember 2006, kurz vor Weihnachten, fand man den 58-jährigen erhängt im Boxkeller.

«Er hatte eine raue Schale, aber einen weichen Kern», sagte Trauerrednerin Heidrun Baginski, als Hentschel Tage später auf dem Friedhof Hamburg-Ohlsdorf zu Grabe getragen wurde. Mehr als dreihundert Kiezgestalten erwiesen ihm an einem kalten Dezembertag die letzte Ehre. Alle waren gekommen, die noch kommen konnten: Kalle Schwensen, Hanne Kleine, Thommi Born und viele mehr. Es sollte eine der letzten großen Beerdigungen aus der goldenen Generation der St.-Pauli-Luden sein.

Anders als Hentschel war Hanne Kleine, der eigentlich Hans-Joachim heißt, ein Ruhepol auf dem Kiez. Der ehemalige Mittelgewichtsboxer der DDR-Nationalmannschaft war so etwas wie ein gutmütiger Teddybär. 1967 siedelte er von Magdeburg in die Bundesrepublik über. Eingangs hatte er zusammen mit Günter Stumm, «Stummi» genannt, eine Bordelletage im «Palais d'Amour». Hanne war der stille Partner, die Geschäfte führte Günter Stumm. Stummi, der einen eher intellektuellen Eindruck auf mich machte, hatte wie auch Hanne wenig von dem typischen Gebaren und dem Aussehen eines Zuhälters. Er wanderte Mitte der siebziger Jahre nach Costa Rica aus. Hanne übernahm das Lokal «Zur Ritze», dessen Eingangstür von zwei gespreizten Frauenbeinen gesäumt wird, die der legendäre, 2010 verstorbene Maler Erwin Ross, «der Rubens von der Reeperbahn», gemalt hat. Die «Ritze» war ein ehemaliges Pissoir, direkt am «Eros-Center» gelegen. Da die umliegenden Großbordelle keine Schankgenehmigung hatten, wurden sie von der «Ritze» mit Getränken versorgt. Pausenlos flitzten die Kellner über die Hinterhöfe.

Im Keller der «Ritze» ließ Hanne 1974 eine Tiefgarage als Boxkeller ausbauen, der noch heute existiert. Diese Boxarena wurde zum Magnet für Luden, die über Einfluss verfügten. Zuerst kamen nur ansässige Zuhälter und andere St. Paulianer, die sich fit machen wollten. Später boxten auch Dariusz Michalczewski, Henry Maske und Eckhard Dagge hier. Als Hannes Laden in aller Munde war, kamen hochrangige Luden aus der gesamten Republik zu einer Stippvisite und bescherten Hanne einen guten Umsatz. Obwohl Hanne nie der typische Zuhälter war, war er stets in ihren Kreisen zu finden und wurde von ihnen auch geachtet.

In der Anfangsphase meiner Tätigkeit auf dem Kiez warf mir Hanne schon mal böse Blicke zu, wenn er selbst im Milieu seine Runde drehte. Ich sah ihn manchmal untergehakt mit Stefan Hentschel, beide ziemlich abgefüllt, morgens um fünf durch die Große Freiheit ziehen. Als ich mit meinem Partner aus dem «Eros-Center» kam, pöbelten sie uns an. Doch das entsprach wohl eher Hentschels Art, nicht Hannes.

Mit Hanne arrangierten wir uns bald. Es verging nicht viel Zeit, da war Hanne stets nett und freundlich. Wenn ich wieder einmal in ein hochkarätiges Wespennest von Zuhältern stieß, die sich gerade in seiner Kneipe aufhielten, störte er nicht. Ebenso verhielt er sich ruhig, wenn ich fremde Gäste überprüfte. Wir hatten beide verstanden, wie wir miteinander umzugehen hatten. Er war ein konsequenter Verächter von härteren Drogen und tat das in seinem Laden auch gern laut kund.

Hannes «Ritze» war eine durch schwere dunkelrote Samtvorhänge geteilte Welt. Im vorderen Teil, wo auf Leinwänden ständig Pornofilme liefen, saß das «ordinäre» Publikum: normale St.-Pauli-Besucher, Touristen. Barbusige Kellnerinnen bedienten. Hier befand sich auch die Treppe hinunter zum Boxkeller. Den hinteren, durch die Vorhänge vor neugierigen Blicken geschützten Teil des Gastraums hatte Hanne in sein intimes Wohnzimmer verwandelt. Die Wände waren mit zahlreichen gerahmten Fotos zugepflastert, auf denen die Aktiven des Boxsports zu sehen waren. Die Wände waren so zugehängt, dass kaum noch die vorhandene Tapete sichtbar war. In diesem Teil der «Ritze» hielten sich ausschließlich bekannte Personen aus dem Rotlichtmilieu auf, gelegentlich auch Prominente aus Film, Fernsehen oder Presse. Jeder auswärtige Lude, der sich für etwas Besseres hielt, machte es sich zur Pflicht, den hinteren Teil der «Ritze» aufzusuchen. Verirrte sich ein Normalo dorthin, so wurde er barsch nach vorn verwiesen. Ich empfand es stets als sehr spannend, den Vorhang zum Hinterzimmer beiseitezuschieben und mich überraschen zu lassen, wer sich heute in dem Raum aufhielt.

Nie vergessen werde ich Hanne Kleines 45. Geburtstag am 7. Juni 1977. Auch wenn es kein rundes Jubiläum war, so wurde es doch zu einem der seltenen echten Highlights auf dem Kiez, eine Selbstdarstellung der Hamburger Halbwelt, die sich im eigenen Glanz sonnte.

Der «Ritze»-Wirt fragte mich, ob es erlaubt sei, an seinem Geburtstag den «Jungs», die aus ganz Deutschland, der Schweiz und Holland anreisen würden, seinen Puff im «Palais d'Amour» zu zeigen. Wir erklärten uns einverstanden – unter der Bedingung, dass sich die «Jungs» nicht zu Dummheiten hinreißen ließen. Denn normalerweise waren die Bordelleinheiten im «Palais d'Amour» oder im «Eros-Center», wie gesagt, für Luden tabu. Wir hatten diesen Weg gewählt, um die Freier zu schützen, die sich in den Bordellen aufhielten. Denn es kam immer wieder vor, dass Luden Freier verprügelten, oft aus nichtigem Anlass. Oft reichten schon Irritationen zwischen Freier und Hure über Preis oder Qualität des Liebesdienstes, um die anwesenden Luden, die Konflikte stets mit Gewalt klärten, auf den Plan zu rufen.

Und an diesem sommerlich warmen Junitag machten wir Hanne das Geschenk und setzen diese Regel außer Kraft. Für uns war es interessant, die versammelte Halbwelt auf einem Haufen zu sehen, denn hier wurden Territorien abgesteckt, Rangordnungen definiert, Koalitionen auch nach außen repräsentiert, Differenzen beigelegt – mitunter auch verschärft. Ein bisschen fühlten wir uns dabei wie der Tierfilmer Bernhard Grzimek beim Beobachten einer Gruppe Gorillas: Wer ist der Silberrücken, wer muss Platz machen, wessen Frau ist am protzigsten mit Schmuck ausstaffiert. Also machten Alex und ich uns abends auf den Weg, auch, um Hanne zu gratulieren.

Hinter der «Ritze», auf dem Parkdeck der Tiefgarage des «Palais d'Amour», war ein riesiges weißes Festzelt aufgebaut worden. Wir trafen gegen 22.45 Uhr ein. Das Zelt war zum Bersten voll mit Gästen, ich schätze, es waren mindestens hundert Menschen. Als wir das Festzelt betraten, ging ein Raunen und Flüstern durch die Reihen, die Köpfe wurden zusammengesteckt, die uns bekannten Luden und Huren informierten die auswärtigen Gäste, wer wir waren und was wir hier wollten.

Die Crème de la Crème der Halbwelt war da: elegant gekleidete Zuhälter und wunderschöne Damen, überwiegend Prostituierte. Es war wirklich eine Augenweide, diese hübschen Frauen zu sehen – und eine Herausforderung, sich trotzdem zu beherrschen und seiner Pflicht als Beamter im Dienst nachzukommen. Es fiel mir nicht immer leicht, denn es gab Frauen, die waren Meisterinnen in ihrem Fach und wussten, wie man Männer allein mit Blicken verunsichert. Doch auch wir hatten Routine und ließen uns nicht anmerken, dass wir einige der Frauen sehr attraktiv fanden.

Ein Geschenk für Hanne hatten wir nicht dabei, das hätte auch gar nicht gepasst. Nichts durfte den Eindruck erwecken, hier verbrüderten sich Polizei und Halbwelt. Außerdem hätte es Hanne vor seinen Freuden ziemlich alt aussehen lassen. Getrunken haben wir auch nichts, denn es war die Zeit, als Preludin-Tabletten und K.-o.-Tropfen in Mode kamen, die man unbemerkt in Getränke mischte. Außerdem wollten wir die Luden nicht ermuntern, zu versuchen, uns abzufüllen, um dann später zu verbreiten, der Rotfuchs und sein Partner wären ziemlich besoffen gewesen. Die Folgen für uns wären verheerend gewesen. Da blieben wir lieber konsequent.

Wir gingen auf Hanne zu, bekleidet mit schwarzer Hose und weißem Oberhemd, und gratulierten ihm, als wären wir Gäste, was wir natürlich nicht waren. Allein schon optisch fielen wir auf, in Lederjacke und Jeans. Einige der Frauen trugen die wertvollsten Armbanduhren, Ohrringe und schwere Gelb-, Rot- oder Weißgoldketten. Musik spielte, und Hannes Freund, Joannis Gakomiros, stand im weißen Jackett hinterm Grill. Er erzählte später, er habe innerhalb von zwei Tagen siebenhundert Portionen Essen kredenzt.

Ich bat Hanne nochmals eindringlich, der Polizei keinen Ärger zu machen. Das war bitter nötig, wenn eine kleine Armee von Halbweltgrößen aus Kiel, Lübeck, Frankfurt, Düsseldorf, Mannheim, München, Augsburg, Nürnberg, Wien, aus der Schweiz, den Niederlanden und natürlich aus Hamburg zusammenkam. Viele der Gesichter kannten wir. Ich unterhielt mich einige Zeit mit einem Mannheimer Luden, der im Gespräch sogar ganz sympathisch wirkte. Ich hatte ihn einige Monate zuvor in der «Ritze» kontrolliert und begrüßte ihn per Namen, was aber nicht allein meinem guten Gedächtnis geschuldet war: Zufällig hatte ich vor dem Verlassen der Davidwache mein Notizbuch studiert und mir ein paar Namen von Luden in Erinnerung gerufen, mit deren Erscheinen ich auf der Party rechnete.

Der Mannheimer Lude hieß Heinz mit Vornamen und wurde Finger-Heinz genannt. Er tat erstaunt, dass ich mich an seinen Namen erinnerte. Ich schnitt etwas auf und sagte: «Ich kenne sogar noch Ihre Personalausweisnummer!» Das sagte ich laut, sodass es die Umstehenden hören konnten.

Er zog seinen Ausweis hervor und sagte: «Ich wette dagegen, dass Sie das nicht können.» Er setzte 50 Mark.

Ich sagte ihm, er bekomme von mir ebenfalls «einen Halben», falls ich eine falsche Nummer nennen würde.

Ich konzentrierte mich – und nannte die präzise Nummer seines Personalausweises. Die Leute, die um uns herumstanden, staunten nicht schlecht. Ich hatte damals ein sehr gutes Zahlengedächtnis und trainierte es mittels Eselsbrücken, das half bei der täglichen Arbeit: Wiedererkennen von Kfz-Kennzeichen, Namen oder anderen Daten.

Der Mannheimer kam tatsächlich am nächsten Tag auf die Wache und zahlte brav seine Wettschulden in das Spendenschiff der DLRG.

Wir blieben auf der Feier nicht länger als fünfzehn Minuten. Gegen 23 Uhr wünschten wir noch eine spaßige Party und waren wieder verschwunden. Wir hatten die Feier bewusst zu einer frühen Stunde besucht, weil wir davon ausgehen konnten, dass die meisten Gäste zu diesem Zeitpunkt noch relativ nüchtern und dadurch berechenbarer waren. Wir waren an diesem Abend ziemlich großzügig, obwohl wir bei manch einem der Gäste den Verdacht hatten, dass er zur Fahndung ausgeschrieben war. Ich schätze, da lungerten einige Jahrzehnte «offene Knastrechnungen» unter den Gästen herum. Fest stand zumindest, dass von «unseren Jungs», den St. Paulianern, keiner zur Fahndung ausgeschrieben war. Und weil wir keinen Ärger provozieren wollten, verzichteten wir auf Kontrollen. Denn was machte es schon für einen Unterschied, ob einer an jenem oder einem der nächsten Tage der Polizei ins Netz ging. Ich hätte allerdings sofort hart durchgegriffen, hätte uns auch nur einer der Gäste angepöbelt. Dann hätte ich umgehend Peterwagen von der Davidwache zur Verstärkung herbeigerufen und die Störenfriede zur Personenkontrolle mit aufs Revier genommen.

Hanne war einer der wenigen Kiezianer mit einer relativ stabilen Persönlichkeit. 79-jährig starb er am 4. November 2011 an einer Wundinfektion infolge eines Diabetes. Zuvor hatte er viele gesundheitliche Rückschläge einstecken müssen: Herzinfarkt, Schlaganfall, vier Bypässe, ein neues Knie.

«Der Kiez hat sein letztes Urgestein verloren» lautete der am häufigsten zitierte Satz, als Hanne starb. Vierhundertfünfzig Gäste nahmen auf dem Ohlsdorfer Friedhof Abschied von dem einstigen Boxprofi und Kultwirt. Die verbliebene Halbwelt aus der Glanzzeit St. Paulis nebst Ex-Hells-Angels-Boss Frank Hanebuth war noch einmal zusammengekommen – und gedachte der goldenen Kiezjahre.

ROTFUCHS MUSS WEG

UND dann kam der Tag, es war Mitte 1978, an dem mein langjähriger Partner Alex große Probleme bekam. Über die Jahre hatten wir uns zu einem routinierten Team entwickelt und waren sogar Freunde geworden, auch wenn wir in anderen Universen lebten. Ich war ein Familienmensch, er Single.

Mitunter gingen wir nach dem Spätdienst gegen 22.45 Uhr gemeinsam in einem Restaurant essen. Nach einem dieser Essen lief ihm auf dem Weg zu seinem Auto, das in der Tiefgarage unter dem Spielbudenplatz parkte, vor der Davidwache eine Frau über den Weg. Sie war in einem Nobelclub auf der Reeperbahn tätig und hatte ebenfalls gerade Feierabend, war also auf dem Weg nach Hause, worunter sie ein Hotelzimmer auf der Reeperbahn verstand, in dem sie allein wohnte.

Wir kannten die Frau, und sie kannte uns, zumal wir sie zuvor in ihrem Club bereits kontrolliert hatten. Sie war schlank, etwa 1,75 Meter groß, eine gutaussehende und freundliche Blondine, Anfang vierzig und damit ein paar Jahre älter als Alex. Ich hatte ihr nie größere Beachtung geschenkt und glaubte mich zu erinnern, Alex auch nicht. Doch das war ein Irrtum, denn zwischen den beiden schien es zu diesem Zeitpunkt schon gefunkt zu haben. Als sich an jenem Abend die Wege der beiden kreuzten, begannen sie zunächst ein lockeres Gespräch, das sie anschließend in einer Bar fortsetzten. Ich vermute, sie suchten eine Bar außerhalb St. Paulis auf, denn es hätte für großes Aufsehen auf beiden Seiten gesorgt, wenn ein Polizist in seiner Freizeit mit einer Prostituierten plauschend in einer Bar gesehen worden wäre. Wir suchten solche Gespräche stets nur im Dienst – und in Begleitung eines Kollegen, um nicht in Verdacht zu geraten, auch privat im Milieu zu verkehren. Außerdem wurde das Milieu misstrauisch, wenn Prostituierte zu intim mit den verhassten Gesetzeshütern umgingen.

Aus dem scheinbar zufälligen Treffen entwickelte sich in der Folgezeit eine Beziehung. Doch so eine Liaison zwischen Gesetzeshüter und Hure war nicht vorgesehen und in unserem Job zudem nicht erlaubt, also trafen sich beide heimlich. Sie erzählte ihm, sie sei ohne Zuhälter und lebe allein in Hamburg. Sie sei noch nicht lange in der Großstadt, komme aus einem kleinen niedersächsischen Nest, wo sie zuvor angeschafft habe. Nach Wochen berichtete mir Alex, dass sie bei ihm eingezogen sei. Ich war sprachlos. Zumal es eine Zeit war, in der wir den Druck auf das Milieu erhöhten, mit vielen Razzien und Straßenkontrollen. Ich witterte umgehend eine Falle des Milieus, in die Alex getappt war. Denn es gab schon mehrfach Fälle, in denen versucht wurde, Polizisten Geliebte im Milieu anzudichten oder unterzuschieben.

«Pauli, ich habe keine Ahnung, ob das alles so richtig ist. Nur bei etwas bin ich mir ganz sicher: Es ist die ganz große Liebe. Das habe ich noch nie erlebt, ich habe wirklich Schmetterlinge im Bauch», versicherte mir Alex. Er sagte auch, sie arbeite ja nur als Domina, habe also keinen Sex mit den Freiern, zumindest redete sie ihm das ein.

Ich lief also eine Woche mit diesem Wissen herum, was mich sehr belastete. Ich bekam Magenschmerzen, konnte nicht schlafen. Ich war hin- und hergerissen zwischen meiner Loyalität dem Freund gegenüber und dem Gefühl, in meinem Job zu versagen. Was wäre, wenn sie aus Alex herausbekäme, wann wir den nächsten Schlag gegen das Milieu planten? Was, wenn uns die Ludenszene demnächst erpressen würde, schließlich war auch ich eingeweiht und somit angreifbar? Ich sah viele Probleme auf uns zukommen und hatte keinen Ausweg parat.

Nach einer Woche suchte ich erneut das Gespräch mit Alex.

Er war fest entschlossen, diese Frau nicht aufzugeben, hatte sie doch inzwischen ihren Job als Domina aufgegeben und arbeitete an der Kasse in einem Kino. Ich stellte Alex ein Ultimatum von einer weiteren Woche. Die Alternativen lagen klar auf der Hand: Entweder trennte er sich von der Frau, dann würde ich mein Wissen für alle Ewigkeit für mich behalten. Oder er bliebe mit der Frau liiert und ließe sich auf eine andere Dienststelle versetzen.

Er ließ den Termin verstreichen, ohne mit mir zu reden. Also ging ich, wie ich Alex angekündigt hatte, zu meinem unmittelbaren Vorgesetzten, den ich seit Jahren kannte. Der wiederum sprach mit Ludwig Rielandt, dem Leiter der Davidwache. Alex wurde zum obersten Chef zitiert. Der äußerte sogar so etwas wie Verständnis, schließlich folgte die Liebe keinen festen Regeln. Rielandt trug Alex auf, bis zum nächsten Tag eine Dienststelle seiner Wahl zu nennen, in die er dann versetzt würde. Auf St. Pauli konnte Alex nicht mehr arbeiten. Am nächsten Tag war er weg und ich vorerst ohne Partner.

Von diesem Tag an hatte ich keinen Kontakt mehr zu Alex. Erst Jahre später erfuhr ich, dass sich die beiden wieder getrennt hatten. Und erst zwei Jahrzehnte später, anlässlich der Pensionierung eines Kollegen, sprachen wir ausgiebig über die Zeit. Er hatte mir offensichtlich vergeben.

Mir wurde alsbald ein neuer Partner zur Seite gestellt. Hans-Jürgen war sechs Jahre älter als ich, aber St.-Pauli-unerfahren, weil er über viele Jahre als Polizeisportler und Ausbilder in der Polizeikaserne in Alsterdorf tätig gewesen war. Er hatte zwar keine Milieu-Erfahrungen, aber eine Gabe, die unendlich wertvoller war: Im Rotlichtmilieu nannte man ihn bald nur «den Schnellen», weil er ein exzellenter Vierhundert-Meter-Läufer war und bei den bundesweiten Polizeimeisterschaften immer wieder auf

Spitzenplätzen landete. Wir wurden ein Team, das sich perfekt ergänzte.

Ob unsere Aktivitäten im Milieu effektiv waren, ob unsere Zivilstreife den Kiez tatsächlich sicherer gemacht und schwere Verbrechen oder Gesetzesüberschreitungen verhindert haben – Zahlen und Statistiken darüber existieren nicht. Doch allein die Tatsache, dass die Rotlichtszene in uns ihren natürlichen Feind sah, war ein Erfolg. Unsere permanente Präsenz im Epizentrum ihrer Aktivitäten erinnerte die Halbwelt daran, dass letztlich die Staatsmacht das Gewaltmonopol hatte – und die Regeln festlegte.

«Man kannte sich, man respektierte sich», sagte mir Thomas Born, ehemaliges Mitglied des GMBH-Konkurrenzkartells «Nutella-Gang», im Zuge der Recherchen zu diesem Buch.

Wenn ortsfremde Luden auf St. Pauli glaubten, die Sau rauslassen zu können, und sich unseren Anweisungen widersetzten, waren es oft genug ihre einheimischen Kollegen, die sie maßregelten. Unterm Strich verbuchten wir es als Erfolg, dass über einen langen Zeitraum Gewaltexzesse, wie sie in anderen Problemvierteln Europas und auch Deutschlands traurige Realität waren, auf St. Pauli nicht stattfanden.

Natürlich begleitete das Milieu unsere Aktivitäten auch mit Argwohn, mit Gereiztheit, mitunter mit blankem Hass.

Eines Tages rief mich eine Prostituierte aus dem «Eros-Center» an. Schüchtern begann sie ein Gespräch: «Herr Paulsen, ich heiße Tina. Können wir uns unter vier Augen treffen? Ich habe Ihnen etwas sehr Wichtiges mitzuteilen.»

Ich willigte ein, allerdings bestand ich auf der Anwesenheit meines Partners. Sie hingegen wollte ein Gespräch unter vier Augen. Doch das kam für mich nicht in Frage, so etwas hätte mich angreifbar gemacht. Also nahm ich meinen Partner Hans-Jürgen mit. Wir trafen die Frau abends gegen neun Uhr in einem Lokal im Stadtteil St. Georg ganz in Nähe des Hauptbahnhofs.

Dort, rund um den Hansaplatz, gibt es ein ähnliches Milieu wie auf St. Pauli, allerdings wesentlich kleiner. Die Szene dort ist zudem heruntergekommener, viele Prostituierte sind drogensüchtig.

Im Laden dudelte «Dschinghis Khan». Die junge Frau, die mich angerufen hatte, fiel mir gleich auf, ich hatte sie zuvor schon häufiger gesehen. Sie war 23 Jahre jung, etwa 1,65 Meter groß, hatte dunkelblonde Haare, hinten zu einem kleinen Zopf gebunden. Sie wirkte freundlich und drückte sich gewählt aus, war aber eher ein Mädchen der leisen Töne.

«Sie wissen vielleicht, dass ich im ‹Eros-Center› im Haus F in der zweiten Etage im Salon von Harry und Beatle stehe», sagte sie. Gemeint waren die GMBH-Größen Voerthmann und Vogeler. «Die wissen nicht, dass ich Sie hier treffe. Deshalb bitte ich Sie, das für sich zu behalten. Kann ich darauf vertrauen? Sonst bekomme ich großen Ärger.»

Natürlich sagte ich ihr das zu. Und dann erzählte sie uns, dass ihre Chefs von unseren ständigen Kontrollen im Milieu zunehmend genervt seien und sich unter Druck gesetzt fühlten. Deshalb hätten sie vor, der Polizeiführung die Information zu stecken, dass ich ein Verhältnis mit ihr hätte. Ziel dieser Kampagne sei es, mich langfristig aus dem Dienst auf St. Pauli zu entfernen.

«Ich bin zum Schein darauf eingegangen», sagte sie.

«Ich danke Ihnen, dass Sie den Mut aufgebracht haben, mit mir zu sprechen. Ich werde das klären und natürlich dafür sorgen, dass Ihnen nichts passiert. Ist das in Ihrem Sinne?»

Sie willigte ein. Doch bei mir blieben immer noch Zweifel: War es vielleicht eine Warnung, kaschiert als Gewissenskonflikt einer Frau? Oder planten die Herren der GMBH tatsächlich, mich in Misskredit zu bringen? War es Zufall, dass sich erst Alex in eine Prostituierte verliebte und jetzt mir die Liaison mit einer Hure angedichtet werden sollte? Ich mutmaßte dahinter den systematischen Versuch des Milieus, uns zu verunsichern. Und ich entschied, in die Offensive zu gehen.

Am nächsten Tag rief ich die beiden GMBH-Alphatiere Vogeler und Voerthmann an, deren Rufnummern ich hatte – wie die anderer Kiezgrößen auch. Wir vereinbarten ein Treffen in einer Billardkneipe in der Silbersackstraße unmittelbar gegenüber einem ihrer Straßenbordelle, das sich in der Silbersackstraße 3 befand. Es war an einem Nachmittag im Sommer 1979, der Schnelle war in meiner Begleitung. Es muss so zwischen 16 und 17 Uhr gewesen sein, als wir vier dort aufeinandertrafen, wir waren die einzigen Gäste im Lokal. Wir setzten uns an einen spartanischen Tisch unmittelbar am Fenster. Von dort aus konnte man auf die Straße sehen. Beatle Vogeler trank sein Standardgetränk, eine kleine Flasche Fachinger – Mineralwasser. Der Hundertjährige, der Schnelle und ich tranken eine Cola.

Die Atmosphäre war kühl und sachlich. Zunächst machte ich den beiden unmissverständlich klar, wer hier die Regeln diktierte: «Herr Vogeler, Herr Voerthmann, mir ist zu Ohren gekommen, dass man mich denunzieren will. Mir soll ein Verhältnis zu einer Hure angedichtet werden, um so meine Versetzung zu betreiben. Sie brauchen das nicht zu bestätigen oder zu dementieren, eigentlich will ich von Ihnen gar nichts hören. Ich möchte Ihnen nur Folgendes mit auf den Weg geben: Kommt es dazu, dass ich oder Kollegen von mir derart in Misskredit gebracht werden, tragen Sie und Ihre Partner die Konsequenzen. Dann ziehen wir andere Saiten auf. Wir haben dafür vom Revierführer Ludwig Rielandt, der übrigens informiert ist, volle Rückendeckung. Haben Sie mich verstanden?» Ich drohte an, künftig meine ganze Aufmerksamkeit nur noch den Bordelleinheiten der GMBH zu widmen, falls sich solche Versuche wiederholen sollten. Die anderen Ludenkartelle würde ich dann entsprechend schonen. Die massiven Störungen hätten Umsatzeinbrüche in den Bordellen der GMBH zur Folge, so viel stand fest.

Hauptsächlich sprach ich. Die gesamten zwanzig Minuten, die unsere Zusammenkunft dauerte, war von den beiden kein Dementi zu hören, sie schienen meine Bemerkungen und Ankündigungen zu schlucken. Ehe wir uns trennten, gab ich den beiden noch einen Rat: «Konsequenzen drohen übrigens auch, sollte irgendeiner Person aus Ihrem Umfeld, die uns vermeintlich oder tatsächlich informiert hat, etwas zustoßen.»

Nach Ende des Gespräches zahlte jeder sein Getränk, und wir gingen scheinbar einvernehmlich auseinander. Vorerst hatte ich Ruhe.

Doch etwa ein Jahr nach dem Gespräch mit Vogeler und Voerthmann kam mir erneut ein Ereignis zu Ohren. Ein Verdeckter Ermittler des Landeskriminalamtes hatte im GMBH-Umfeld gehört, dass ich wieder Thema war. Man wollte mich abservieren, beseitigen, aus dem Verkehr ziehen. Auf der Geburtstagsparty eines der Alphatiere in einem Lokal in Altona war beraten worden, wie man mich am einfachsten loswerden könnte. Einer der Anwesenden war dann mit einem Hut von Gast zu Gast gegangen, um Geld sammeln. Wofür das Geld bestimmt war, weiß ich nicht, im schlimmsten Fall war es der Killerlohn. Der Kollege riet mir aufgrund dieses Vorfalles, in Zukunft besonders wachsam zu sein. Ab diesem Zeitpunkt hatte ich schon ein mulmiges Gefühl, wenn wir in der Dunkelheit über die Transvestitenecke in der Schmuckstraße via Hinterhof in die Tiefgarage des «Eros-Centers» gingen, um so unbemerkt in eines der Treppenhäuser zu den Bordelleinheiten gelangen zu können. Die Zeiten waren rauer geworden. Glücklicherweise passierte nichts.

Jahre später bekam ich von der ehemaligen Prostituierten, die mich gewarnt hatte, Post. Tina lebte inzwischen in einem anderen Bundesland, hatte sich aus dem Milieu gelöst und wollte mich erneut sprechen. Zu diesem Zeitpunkt war ich bereits nicht mehr auf dem Kiez tätig. Sie besuchte mich in meinem Büro und gestand mir, dass sie damals, als sie mich kontaktiert hatte, in mich verliebt gewesen sei. Sie sagte, immer wenn ich seinerzeit im Kontakthof aufgetaucht sei, habe sie vor den anderen Frauen von mir geschwärmt. «Linientreue» Kolleginnen hätten das daraufhin den Chefs gesteckt, wobei offenbar die Idee geboren wurde, Tina auf mich anzusetzen. Aber sie hatte mir keine Falle stellen wollen und deshalb beschlossen, mich zu informieren. Sie hatte sich also tatsächlich ihren Bossen widersetzt.

Nach dem freundlichen Gespräch sah ich sie nie wieder, hörte auch nicht, wie es ihr weiter ergangen ist. Ich hoffe, sie hat ihr Leben gut in den Griff bekommen.

ÄRGER MIT ALLIIERTEN FREUNDEN

IM Herbst 1978 lag eine große, erwartungsvolle Unruhe über St. Pauli. Das amerikanische Amphibientransportschiff USS Shreveport legte für vier Tage an der Überseebrücke im Hamburger Hafen an. An Bord des 15 900-Tonners wurden auch rund sechshundertfünfzig «Ledernacken» erwartet, Marineinfanteristen, auch Marines genannt.

Die St. Paulianer versprachen sich von dem Besuch mehr Umsatz, mehr Freier, mehr Spaß. Bereits Tage vor dem Eintreffen war in den Bordellen und Clubs eine gewisse Hektik zu verspüren. Alles sprach vom großen Geschäft, jeder wollte die schnelle Mark machen. Die Stimmung auf St. Pauli war euphorisch, alles freute sich auf die große Party. Man erinnerte sich an die Besuche des amerikanischen Flugzeugträgers USS Intrepid im Juli 1971 oder des britischen Flugzeugträgers HMS Hermes (1974) oder HMS Ark Royal (1977), die St. Pauli für einige Nächte einen enormen Umsatzschub beschert hatten. So groß auch die Freude im Milieu war, wir hatten ein ungutes Gefühl und dachten: «Ob das wohl gutgeht?» Erfahrungsgemäß war da Ärger vorprogrammiert. Die Ledernacken kamen direkt von der NATO-Übung «Bold Guard», hatten Monate auf See zugebracht und waren hungrig auf Spaß, Party, Vergnügen, hatten zudem Lust auf den ultimativen Rausch und die Taschen voller Geld. Eine explosive Mischung.

Am späten Nachmittag traf der Flottenverband, geleitet von sechs Schleppern, im Hafen ein. Die Wasserschutzpolizei nahm umgehend Kontakt zum Flottenkommandeur und zu den Kapitänen der einzelnen Schiffe auf. Noch am Abend war Landgang. Hunderte Offiziere und Mannschaften, ein lebenshungriger Menschenstrom, fluteten nach St. Pauli.

Überall sahen wir die amerikanischen Marines. Die Schankwirtschaften waren überfüllt, in den Kontakthöfen des «Eros-Centers» und des «Palais d'Amour» wuselten uniformierte Männer herum. Etwa gegen 23 Uhr war es mit der guten Stimmung vorbei, die Amerikaner hatten den entsprechenden Alkoholpegel erreicht. In den Bordellen gab es Streitereien, zumeist ging es um Betrügereien und Diebstähle oder missverstandene Preisabsprachen. Laut pöbelten die US-Boys, von Zurückhaltung keine Spur. In vielen Kneipen flogen die Fäuste.

Unsere Leute stießen an die physischen Grenzen. Von der Einsatzzentrale wurden immer wieder Funkstreifenwagen aus den benachbarten Revieren, aus der Innenstadt und sogar aus dem Harburger Raum zur Unterstützung gesandt. Im Kontakthof des «Eros-Centers» kam es zu einer wüsten Schlägerei zwischen sechs volltrunkenen Marines und den Luden, die Besatzungen von fünf Funkstreifenwagen mussten schlichten. Der Stein des Anstoßes war eher simpel: Ein Marine hatte einer Prostituierten in den Hintern gekniffen, dabei auf Englisch etwas gebrabbelt wie: «I bite your hot butt» – Ich beiß dich in deinen heißen Hintern. Die Frau hatte mächtig geschrien und einen Riesenalarm ausgelöst. Umgehend kamen mehrere Zuhälter und Wirtschafter zu Hilfe, prügelten auf die sechs Amerikaner ein. Deutsche und englische Flüche mischten sich mit Wut- und Schmerzschreien. Am Ende hatten alle deutliche Blessuren im Gesicht, Nasen waren gebrochen, Jochbeine geschwollen, Augen blau. Keiner der Beteiligten hatte jedoch ernstere Schäden davongetragen.

Die sechs Amerikaner ließen sich von uns widerstandslos mit auf die Wache nehmen, waren wohl auch ganz froh, der Übermacht an Luden entkommen zu sein. In der Davidwache warteten wir mit den Amerikanern auf die Militärpolizei. Wir hatten zuvor den wachhabenden Offizier auf der USS Shreveport informiert. Es dauerte nicht lange, da rückte die amerikanische Militärpolizei an. Sie beeindruckte uns nachhaltig: Jeder der drei kurzgeschorenen Militärpolizisten hatte ein Gardemaß von mindestens 1,90 Meter und die Statur von Arnold Schwarzenegger. An den Ärmeln ihrer Uniformjacke trugen sie eine Armbinde, die sie als Militärpolizei auswies. Die Hosen, die nach unten eng verliefen, waren mit weißen Gamaschen umwickelt. Sie trugen blank gewienerte schwarze Lederstiefel. Am linken Hosenbund baumelte ein Lederfutteral mit einem langen Holzknüppel darin. In den von der Flotte angesteuerten Häfen hatten die Militärpolizisten offensichtlich auch die Aufgabe, etwas vom schlechten Eindruck, den die Marines oft hinterließen, durch ein möglichst zackiges Auftreten wieder wettzumachen. Wir holten die sechs Suffköppe aus den Zellen im Keller und übergaben sie den drei Militärpolizisten. Noch in der Wache begannen die Hünen, ihre Kameraden anzuschreien. Ich dachte, mir platzt gleich das Trommelfell. Leider oder glücklicherweise verstand ich kaum etwas, doch es war markerschütternd.

Nach der nicht enden wollenden Schimpftirade zogen die drei Militärs ihre Holzschlagstöcke aus den Futteralen und gaben ihren Landsleuten mehrere Hiebe auf den Körper. Unter derartigen Schlägen wurden sie auf die Straße getrieben, dann verschwand die Gruppe. Kurz darauf kam einer der Hünen nochmals zurück.

«Ich möchte mich im Namen der Flotte, die in Ihrem Hafen zu Gast sein darf, für das schlechte Benehmen meiner Landsleute entschuldigen», sagte er auf Englisch. Er drückte uns mit einem kurzen Nicken die Hand und verschwand wieder.

Sie zogen in einer Reihe die Davidstraße entlang in Richtung Landungsbrücken, vorn einer der Militärpolizisten, dazwischen die sechs Sünder, dann die anderen beiden Hünen. Später kam es zu einem Strafverfahren, das über Verbindungsbeamte der Polizei, Staatsanwaltschaft, den Flottenkommandeur sowie das US-Generalkonsulat abgewickelt wurde.

Kurze Zeit später, im Dezember 1978, besuchten die beiden britischen Fregatten HMS Jupiter (3000 Tonnen) und HMS Antelope (2500 Tonnen) für vier Tage die Hansestadt und machten ebenfalls an der Überseebrücke fest. Wieder gab es Ärger. Um 23.45 Uhr rief ein Wirtschafter des «Eros-Centers» in der Davidwache an und teilte uns aufgeregt mit, dass ein englischer Marinesoldat in einem der Räume des Puffs in Gegenwart einer Prostituierten verrückt spiele. Der Mann sei nicht zu bändigen, die Polizei solle helfen. Mein Partner Hans-Jürgen und ich fuhren mit Unterstützung einer Peterwagenbesatzung in das Bordell. Schon im Treppenhaus hörten wir lautes Geschrei. Der Wirtschafter empfing uns und wies uns den Weg in das Zimmer, in dem sich die Frau mit dem Freier aufhielt. Ich hämmerte mit meiner Kripo-Dienstmarke gegen die Tür und schrie: «Polizei, wir kommen jetzt rein!»

Die Tür war nicht verschlossen. Im Raum stand ein Obermaat und brüllte die völlig verschüchterte Frau pausenlos in englischer Sprache an. Die zwanzigjährige Prostituierte trug eine zerrissene weiße Bluse, war ansonsten nur mit einem schwarzen Slip bekleidet. Sie war hübsch, doch vom Weinen war ihr Make-up völlig verschmiert. Sie sah erbarmungswürdig aus, schwarze Wimperntusche verteilte sich über das gesamte Gesicht. Sie schluchzte, ihr Oberkörper vibrierte, sie schien zu hyperventilieren. Der Soldat schwankte, war ziemlich betrunken. Ohne dass wir uns absprechen mussten, schritten wir zur Tat, rissen den Mann von der Frau weg, platzierten ihn vor der Zimmertür im Flur. Wir lehnten ihn gegen die Wand, durchsuchten ihn und fanden nichts. Er war so betrunken, dass sich

Schaum vor seinem Mund bildete. Er sah aus wie ein Tollwütiger. Er war fünfunddreißig Jahre alt, hatte einen Oberlippenbart, war athletisch gebaut. Michael, einer meiner Kollegen, sprach fließend Englisch, was damals unter Polizisten aber auch in der deutschen Durchschnittsbevölkerung noch nicht so verbreitet war. Michael befragte den Mann, der sich allmählich beruhigte.

Der Engländer war sauer, weil die Prostituierte ihm einen «fuck without rubber» – Sex ohne Gummi – für fünfzig Mark versprochen, sich aber nicht an die Abmachung gehalten hatte. Sie hatte ihm ein Kondom gereicht, welches er ihr aus der Hand gerissen und ins Gesicht geworfen hatte. Tatsächlich entdeckte ich das zerfetzte, aber unbenutzte Präservativ neben dem Bett. Die Frau wiederum verteidigte sich: Von fünfzig Mark sei nie die Rede gewesen, sie habe von Anfang an hundert Mark verlangt. Aussage gegen Aussage, zweifelsfrei stand nur fest, dass der Mann handgreiflich geworden war und sie bedroht hatte. Er soll sogar versucht haben, die zierliche Frau zu vergewaltigen. Wir nahmen den Marinesoldaten vorläufig fest und brachten ihn im Peterwagen zur Davidwache.

Doch was sollten wir mit ihm anstellen? Wir konsultierten den diensthabenden Staatsanwalt und entschieden, den Soldaten zurück zu seiner Fregatte an den Landungsbrücken zu bringen, um dort vom Kommandanten des Schiffes eine Sicherheitsleistung für das bevorstehende Strafverfahren zu kassieren.

Michael und ich machten uns in Begleitung des Soldaten auf den Weg. Auf der Fregatte nahmen wir Kontakt zum «Fleet Master at arms», dem Kommandanten, auf. Die verantwortlichen Offiziere sprachen kurz mit dem Trunkenbold und ließen ihn anschließend in eine Arrestzelle führen. Wir baten um eine Zahlung von zweitausendfünfhundert Mark.

«No, gentlemen, let's find another solution», kam das Veto

vom Flottenchef, noch britisch höflich vorgetragen. Dann begann er zu handeln wie auf einem Basar.

Doch wir ließen uns darauf nicht ein, bestanden auf der Kaution: «Sir, wir haben die strikte Order vom Leiter der Davidwache, für die Überstellung des Soldaten die Kaution in Empfang zu nehmen – zweitausendfünfhundert Deutsche Mark.»

Der Kommandant zeigte keinerlei Bereitschaft zu zahlen und wirkte schon nicht mehr so freundlich, woraufhin wir drohten, den Matrosen wieder mitzunehmen, um ihn dem Haftrichter vorzuführen.

Jetzt wurde der Kommandant richtig laut: «Gentlemen, ich möchte Sie daran erinnern, dass Sie sich hier auf dem Territorium eines Schiffes des Vereinigten Königreichs befinden, hier gelten keine deutschen Gesetze. Und nur ich entscheide, wer von meinen Leuten dieses Schiff verlässt und wer nicht!» Er sagte das im feinsten Oxford-Englisch.

Das saß, wir hatten tatsächlich einen Fehler gemacht. Wir hätten das Schiff nicht betreten, sondern die Militärpolizei in die Davidwache kommen lassen sollen – mit dem von uns geforderten Geldbetrag.

Jetzt war es Michaels Charme und vor allem seinen Englischkenntnissen zu verdanken, dass sich die Situation augenblicklich entspannte. Er fing ein Gespräch an, irgendwann hörte ich, wie er einen Witz erzählte: «Kennen Sie den: Zwei Engländer und ein Schotte sind zur Hochzeitsfeier eingeladen. Der eine Engländer: ‹Ich schenke ein Essservice für sechs Personen.› Der andere: ‹Ich ein Kaffeeservice für sechs Personen.› Der Schotte triumphierend: ‹Ich schenke ein Teesieb für zweiunddreißig Personen.›»

Der Kommandant brüllte vor Lachen, gab auch ein paar Anekdoten zum Besten – am Ende stießen wir noch mit einem Glas ausgezeichneten schottischen Whisky an. Es soll schon schlechtere deutsch-britische Übereinkünfte gegeben haben. Am Ende erhielten wir den Betrag, den wir beim Zahlmeister quittierten. Zweitausendfünfhundert Mark wurden am folgenden Tag bei der Gerichtskasse Hamburg eingezahlt.

«PRINZ WILHELM VON HOMBURG»

ES passierte nicht oft, dass sich Huren hilfesuchend an uns wendeten, doch im Sommer 1979 kam es gleich mehrfach vor.

«Herr Paulsen, haben Sie einen Moment Zeit? Krischi und Gabi, zwei Freundinnen von mir, arbeiten neuerdings für den Prinzen von Homburg, der benimmt sich wie die Axt im Walde. Er pöbelt hier laut herum, vertreibt unsere Freier und gönnt seinen Mädchen nicht einmal eine Zigarettenpause», sagte eine Frau zu mir, die ich schon einige Mal gesehen hatte.

Natürlich kannte ich den «Prinzen Wilhelm von Homburg», der mit bürgerlichem Namen Norbert Grupe hieß. Ganz Deutschland kannte ihn. Er war eine der schillerndsten Figuren auf dem Kiez. Er hatte sich den Titel «Prinz Wilhelm von Homburg» selbst verliehen. Ob der gebürtige Berliner dabei an «Prinz Friedrich von Homburg», das Drama von Heinrich von Kleist, gedacht hatte, glaube ich nicht, denn sehr belesen schien er mir nicht. Boxen war seine große Leidenschaft, doch das teilte er mit vielen Kiezgrößen.

Dabei hatte er an der Seite seines Vaters Norbert Grupe senior in den fünfziger Jahren in den USA mit Wrestlingshows seine Karriere begonnen. Aus dieser Zeit stammt auch sein Künstlername. Anfang der Sechziger kam er zurück nach Deutschland und startete als Profiboxer durch. Seine Bilanz konnte sich sehen lassen: In sechsundvierzig Profikämpfen im Halbschwergewicht errang er neunundzwanzig Siege. Einen Titel erkämpfte der selbsternannte Prinz aber nie. Obwohl er dazu durchaus das Potenzial hatte, wie sein langjähriger Gegner Jürgen Blin glaubte. Doch es mangelte an Ehrgeiz, Strebsamkeit, Disziplin. Die Medien nannten ihn damals Box-Beatle. Er war ein langhaariger, selbstverliebter Beau, der sich gern inszenierte. Ein bisschen wie Muhammad Ali, nur eben nicht annähernd so erfolgreich. Und ein bisschen wie Mike Tyson, vielleicht etwas intelligenter. Rein optisch das boxende Pendant zum jungen Günter Netzer.

Er startete eine Karriere als Schauspieler – mit Achtungserfolgen. So spielte er an der Seite von Marlon Brando, Yul Brynner und Mario Adorf, beispielsweise in «Rauchende Colts», als Karpatenfürst Vigo im Film «Ghostbusters II» und als Terrorist in «Stirb langsam». Es blieb bei Nebenrollen, in die erste Reihe schaffte er es nie. Also landete er da, wo Selbstdarsteller mit starkem Durchsetzungsvermögen ihre ideale Bühne haben und wo obendrein das schnelle Geld lockt: im Rotlicht-Milieu auf St. Pauli. Dass er sich gern auf dem Kiez herumtrieb, wusste ich. Er war sporadisch Gast in so mancher Kneipe und galt als berüchtigter Schläger. Dass er aber auch geschäftlich im Milieu mitmischte, war mir bis dato verborgen geblieben.

Den ersten Klagen von Frauen folgten weitere, diverse Prostituierte im Kontakthof oder im Treppenhaus des Hauses D sprachen uns an und baten, dem groben Verhalten Grupes Einhalt zu gebieten. Die Huren waren verängstigt und verunsichert, weil sich Grupe nun häufiger in der Bordelleinheit aufhielt. Im Alkohol- und Drogenrausch trieb er die Frauen mit rüden und drohenden Worten immer wieder zur Arbeit, ohne dass diese nach dem Besuch eines Freiers auch nur einen Moment lang verschnaufen durften. Sie fühlten sich wie Sklaven, die von einem Sklaventreiber gegängelt wurden. Es waren aber nie die betroffenen Frauen selbst, die sich bei uns beschwerten, denn sie hatten Angst vor Repressalien, wenn sie sich der Schmiere, also uns, anvertraut hätten. Es waren stets die anderen Frauen, die fürchteten, Grupe vertreibe die Freier und führe mit seinen Sklavenmethoden neue Normen für alle Huren ein.

Erst als sich die Beschwerden häuften, begann ich zu recherchieren und fand heraus, dass Grupe Stiller Teilhaber der Bordelleinheit «Beim Prinzen» geworden war. Die befand sich in der dritten Etage im Haus D des «Eros-Centers». Bislang hatten wir ihn nicht auf der Rechnung. Ich habe auch nie verstanden, worauf diese Teilhaberschaft basierte: Geld, das er investieren konnte, hatte Grupe nicht. Und so mutmaßte ich, der eigentliche Pächter habe den Prinzen als eine Art Schutzschild engagiert, um Bedrohungen oder Erpressungen vorzubeugen. Der aufbrausende, unberechenbare und gewalttätige Grupe erfüllte sicher seinen Zweck, wenn es darum ging, potenzielle Neider abzuschrecken. Also suchten wir ihn auf, um ihn daran zu erinnern, dass es auf St. Pauli gewisse Spielregeln einzuhalten galt.

Es war gegen 0.30 Uhr, da trafen wir den «Prinzen Wilhelm von Homburg» im Bordell an. Ich pflanzte mich vor ihm auf, der Schnelle blieb im Hintergrund. Ohne Umschweife bestätigte er seine Teilhaberschaft. Dezidiert machte ich ihn auf den Verhaltenskodex aufmerksam. Während ich mit ihm sprach, wirkte er abwesend, er war stark drogenabhängig und außerdem Alkoholiker. Ich musste also deutlicher werden und teilte ihm mit, dass ich ihm Hausverbot erteile, sollte er sich nicht an die Regel halten. Und die lautete: Kein Zuhälter darf sich während des «Verkehrszeiten» im «Eros-Center» aufhalten. Ich sagte ihm auch, uns lägen Beschwerden von Frauen vor, die er wie Sklavinnen hielt und ständig zum Anschaffen antrieb, ohne ihnen auch nur eine kurze Pause zu gönnen. «Herr Grupe, ich möchte, dass uns keine Klagen mehr zu Ohren kommen. Offiziell sind Sie hier nur Gast, nicht Pächter, also ist es für uns ein Leichtes, Sie des Feldes zu verweisen. Verstanden?»

Ich fügte noch hinzu, dass ich ihn umgehend festnehmen ließe, falls Frauen bedrängt oder gar verprügelt würden, denn nur er komme für mich als Anstifter in Frage. «Ändern Sie Ihr Verhalten nicht, so werden wir das ‹Eros-Center› jede Nacht, die wir unterwegs sind, einer eingehenden Überprüfung unterziehen!»

Er nickte, schaute mich mit großen, abwesenden Augen an und murmelte leise vor sich hin: «Ja, ja, schon gut.» Es klang aber eher wie ein «Hau ab, leck mich am Arsch».

Um sicherzugehen, machten wir uns zwei Stunden später erneut auf den Weg zu ihm, erreichten das Bordell durch die Tiefgarage, sodass uns niemand beim Eintreten beobachten konnte. Grupe war nicht da, doch der anwesende Wirtschafter versuchte, uns zu besänftigen, und sagte, Grupe habe seine Lektion gelernt.

Allein die Realität sprach eine andere Sprache, die Beschwerden von Frauen nahmen nicht ab. Und so suchten wir ihn nach einigen Nächten erneut auf. Ich reagierte betont sauer, wurde richtig laut und erteilte ihm ein Hausverbot während der Betriebszeit in den Bordellen. «Prinz Wilhelm von Homburg» verließ das «Eros-Center», schäumend vor Wut.

In derselben Nacht gegen fünf Uhr kam uns Grupe auf dem Gehweg in Höhe der «Ritze» entgegen. Es war bereits Sonntag, der Kiez noch immer brechend voll mit Besuchern. Ich hatte ihn schon von weitem an seinem Gang erkannt, denn er ging langsam und holte mit dem Oberkörper leicht aus. Es war Sommer, Grupe war mit Hawaiihemd und dunkler Hose bekleidet. Die weizenblonden langen Haare sahen wild und ungepflegt aus.

Er lief geradewegs auf mich zu, er wollte provozieren. Ich wich ihm nicht aus, wollte es wissen und behielt, auch als er näher kam, meinen Kurs. Irgendwann mussten wir zusammenstoßen. Doch bevor es dazu kam, machte er im allerletzten Moment einen Schlenker zur Seite und entfernte sich. Solche Spiele waren ziemlich lächerlich, aber für die Leute aus dem Milieu waren Machtspiele und Gewalt die Grundlagen ihrer Existenz.

Der staatlichen Macht beugte er sich gezwungenermaßen,

wäre ich jedoch ein Normalbürger gewesen, hätte ich an diesem Abend zumindest ein gebrochenes Nasenbein riskiert. Diese Typen, zumal unter Drogen, waren unberechenbar. Grupe war zu einem Problem auf dem Kiez geworden, sodass ich dem Inhaber der Bordellkonzession deutlich machte, dass ich Grupe im «Eros-Center» nachts nicht mehr sehen wollte. Es erreichten uns keine weiteren Klagen von Frauen.

Grupe wurde noch häufiger Opfer seiner Charakterschwäche. In der Bar des Hotels «Columbus» in der Detlev-Bremer-Straße wurde er später angeschossen, er hatte einen allgemein respektierten St. Paulianer in seiner Ehre gekränkt.

Doch es gibt auch den «Prinzen Wilhelm von Homburg», der bis heute im Internet Kultcharakter genießt und mit einem Clip verewigt wurde, weil er sich auf originelle Weise an einem Sportreporter rächte, der ihn zuvor in einer Reportage über einen Boxkampf heftig kritisiert hatte.

«Der kriegt das zurück», soll Grupe gesagt haben. Und dann saß er zur besten Sendezeit am 21. Juni 1969 im ZDF-Sportstudio dem Moderator Rainer Günzler gegenüber und antwortete zunächst ziemlich schmallippig auf dessen Fragen zum Boxkampf gegen Óscar Natalio Bonavena. In der zweiten Hälfte des Gesprächs antwortete Grupe gar nicht mehr, starrte den Fragenden nur noch mit großen Augen an. Ein echter Brüller. Grupe schrieb damit ein Stück Fernsehgeschichte.

Kostprobe: «Wie geht's Ihnen denn? Gut?», fragte Günzler.

Grupe: «Heute geht's mir gut.»

Günzler: «Geht's wieder gut. Sie haben sich bei irgendeinem Niederschlag den Knöchel verletzt. Sind Sie umgekippt?»

Grupe sagte nichts, zog die Nase hoch und grinste.

Deshalb antwortete Günzler für Grupe: «Er ist umgekippt. Ich weiß es, er hat mir es vorher erzählt.»

Und so weiter.

Grupe lächelte herablassend, freute sich über die Qualen des Moderators, der zunehmend ungehalten wirkte, denn die Sendung lief live. Für das Interview wurde Grupe vom Boxverband gesperrt. Doch so etwas warf ihn nicht um, Grupe hatte schon mehr einstecken müssen, nicht nur im Boxring.

Insgesamt verbüßte er Freiheitsstrafen von fünf Jahren, seine Drogen- und Alkoholexzesse hinterließen deutliche Spuren. Er lebte die letzten Jahre seines Lebens in Los Angeles zusammen mit seiner Mischlingshündin Sheila, mit der er in einem alten VW-Bus durch die Gegend schaukelte, wie ein alter Hippie. 2004 starb er an seinem letzten Wohnsitz im mexikanischen Puerto Vallarta an der malerischen Banderas-Bucht an Lungenkrebs im Alter von nicht einmal 64 Jahren.

FREMDE GANGSTER AUF DEM KIEZ – KIEZ-GANGSTER IN DER FREMDE

AN einem milden Herbstabend im Jahre 1980 kontrollierten der Schnelle und ich diverse Bordelle in der Herbertstraße, gingen von da aus weiter ins Zuhälterhauptquartier «Chikago» am Hans-Albers-Platz. Der Schankraum war fast leer, ein gelangweilt wirkender Kellner blickte uns aus müden Augen an, zwei beinahe schon solide aussehende Gäste saßen an einem Tisch und tranken Bier. Aus der Musikbox dudelte «Rock Your Baby» von George McCrae.

Hier gab es für uns an diesem Tag wenig zu tun, das wurde uns schnell klar, also verließen wir den Laden wieder. Wir überquerten die Reeperbahn und passierten die Talstraße und das Transvestitenviertel in der Schmuckstraße, um von da aus über den Hinterhof in die Tiefgarage des «Eros-Centers» zu gelangen. Das Parkhaus war stockdunkel, es gab keine Lichtbewegungsmelder. Wir mussten die Schalter bedienen, etwa drei Minuten spendeten die Lampen dann Licht, bevor unsere Umgebung wieder in Dunkelheit versank. In der Garage standen an diesem Tag etwa zwanzig Fahrzeuge, alles dicke Schlitten: Rolls-Royce waren dabei, üppige Mercedes, ebenso Corvettes. Die Corvette war zum damaligen Zeitpunkt das beliebteste Ludenfahrzeug. Ich hatte stets ein komisches Gefühl, wenn wir die Tiefgarage betraten. Hinter jedem der mächtigen Betonpfeiler hätte sich ein Killer postieren können, um uns zu erledigen und dann unerkannt zu entkommen. Wir wären ihm hilflos ausgeliefert gewesen.

Von der Garage aus führten in allen vier Ecken eiserne Feuerschutztüren in Treppenhäuser, die in den jeweiligen Pachteinheiten des Bordells mündeten. Bevor wir eines der Treppenhäuser betraten, kontrollierten wir die Autos der Luden. Alle Fahrzeuge waren uns an diesem Abend bekannt, mit einer Ausnahme: einem graphitgrauen Mercedes 450 SL mit Berliner Kennzeichen. Das Fahrzeug sah neu aus, es war wunderschön und blitzblank poliert. Eine Nachfrage bei unserer Dienststelle blieb ergebnislos, weil der Computer des INPOL-Systems, des Informationssystems der Polizei, mal wieder ausgefallen war. Aber ich notierte mir das Kennzeichen, um es später überprüfen zu können.

Angekommen im Treppenhaus, steuerten wir die zweite Etage an. Ich klopfte mit meinem Kugelschreiber hörbar gegen die Scheibe der Tür, der 36-jährige Wirtschafter Rolf Meffen öffnete mir, ging einen Schritt zur Seite und ließ uns den Raum betreten. Zwei bildhübsche Frauen saßen in Unterwäsche auf dem Sofa, rauchten eine Zigarette, vermutlich machten sie gerade eine Pause. Auf einem Sessel neben dem Schreibtisch des Wirtschafters saß ein Mann, den wir nicht kannten. Er trug einen Oberlippenbart und hatte eine dieser damals modischen Mittelscheitelfrisuren mit halblangem Haar. Er trug edle Klamotten: eine braune Wildlederjacke, die sah ziemlich teuer aus, dazu braune Wildlederstiefeletten, schwarze Jeans und ein weißes Rüschenhemd. Vor allem die Uhr am linken Handgelenk stach mir ins Auge: eine Rolex Oyster Perpetual mit Präsidentenarmband. Falls es kein Plagiat war, bestand sie aus achtzehn Karat Gold und Brillanten. Auf den ersten Blick wirkte er nicht unsympathisch. Ich hielt ihm meine Dienstmarke unter die Nase und bat ihn, mir seinen Ausweis zu zeigen, den er zügig aus der rechten Gesäßtasche seiner Jeans zog und mir reichte. Demnach war er 38 Jahre alt, hieß Gil Schuster und stammte aus Berlin-Charlottenburg. Ich gab Hans-Jürgen den Ausweis weiter, der Meffen um das Telefon bat, um in der Dienststelle anzurufen und die Personalien zu kontrollieren, während ich mich weiterhin dem Mann widmete.

«Ich besuche hier in Hamburg meinen alten Freund Rolf, den habe ich eine halbe Ewigkeit nicht mehr gesehen», erzählte er im entspannten Plauderton.

Inzwischen war Hans-Jürgen zu uns zurückgekehrt und gab Schuster den Ausweis mit den Worten zurück: «Okay, Sie sind sauber.»

Ich sagte zu Schuster: «Sie können ausnahmsweise einen Moment hier im Bordell bleiben, in einer halben Stunde will ich Sie hier aber nicht mehr sehen.»

Er nickte artig, wir verabschiedeten uns und verließen das Haus. Im Treppenhaus flüsterte Hans-Jürgen mir zu, er könne nicht sagen, ob es einen Suchvermerk über Schuster gebe, denn der Computer sei noch immer ausgefallen. Wir hatten uns jedoch die Personalien notiert und nahmen uns vor, diese sowie das Autokennzeichen später zu überprüfen, wobei wir davon ausgingen, dass der Mercedes in der Tiefgarage Schusters Fahrzeug war.

Erst spät in der Nacht funktionierte das INPOL-System wieder. Das Auto war tatsächlich auf Schusters Namen zugelassen, jedoch wurde der Typ per Haftbefehl von der Staatsanwaltschaft Berlin wegen Förderung der Prostitution und dirigistischer Zuhälterei seit neunundzwanzig Tagen gesucht. Der Hauptverhandlungstermin beim Landgericht Berlin sollte stattfinden, es war Untersuchungshaft angeordnet, weil Schuster abgetaucht war.

Als wir drei Stunden später erneut im «Eros-Center» auftauchten, war Schuster bereits verschwunden. Ich durchsuchte die Räume nach ihm, begründete das mit den allgemeinen Regeln, dass er dort grundsätzlich zur Betriebszeit nichts zu suchen habe. Vom Haftbefehl sagte ich Meffen nichts. In der Tiefgarage fanden wir auch den Mercedes nicht mehr.

«Der ist längst auf und davon, Herr Paulsen. Schuster hat

fünf Minuten nach Ihrem erstem Besuch das ‹Eros-Center› wieder verlassen», sagte mir Meffen. Offenbar war dem Berliner klar geworden, dass er es nur einem glücklichen Zufall zu verdanken hatte, dass wir ihn nicht mitnahmen. Wir ärgerten uns, dass er uns durch die Lappen gegangen war, und behielten das Bordell auch in den nächsten Tagen und Wochen im Auge. Vorerst ohne Erfolg.

«Sie erinnern sich doch noch an meinen alten Kumpel Schuster aus Berlin. Der kommt hier in drei Tagen wieder vorbei. Haben Sie etwas dagegen, wenn er mich auf einen Sprung während der Dienstschicht besucht, Herr Paulsen?», ließ Meffen einen Monat später in einem scheinbar belanglosen Gespräch mit uns fallen.

Ich willigte ein und wechselte sofort das Thema, um ihm so zu signalisieren, dass die Sache für uns keine große Bedeutung hatte. Ich wollte ihn unbedingt schnappen.

Erst beim dritten Spontanbesuch in der Tiefgarage hatten wir Glück und sahen tatsächlich seinen Mercedes am selben Parkplatz wie Wochen zuvor stehen. Zur Sicherheit überprüfte Hans-Jürgen Schusters Namen nochmals im Computer: Der Haftbefehl hatte weiter Bestand. Eiligen Schrittes gingen wir zum Bordell, es war bereits 2.30 Uhr. Meffen ließ uns herein, während eine Prostituierte gerade mit einem Freier den Puff verließ. Und da saß Schuster. Er erhob sich und streckte mir freundlich seine Hand entgegen – wie einem alten Bekannten: «Tach, Herr Paulsen!»

Auch ich gab ihm die Hand. Er wollte sie nach der Begrüßung wieder zurückziehen, was ihm nicht gelang, weil ich sie festhielt. Er war irritiert, doch ich klärte ihn umgehend auf: «Herr Schuster, wir müssen Sie leider verhaften. Es steht noch eine Sache in Berlin aus.»

Zuerst wurde er krebsrot im Gesicht, dann bleich, als er sich kraftlos in den Sessel sinken ließ, in dem er zuvor schon gesessen hatte. Ich bat ihn, nochmals aufzustehen, um ihn zu durchsuchen, während Hans-Jürgen die Szene beobachtete und mich sicherte. In Schusters Jacken-Innentasche fühlte ich metallische Gegenstände. Ich zog sie heraus und legte sie auf den Tisch: zwei goldene Rolex-Armbanduhren, eine davon mit Brillantkranz, sowie eine Uhr aus der Genfer Manufaktur Patek Philippe. Dazwischen kamen noch zwei weißgoldene Damen-Fingerringe zum Vorschein, beide mit dicken Rubinen besetzt. Den Ladenpreis dieser Kollektion schätzte ich auf etwa fünfzigtausend Mark. Ich kannte mich mit diesen Preisen aus, denn ich hatte eine Leidenschaft für schöne Uhren. Einerseits hatten wir gelegentlich Kontakt zum Juwelierehepaar Kraus an der Reeperbahn 141 sowie zum Geschäftsführer der Wempe-Filiale am Hans-Albers-Platz, weil sie in diesem kriminellen Umfeld als potenziell gefährdet galten und obendrein das Milieu zu ihrer Kundschaft zählte. Andererseits gehörte es zum Grundwissen eines Polizisten auf St. Pauli, sich mit den Statussymbolen des Rotlichtmilieus ein wenig auszukennen. Der Mann trug also das Jahreseinkommen eines Normalbürgers mal eben so in der Jackentasche.

Als ich ihn fragte: «Woher stammt denn der Schmuck, Herr Schuster?», maulte er mich an: «Ich sage jetzt gar nichts mehr.»

Ich setzte die Durchsuchung seiner Taschen fort, fand sein Portemonnaie und seinen Autoschlüssel mit einem Mercedes-Stern als Anhänger. Den Schlüssel schob ich mit der Bemerkung in meine Hosentasche, dass wir das Auto erst durchsuchen müssten, ehe wir es freigeben. Das Portemonnaie quoll über vor Geld. Ich zählte zwanzig Tausender- und viele Hundertmarkscheine, zusammen vierzigtausend Mark. Ich mutmaßte sofort, dass er sich auf St. Pauli herumtrieb, um hier gestohlenen Schmuck zu versetzen. Wir stellten den Schmuck sicher, das Geld erhielt er vorläufig zurück. Dann legten wir ihm Handschellen an und wiesen ihn an, uns zu seinem Auto zu bringen.

«Ich bin aber ohne Auto gekommen», wollte er uns weismachen.

«Dann gehen wir jetzt in die Tiefgarage und prüfen, ob Ihr Schlüssel vielleicht trotzdem zu einem der dort geparkten Autos passt», schlug ich daraufhin vor.

Er wandte sein Gesicht ab und stöhnte hörbar. Unten angekommen, gingen wir zielstrebig auf seinen Mercedes zu. Ich schloss die Fahrertür auf, Schuster wurde erneut blass und lehnte sich an einen Stützpfeiler. Im Handschuhfach befand sich ein Revolver der Marke Smith & Wesson, Kaliber .38, in der Trommel fand ich sechs Patronen. Eingewickelt war die Waffe in einen schwarzen Damenslip. Ich steckte den Revolver in meinen Hosenbund, während ich den Slip wieder ins Handschuhfach legte, wo Schuster außerdem noch mehrere Packungen Kaugummi lagerte. Ich suchte weiter, während Hans-Jürgen mich sicherte. Im Fahrgastraum fand ich nichts mehr, dafür im Kofferraum einen schwarzen Samsonite-Koffer, mit einem Zahlenschloss versehen.

Zu Schuster sagte ich: «Nennen Sie mir die Kombination, sonst brechen wir den Koffer im Revier auf, und er ist zerstört. Wäre doch schade drum.»

Widerwillig nannte er die Zahlen, murmelte vor sich hin: «Nun ist ja eh alles egal.»

Als sich der Koffer öffnete, sah ich um die zwanzig glitzernde Armbanduhren und eine Fülle von Ketten und Ringen. Ich befühlte den Schmuck und hatte sofort den Eindruck, dass er echt war, den er fühlte sich schwer an, was auf Gold schließen ließ. Plagiate sind leichter.

Schlagartig wurde es dunkel in der Tiefgarage. Die drei Minuten, die uns der Zeitschalter Helligkeit gewährte, waren abgelaufen. Ich hörte ein Rascheln und vernahm hastige Schritte. Dann ging das Licht wieder an. Hans-Jürgen war bis zum Schalter gelaufen und hatte Schuster am Arm gepackt, als dieser versucht hatte, davonzulaufen. Doch gegen den Schnellen war er chancenlos!

In diesem Augenblick tauchten Rolf Meffen und drei weitere Luden in der Tiefgarage auf, alles alte Bekannte. Sie sahen den Schmuck und scherzten: «Wollen wir nicht brüderlich teilen? Ihr könnt sogar den größeren Anteil haben.»

Ich blieb gelassen. «Heute nicht, beim nächsten Mal vielleicht.»

Innerlich war ich nervös. Was, wenn die jetzt Ärger machten? Ich wollte die Sache so schnell wie möglich beenden und ging auf Nummer sicher, forderte über Funk einen Peterwagen an, um Schuster zur Dienststelle bringen zu lassen. Als ich den Wagen abschließend kontrolliert hatte, fragte ich Schuster, wo das Auto bleiben solle.

«Geben Sie den Schlüssel Meffen, alles andere regele ich später», antwortete er.

In der Davidwache händigte Hans-Jürgen Schuster eine Kopie des Haftbefehls aus, während ich per Computer-Sachfahndung die Individualnummern der Armbanduhren, die sich auf den Gehäusen befanden, checkte. Ich hatte das irgendwie geahnt: Sämtliche Uhren waren zur Fahndung ausgeschrieben. Die ausschreibende Dienststelle war das Einbruchsdezernat beim Berliner Landeskriminalamt. Ich rief umgehend in Berlin an und schilderte den Fund.

«Vor vier Monaten hat bei uns ein Einbruch in ein Juweliergeschäft stattgefunden, Schmuck im geschätzten Wert von dreihunderttausend Mark wurde dabei erbeutet», erzählte mir der Kriminalbeamte. Die Einbrecher waren mit einem gestohlenen Auto in die Schaufensterauslage gefahren und hatten sie anschließend geleert.

Zu diesen Vorwürfen schwieg Schuster. Das Geld war mit

Sicherheit der Erlös aus bereits verkauftem Beuteschmuck. Mir fiel die Rolex Oyster ein, die Schuster am rechten Handgelenk trug.

«Die möchte ich auch noch haben», sagte ich zu ihm und schob seinen Jackenärmel hoch.

Gil Schuster sah mich mit einem Blick an, der augenblicklich die Elbe hätte gefrieren lassen können, und biss sich fast die Lippen wund, während er zögerlich die Uhr vom Handgelenk nahm und mir übergab. Noch wussten wir nicht, ob er der Einbrecher oder nur ein Hehler der Beute war. Das herauszufinden blieb die Aufgabe der Berliner Kollegen. Sie würden außerdem den Revolver überprüfen, mit dem möglicherweise bereits andere Straftaten begangen worden waren, womöglich sogar ein Tötungsdelikt. Schuster kam ins Untersuchungsgefängnis, wo ihm der Haftrichter den Haftbefehl vorlegte. Eine Woche später wurde er nach Berlin verlegt.

Wie wir später erfuhren, war er lediglich der Hehler eines Großteils der Beute gewesen. Das Einbrechertrio konnte von den Berliner Kollegen festgenommen werden, einer von ihnen plauderte alles aus, sodass ein Großteil der Beute sichergestellt werden konnte. Schuster ging für vier Jahre in den Bau. Auf St. Pauli sah ich ihn nie wieder. Sein Freund Rolf Meffen sagte mir Jahre später im lockeren Gespräch, Schuster habe eine Art Allergie gegen St. Pauli entwickelt und werde deshalb den Kiez meiden. Ich hatte nichts dagegen.

Ortswechsel, Landkreis Osnabrück: An einem Sommertag drangen gegen Mitternacht drei mit Strickmützen maskierte und mit Pistolen bewaffnete Männer in eine Raiffeisenbankfiliale ein. Sie zwangen den im angrenzenden Wohnbereich lebenden Geschäftsstellenleiter, den sie zunächst wach geklingelt hatten, mit vorgehaltenen Waffen zum Öffnen des Tresors. Währenddessen nahm einer der Gangster im Obergeschoss die Ehefrau und die zwei Töchter des Bankangestellten – acht und zehn Jahre alt – als Geiseln. Der bewaffnete Mann war sichtlich nervös, lief ständig auf und ab, während die Frau und die beiden Kinder in Todesangst auf dem Bett sitzen mussten. Seine Kumpane fanden im Tresor siebzigtausend Mark, sie fesselten den Banker an einen Heizkörper und stülpten ihm einen Jutesack über den Kopf. Dann flüchtete die Gruppe ohne Geiseln mit dem Mercedes ihres Opfers, wechselte nach etwa hundert Metern das Auto und stieg in einen gelben Fiat 125 mit Hamburger Kennzeichen um, um so die Flucht fortzusetzen. Glücklicherweise waren sie beim Umsteigen von einem Zeugen gesehen worden, der seine Beobachtungen später der Polizei schilderte. Er merkte sich leider nicht die vollständige Buchstaben-Ziffern-Folge des Kennzeichens, dafür aber den Umstand, dass der Fiat durch einen ausgeprägten Rostfleck an der Tankklappe auffiel. Den Kindern des Filialleiters war außerdem in Erinnerung geblieben, dass der Täter, der die Familie in Schach gehalten hatte, auffallende Glupschaugen hatte. Mit diesen Details wandten sich die niedersächsischen Kollegen an uns.

Mir fiel auf dem Kiez nur einer ein, auf den diese Beschreibung passte: Herbert Unger. Unger war ein Zuhälter der untersten Kategorie. Mir war allerdings aufgefallen, dass er seit kurzer Zeit hochwertige Kleidung trug. Als ich ihn eines Tages am Tresen stehen sah, bemerkte ich eine golden funkelnde Rolex am ausgestreckten linken Arm. Das fiel bei Luden seines bescheidenen Kalibers schon auf. Und unter seinen edlen Krokodillederstiefeln klebte noch das Preisschild. Und es gab noch andere Auffälligkeiten, die ich registrierte: Ungers Dame stand plötzlich nicht mehr auf dem Strich draußen in der Davidstraße, sondern im neuen «Eros-Center», im Haus Pardon, wo überwiegend Frauen mit hohen Tagesumsätzen arbeiteten. Er musste sich da irgendwie eingekauft haben, denn «sein Pferdchen», Evelyn Bauer, war eine kleine, pummelige, trotz ihrer zarten zweiundzwanzig Jahre nicht sehr attraktive Person, die ich eher auf dem Strich am Hamburger Fischmarkt vermutet hätte, wo Frauen ihrer Sorte zwischen den Fischauktionshäusern zu den Freiern ins Auto stiegen und auf schlechte Beleuchtung hoffen konnten. Optisch perfekt musste hier niemand sein.

Zunächst maßen wir den Veränderungen in Ungers Leben keine Bedeutung bei. Als jedoch drei Osnabrücker Kollegen einer eigens für diesen Überfall gegründeten Sonderkommission in die Davidwache kamen, fielen uns diese Ungereimtheiten wieder ein. Zwischenzeitlich hatten wir vom Kraftfahrtbundesamt eine Liste mit allen in Hamburg gemeldeten Fiat 125 angefordert – es gab etwa fünfhundert in Frage kommende Fahrzeuge. Doch ich hatte zunächst keinen Erfolg: Keiner der Fahrzeughalter passte in unser Raster, hatte irgendeinen Bezug zum kriminellen Milieu.

Also verständigten wir uns darauf, Unger in seiner Wohnung zu überprüfen. Es war bereits dunkel, als wir ihn zu Hause antrafen. Er hauste im zweiten Stock eines Mehrfamilienhauses in einer der Parallelstraßen der Reeperbahn. Die Wohnung bestand aus zwei kleinen Zimmern, Küche und Bad. Die Einrichtung war spärlich, ließ zumindest nicht auf Krokodillederstiefel und Rolex schließen, die Küche eine einzige Zumutung: ein Meer von Abfalltüten. Die Herdplatten waren verdreckt und vergammelt, überall lagen schmutzige Teller herum, teils voll mit Essensresten. In der Wohnung stank es, offenbar war lange nicht gelüftet worden. Wir durchsuchten die Wohnung und fanden unter Ungers Bettmatratze in einen Damenslip eingewickelt zwölftausend Mark. Und auch die Kleidung, die der Täter laut Beschreibung beim Einbruch getragen hatte, kam zum Vorschein. Unger verfügte zudem über die notwendigen Ortskenntnisse, denn er hatte früher im Raum Osnabrück gewohnt. Alles passte zusammen, und so nahmen wir den Mann vorläufig fest.

Ich vernahm Unger mehrere Stunden, zwischendurch lösten mich Kollegen ab. Uns ging es vor allem um die Mittäter.

Ich köderte ihn: «Herr Unger, Sie werden vermutlich für längere Zeit im Bau verschwinden. Falls Sie möchten, darf Ihre Verlobte Evelyn Bauer Sie hier besuchen und sich von Ihnen verabschieden. Aber dafür möchte ich als kleine Gegenleistung die Namen Ihrer Mittäter. Und glauben Sie uns, früher oder später erfahren wir die sowieso.» Dann wies ich ihn noch auf die Möglichkeit einer milderen Strafe hin, falls er in Anbetracht der erdrückenden Beweislage gestehen, Mittäter nennen und somit Reue zeigen würde.

Mitunter glichen Vernehmungen einem Schachspiel. Man täuschte, trickste, dachte drei Züge im Voraus. So fragte ich Beschuldigte zum Beispiel nie: «Hast du die Straftat begangen?» Stattdessen stellte ich stets Suggestivfragen und unterstellte den Verdächtigen einfach, dass sie die Tat begangen hätten, fragte dann: «Weshalb hast du oder haben Sie die Tat begangen?»

Die direkte Frage nach der Tatbeteiligung wird von vielen Beschuldigten als Geschenk wahrgenommen, denn es verrät, dass der Vernehmende sich selbst nicht sicher ist, ob sein Gegenüber schuldig ist. Es lässt dem Täter viel Spielraum, neue Versionen zu erfinden und mit Lügen den eigenen Hals aus der Schlinge zu ziehen. Meine Art zu fragen war gewissermaßen aggressiver, der Beschuldigte sah sich genötigt, jede Antwort mit der Unschuldsbeteuerung zu beginnen: «Aber ich habe die Tat nicht begangen ...» Und gelegentlich kam es dazu, dass Beschuldigte das vergaßen und direkt antworteten: «Ich war pleite und brauchte Geld.»

«Na ja, Sie haben ja recht», gab Unger klein bei. «Was soll ich noch um den heißen Brei herumreden.» Er wirkte aufgeregt, auf seinem Hals sah ich rote Flecken, ständig wippte er mit seinem rechten Bein auf und ab. Das steckte an, ich wurde auch schon ganz nervös.

Wir standen unter Druck, uns lief die Zeit davon, denn er konnte ohne Vorführung bei einem Haftrichter nur bis zu achtundvierzig Stunden festgehalten werden. Zwar reichten die Beweismittel schon jetzt, um einen Haftbefehl zu erwirken und ihn in U-Haft zu behalten. Die Ermittler aus Osnabrück hatten jedoch das ehrgeizige Ziel, ihn beim dortigen Amtsgericht vorzuführen, wobei die Fahrzeit das ohnehin schon knappe Zeitfenster weiter schmälerte. Es war bereits 20.30 Uhr, und noch immer kannten wir seine Mittäter nicht.

Doch dann plauderte Unger mit einem Mal los, fasste sich dabei ständig an die Nase.

«Also, meine beiden Komplizen habe ich in der Kneipe bei Hotte in der Hein-Hoyer-Straße kennengelernt. Ich saß also bei Hotte, trank mein Bier. Da kamen die beiden Typen zu mir und schlugen mir vor, die Raiffeisenbank im Landkreis Osnabrück zu überfallen. Sie sagten, sie seien auf der Suche nach einem dritten Mann. Da ich gerade Geldsorgen hatte, willigte ich ein.» Man sei sich schnell handelseinig geworden, so Ungers Variante.

Allein schon sein ständiges Reiben am Nasenflügel war für mich ein Zeichen seiner Unsicherheit, er log offensichtlich, zeigte zumindest die typische Verhaltensweise von Menschen, die die Unwahrheit sagen.

Hatte ich ihm zuvor mein Vertrauen ausgesprochen, so spielte ich jetzt den Empörten: «Unger, ich schlage mir hier nicht die Nächte um die Ohren, um mir Grimms Märchen anzuhören. Vergessen Sie mein Angebot, sich hier persönlich von Frau Bauer zu verabschieden. Ich habe keine Lust mehr, Ihnen entgegenzukommen. Sie verarschen mich!»

Unger mochte diesen Stimmungsumschwung nicht, blieb

aber noch eine Weile bei seiner Version. Dann verabschiedete er sich von einzelnen, offensichtlich zu abenteuerlichen Details seines Märchens. Doch er war nicht clever genug, umgehend eine neue Version zu präsentieren. Das war meine Chance: Ich hakte nach, äußerte, dass seine Version unglaubwürdig sei. Zum Beispiel würden zwei Männer in einem Lokal niemals einem völlig unbekannten Dritten ein solch detailliertes Angebot unterbreiten. Solche Pläne bedürften immer auch einer besonderen Vertrautheit, immerhin riskiere man ja langwierige Gefängnisstrafen.

Eine weitere Stunde verging, doch wir waren keinen Schritt weitergekommen. Glücklicherweise rauchte Unger nicht, ich dafür umso mehr. Ich stand so unter Zeitdruck, dass ich, während ich mir eine Zigarette ansteckte, gar nicht bemerkte, dass die andere noch immer im bereits vollen Aschenbecher glomm.

Kooperationsangebote hatten nichts gebracht, Empörung auch nicht, also versuchte ich es mit einem Appell an die Gefühle: «Herr Unger, ich weiß, dass Sie Ihre Freundin sehr lieben und mit ihr sicher gern eine Familie gründen möchten. Dafür ist es nie zu spät. Die Trennungszeit können wir verkürzen, doch das hängt von Ihnen ab: Nennen Sie mir Ihre Mittäter und legen Sie endlich ein Geständnis ab. Und auch Ihre Geldprobleme werden Sie in den Griff bekommen, da haben andere schon ganz andere Schuldenberge abgetragen …»

Ich übte keinen Druck aus, sondern baute ihm ein Luftschloss, das ihn offenbar überzeugte. Ich drohte ihm nicht mit Härte, sondern zeigte ihm Wege auf, wie sein bislang verpfuschtes Leben doch noch eine positive Wende nehmen könnte. Und ich nahm ihm nicht seine Würde, sondern versuchte ihn aufzubauen.

Und tatsächlich knickte er ein. Vor allem weil er schwer enttäuscht war, als er erfuhr, dass die Gesamtbeute des Banküberfalls siebzigtausend Mark betragen hatte, ihm aber nur ein vermeintliches Drittel in Höhe von achtzehntausend Mark übergeben worden war. Seine Kumpane hatten ihn also um gut fünftausend Mark betrogen. Unger nannte seine Mittäter: den aus dem schleswig-holsteinischen Itzehoe stammenden Walter Mayer, der am Hans-Albers-Platz die «Steckdose» betrieb. Der Dritte im Ganoventrio war Willi Hartmann, Wirtschafter im Haus Pardon im «Eros-Center». Und ich hielt Wort: Zur Belohnung ließ ich Evelyn Bauer aus dem «Eros-Center» kommen, Ungers Freundin.

Unger wurde in eine Zelle geführt. Nach eingehender Durchsuchung durfte Evelyn Bauer zu ihm in die Zelle. Die beiden umarmten und herzten sich und ließen einander nicht mehr los. Sie ahnten wohl, dass es ein Abschied für lange Zeit werden würde.

Nachdem wir die Namen der Mittäter erfahren hatten, bildeten wir zwei Gruppen. Eine Gruppe brach ins «Eros-Center» auf, um Hartmann festzunehmen. Ich leitete die Gruppe, die loszog, um Walter Mayer am Hans-Albers-Platz zu ergreifen. Meine Kollegen warteten in der Großen Freiheit im Bereich des Zuganges zum Kontakthof, wo sich auch das Treppenhaus für das Haus Pardon befand, auf eine Rückmeldung von mir. Zwei Kollegen aus Bramsche und ich trafen Mayer in der «Steckdose» an. Er war neu im Milieu und mir noch nicht bekannt. Ich plauderte mit ihm.

Mayer, 28 Jahre alt, gab sich unauffällig und kooperativ. Er war klein und eher eine zarte Person, die körperliche Auseinandersetzungen mit Milieuleuten niemals als Sieger überstanden hätte. Ich entschied mich zu einer erlaubten kriminalistischen List, indem ich sagte: «Ich habe Sie gestern Nachmittag in der Innenstadt, in der Mönckebergstraße, gesehen, in einem dunkelblauen Mercedes 500 SL, schickes Auto!»

Mayer ging in die Falle: «Da müssen Sie sich geirrt haben. Ich fahre nur einen alten Fiat, und der steht abgemeldet hinter dem Lokal auf dem Hof.»

Zum Schein verabschiedete ich mich, wir gingen zu dritt mit innerer Anspannung in den Hinterhof und sahen einen gelben Fiat 125 mit HH-Kennzeichen mit der von dem Zeugen genannten markanten Roststelle hinten rechts am Tankdeckel. Wir sahen in das verschlossene Auto und entdeckten im Fußraum die runden Stoffreste, die von den Tätern vor der Tat aus den Wollstrickmützen als Sehschlitze geschnitten worden waren. Die Mützen waren zuvor in Tatortnähe sichergestellt worden, wo die Täter sie weggeworfen hatten. Wir hatten einen Volltreffer gelandet! Walter Mayer wurde sofort von uns festgenommen und in Handschellen zur Davidwache geführt. Sein Auto ließ ich per Tieflader als Beweismittel sicherstellen und zur Kriminaltechnischen Untersuchungsstelle (KTU) ins Polizeipräsidium am Berliner Tor bringen. Der Fiat war Tage vor der Straftat von den drei Tätern für fünfhundert Mark auf einem Hamburger Automarkt erworben und nicht umgemeldet worden. Er war noch immer auf eine Frau mittleren Alters zugelassen, die bislang nicht kriminalpolizeilich auffällig geworden war.

Umgehend informierten wir die Gruppe «Eros-Center» über Mayers Festnahme, die sich zeitgleich Hartmann griff. Als wir endlich alle drei «im Sack» hatten, mussten sie schleunigst nach Osnabrück gefahren und dem Haftrichter vorgeführt werden. Evelyn Bauer verabschiedete sich unter Tränen von Unger und verließ die Davidwache in Richtung «Eros-Center». Die Uhr zeigte 2.15 Uhr an. Wir hatten einen zwölfstündigen Marathon hinter uns.

Sechs Monate später wurden Herbert Unger und Walter Mayer vom Landgericht in Osnabrück zu zehn Jahren, Willi Hartmann zu zwölf Jahren Freiheitsstrafe verurteilt. Hartmann hatte bis zuletzt seine Mittäterschaft beharrlich geleugnet. Als alle drei ihre Strafe längst abgesessen hatten, erfuhr ich, dass Unger zu einer lebenslangen Freiheitsstrafe wegen Mordes verurteilt worden war. Was passiert war, erfuhr ich nicht. Eigentlich war er nicht der typische Ganove, eher ein verirrter, etwas einfältiger Typ, der ins kleinkriminelle Milieu passte.

KEINE GENUGTUUNG: DIE MODEL-PROSTITUIERTE

AN brütend heißen Tagen herrschte auf dem Kiez zumeist gähnende Leere: Die Freier waren im Urlaub, und auch viele Luden und andere Akteure des Milieus verbrachten die Sommermonate zumeist in Timmendorf, Scharbeutz und anderen Seebädern. Es war ein solcher Spätsommertag im Jahr 1980, über dreißig Grad im Schatten zeigte das Thermometer an. Bei einer flüchtigen Kontrolle stellten wir fest, dass alle einschlägigen Nepplokale entlang der Reeperbahn leer waren. Einen einzelnen Gast sahen wir in einem dunklen Séparée bei einer Knolle Holsten sitzen – zu wenig, um das nackte Pärchen auf der Bühne zu animieren, eine Nummer zu schieben. Stattdessen lagen beide eher gelangweilt herum, plauschten mit dem Kellner oder dem Koberer, der an diesem Tag keine Lust verspürte, die wenigen Passanten vor dem Laden anzusprechen.

Zuvor hatten wir unsere Fahndungsliste aktualisiert. Doch die Aussichten, eine der fünf neu hinzugekommenen Personen – vier Männer und eine Frau – zu erwischen, waren angesichts der Menschenleere auf St. Pauli äußerst gering. Also nahmen wir uns eine der Tageszeitungen vor, damals begann gerade das Geschäft mit Kontaktanzeigen zu boomen, und lasen uns die Texte durch.

«Rassiges schwarzes Model, mache alles» stand in einer der Anzeigen, darunter die Telefonnummer. Mir kam die Idee, mal in diesem Bereich zu wildern, wo der Anteil illegal anschaffender Frauen besonders hoch war. Außerdem könnte ein Verstoß gegen das Ausländergesetz vorliegen – außer das Model hatte einen deutschen Pass oder war mit einem Deutschen verheiratet. Hans-Jürgen war einverstanden und rief bei der Frau an.

Es meldete sich eine weibliche Stimme, die Frau sprach ein gebrochenes Deutsch, und auch ihr Pidgin-Englisch konnte Hans-Jürgen kaum verstehen.

«Hello, schwarzes Model? I would like to meet you to spend some time with you. Were can I find you?», fragte er und versuchte dabei, möglichst unverkrampft und vertraulich zu klingen. Und tatsächlich gelang es ihm, ihr die Adresse zu entlocken. Sie wohnte – oder arbeitete – in einer vielbefahrenen Verkehrsstraße im benachbarten Stadtteil Altona. Hans-Jürgen ließ sich «einen Termin» geben, Zeitpunkt des Treffens war dreißig Minuten nach dem Anruf.

Wir nahmen eines der zivil aussehenden Fahrzeuge und fuhren zur genannten Adresse in der Kieler Straße, wo das Geschäft mit Modelwohnungen bis heute boomt. Das viergeschossige Mehrfamilienhaus mit den drei Wohneinheiten pro Etage, Baujahr 1890, macht einen geradezu bürgerlichen Eindruck. Vor der Frontfassade des Hauses standen fünf riesige Buchen, deren Spitzen das Haus beinahe überragten, sodass kaum ein Sonnenstrahl die schönen schmiedeeisernen Balkone erreichte. Als wir das Auto auf der gegenüberliegenden Straßenseite auf dem Gehweg parkten, sahen wir drei schwarze Männer aus dem von uns anvisierten Hauseingang kommen. Sie stiegen in einen Honda älteren Baujahrs mit Hannoveraner Kennzeichen und fuhren davon. Hans-Jürgen ließ das Kennzeichen schnell per Funk überprüfen, zur Fahndung war das Fahrzeug nicht ausgeschrieben. Ich vermutete, dass es sich bei den Männern um Zuhälter oder Freunde der Prostituierten handelte.

Als wir ausstiegen, schwitzten wir heftig, was nicht am bevorstehenden «Rendezvous» lag, sondern an den tropischen Temperaturen und der Tatsache, dass wir über unseren Polohemden leichte Jacken trugen, um die Pistolen in unserem Holster zu verdecken. Außerdem trugen wir am Gürtel Handschellen. Der Hauseingang war verschlossen. Hans-Jürgen solle bei «Esther» klingeln, war ihm von der Frau gesagt worden, wir wählten jedoch eine andere der insgesamt fünfzehn Klingeln, nur neun davon waren mit Namen versehen. Nach dem Läuten bei «M. Peters» rasselte der elektrische Türöffner. In der ersten Etage erwartete uns eine fast neunzigjährige, gebückte Dame. Sie maß höchstens 1,55 Meter.

«Haben Sie eben geklingelt?», fragte sie uns barsch.

«Ja, das waren wir. Wir sind von der Polizei», sagte ich und zeigte ihr die Kripo-Dienstmarke.

Argwöhnisch sah sie sich meine Marke an und sagte: «Das kann ja jeder behaupten», und verlangte zusätzlich meinen Dienstausweis.

Mehrmals drehte sie den Ausweis knapp vor ihren Brillengläsern, brummte dann missmutig: «Hm, na dann kommen Sie mal rein», und winkte uns in ihre Wohnung. Hinter uns drehte sie den Schlüssel im Schloss herum.

Neben der Tür stand ein verblichener lilafarbener Plastikschemel, den sie offenbar benutzte, um den Türspion zu erreichen, der ihr den Blick ins Treppenhaus freigab.

«Gut, dass Sie gekommen sind, ich habe Ihnen etwas Wichtiges mitzuteilen», raunte sie uns zu und lotste uns ins Wohnzimmer. «Ich bin gleich wieder da.»

Ich wurde bereits etwas unruhig, da es nur noch fünf Minuten bis zum verabredeten Termin bei «Esther» waren.

Das alte Mütterchen kam alsbald mit zwei Gläsern Orangensaft ins Wohnzimmer zurück und sagte: «Na denn man Prost!»

Ich trank das Glas in einem Zug leer, der Saft war eiskalt, und mir war schrecklich heiß.

«Sind Sie wegen der Nutten hier?», fragte sie uns.

Wir nickten.

«Seit einem halben Jahr bevölkern diese Neger das Haus! Die

Weibsbilder in der Wohnung über mir machen einen furchtbaren Lärm bis spät in die Nacht hinein.» Außerdem kämen fortlaufend deutsch aussehende Freier, die an ihrer Wohnungstür klingelten, um ins Treppenhaus gelassen zu werden. «Früher hat es so was hier nicht gegeben! Immer und immer wieder habe ich bei der Wohnungsbaugesellschaft angerufen und die haltlosen Zustände im Haus geschildert. Doch von denen lässt sich hier keiner sehen.»

Wir versprachen Hilfe, erhoben uns und hatten es nun eilig, den vereinbarten Zeitplan einzuhalten.

Eine Etage höher standen wir nun vor der Wohnungstür, an der sich mittig ein aufgeklebter Papierstreifen befand, auf dem deutlich mit Filzschreiber geschrieben «Esther» stand.

«Hans-Jürgen, bitte klingle du. Durch meine jahrelangen Streifengänge bin ich im Revier einfach zu bekannt und will nicht riskieren, dass sie mich bereits beim Blick durch den Spion erkennt und gar nicht erst öffnet», flüsterte ich dem Schnellen noch im Treppenhaus zu. Ich presste mich also seitlich neben die Tür und verbarg mich so im toten Winkel des Spions, während Hans-Jürgen klingelte.

«One moment, please!», rief eine Frau laut aus der Wohnung, dann öffnete sie die Tür. «Hello, Mister, please come in», flötete sie und verschloss die Tür hinter Hans-Jürgen schnell wieder.

Wie vereinbart wartete ich drei Minuten, klingelte dann Sturm, bis mir eine schwarze Frau die Tür öffnete. Sie war schätzungsweise dreißig Jahre alt, trug Dreadlocks, hatte ein freundliches Gesicht und große Lippen. In der Hand hielt sie einen Hundertmarkschein. Ihre weiße Rüschenbluse trug sie vorn aufgeknöpft, sodass ich ihre üppigen Brüste sehen konnte. Dazu trug sie einen braun-beigen, längs gestreiften Rock, der bis zu den Knien reichte. Sie stand barfuß vor mir. Ich hielt ihr meinen

Dienstausweis vor die Nase und sagte laut: «Good afternoon, Miss. Police!»

«Sie hat mir Sex ohne Gummi für einen Hunderter angeboten», erzählte mir Hans-Jürgen. Daraufhin habe er ihr den Hunderter gereicht, und sie habe sofort begonnen, ihre Bluse aufzuknöpfen – bis das Prozedere durch mein Klingeln gestört worden sei. «Und der gehört mir», hörte ich Hans-Jürgen sagen, während er ihr dezent den Hunderter, dessen Seriennummer wir vorher notiert hatten, aus der Hand nahm. Sie knöpfte sich etwas verschämt ihre Bluse wieder zu und reichte uns ihren Reisepass, der in Ghana ausgestellt worden war. Eingereist war sie fünf Monate zuvor aus Dänemark.

Im Beisein der Frau durchsuchten wir zunächst die Wohn- und Nebenräume nach weiteren Personen, allein schon zu unserer eigenen Sicherheit. Es war eine schöne Wohnung mit den typischen, etwa drei Meter hohen Räumen der Jahrhundertwende. Im großen Wohnzimmer stand ein wunderschöner, grüner Kachelofen, der bis zur Decke reichte. In einer sechs Meter breiten Schrankwand aus Nussbaumfurnier stand ein gerahmtes Foto, auf dem die Frau mit drei Kindern im Alter von etwa drei bis zwölf Jahren zu sehen war – zwei Jungen und ein kleines Mädchen. Das Bild war vermutlich in Afrika gemacht worden, ich sah üppiges Grün, von Sonnenlicht durchflutet, die drei niedlichen Kinder lächelten in die Kamera.

Und plötzlich, beim Anblick des Fotos, bekam diese namenlose, mutmaßlich illegal anschaffende Prostituierte für mich eine Vita, eine Herkunft, ein Gesicht. Ich empfand augenblicklich Mitleid. Vermutlich waren es ihre Kinder, für die sie hier im fernen Deutschland hoffte, etwas Geld verdienen zu können. Mitleid hatte ich in meinem Job bislang selten für Gesetzesbrecher empfunden, zumal nicht, wenn es sich um die steinreichen, unverschämt überheblichen und oft beschränkten Kiezgrößen handelte. Aber hier bestraften wir das vermutlich schwächste Glied eines kriminellen Systems. Ich widmete mich wieder der Wohnung.

Auf dem Fußboden der «Schlafzimmer» lagen überdimensionale Matratzen. Bettlaken und Handtücher sahen unordentlich und zerwühlt aus. Der letzte Blick galt der Besenkammer, erst dann waren wir sicher, dass sich in der Wohnung keine weitere Person aufhielt.

Die Frau wirkte nervös und fahrig, sie schwitzte stark, auf ihrer Stirn bildeten sich Schweißperlen. Wir teilten ihr mit, dass sie vorläufig festgenommen sei, dass sie aber keine Angst zu haben brauche. Es stellte sich heraus, dass sie hier unerlaubt auf den Strich gegangen war, was nach dem Hamburgischen Ausländergesetz die Ausweisung nach sich zog. Außerdem konnte sie uns keinen «Bockschein» vorlegen, der belegt hätte, dass sie, den Bestimmungen der Gesundheitsbehörde folgend, regelmäßig zum Frauenarzt ging.

«Ich erst seit zwei Tagen hier in Wohnung», sagte sie. «Mein Freund und zwei Bekannte alles organisiert – auch Wohnung», berichtete sie weiter. «Ich hier immer nur allein.»

Doch wir fanden einige Hinweise darauf, dass hier mehrere Frauen verkehrten: zu viele Kosmetikartikel im Bad, als dass sie von einer Einzelperson hätten stammen können, verschiedene persönliche Gegenstände auf den Kommoden und in den Schlafzimmern, außerdem zahlreiche herumliegende Kondome.

«Wir nehmen Sie mit zur Davidwache, später werden wir Sie der Ausländerbehörde übergeben. Und dann werden Sie vermutlich zurück in Ihre Heimat gebracht», sagte ich der Frau. Hans-Jürgen bat ich, er möge mit ihr vor der Tür der alten Frau Peters etwas länger verharren, damit die alte Dame durch den Türspion schauen und uns mitteilen konnte, ob sie die Ghanaerin kannte. Die alte Dame versicherte mir anschließend glaubhaft, sie habe die Ghanaerin öfter im Treppenhaus gesehen, erstmals im April, also vor vier Monaten.

Die Ghanaerin folgte uns, ohne Schwierigkeiten zu machen, zu unserem Wagen. Als wir losfuhren, weinte sie lautlos vor sich hin. Dicke Tränen kullerten ihr über die Wangen. Sie tat mir wirklich leid.

Nach Aufnahme ihrer Personalien wurde sie der Ausländerbehörde übergeben, dann brachte man sie in Abschiebehaft. Zu guter Letzt informierte ich das für die Wohnung zuständige Nachbarrevier. Dort wollte man mit eigenen Zivilfahndern die Wohnung in den folgenden Tagen erneut überprüfen, um eventuell weitere Ausländerinnen wegen verbotener Prostitution und Verstoßes gegen das Ausländergesetz festnehmen zu können.

Nach Feierabend, auf dem Heimweg im Auto, ließ mich die Geschichte noch immer nicht los. Ich fand unser Vorgehen erbarmungslos. Gleichzeitig sagte ich mir, dass ich einem System diente, für dessen erbarmungslose Gesetze ich nicht verantwortlich sei. Ein Gefühl von Genugtuung über das Resultat eines Arbeitstages stellte sich an diesem Abend bei mir nicht ein.

KONKURRENZ AUF DEM KIEZ: DIE NUTELLA-GANG

BEI Personenkontrollen in den Bordellen trafen wir damals auf Thomas Born, Karate-Thommi genannt. Born, 1,86 Meter groß, war eine der wenigen Kiezgrößen, die in Hamburg geboren und aufgewachsen waren. Er sah furchteinflößend aus: markanter Schädel, durchtrainierter Körper und ein stechender Blick, der Ärger geradezu heraufzubeschwören schien. Mit 23 war Born Mitglied der deutschen Karate-Nationalmannschaft, wurde Europameister. Das war 1974. Später gründete er im Stadtteil Uhlenhorst ein Sportstudio. Sein durchschlagendes Talent sprach sich herum, bis nach St. Pauli.

«Ich kam nicht zum Kiez, der Kiez kam zu mir», sagt Born heute. Ein neues Rotlichtkartell, bestehend aus jungen, zu allem entschlossenen Kiezaufsteigern wurde auf Borns Fähigkeit als Mann fürs Grobe aufmerksam.

Fortan arbeitete er für diese Ludentruppe, Nutella-Gang genannt, weil ihre Mitglieder in den Augen der Milieu-Platzhirsche Kindsköpfe waren, die sich Nuss-Nougat-Creme aufs Frühstücksbrot schmierten.

«Wir haben den Namen Nutella-Gang nicht erfunden, aber wir haben ihn dankbar übernommen», so Born. Die Gang überlegte sogar, ihr Hauptquartier, den «German Club» am Spielbudenplatz, in «Captain Nuss» umzutaufen, ließ es dann aber. Man wollte ja ernst genommen werden.

In der Nutella-Gang rund um den «schönen Klaus» Barkowsky, auch «Lamborghini-Klaus» genannt, der seinen Namen ganz sicher nicht verliehen bekam, weil er einen Golf fuhr, wurde Born zuständig für die «Abteilung Stress», wie er selbst sagt.

Born, damals mit der Schlagersängerin Elke Best («Die Babys krieg immer noch ich») liiert, wurde als siebtes Vorstandsmitglied in das bis dato sechsköpfige Rotlichtkartell aufgenommen.

Die Nutella-Gang, später von neun Gesellschaftern geleitet, unterschied sich bewusst vom Anfang der achtziger Jahre herrschenden Kiezkartell GMBH, auch in Sachen Stil: Man gab sich jung und wild, fuhr amerikanische Schlitten wie Corvette oder eben italienische Sportwagen wie Lamborghini – in Abgrenzung zum klassischen «Rolls-Royce-Stil» der GMBH. Born betont heute, im Unterschied zu vielen anderen Milieugrößen wie zum Beispiel Frieda Schulz hätten seine Jungs eine regelrechte Aversion gegen Bürgerlichkeit entwickelt.

«Wir haben die Soliden verachtet. Um nur ein Beispiel zu nennen: Die spannten dem besten Freund die Freundin aus. Bei uns gab es so etwas nicht.» Und auch in puncto Schlagkraft setzte man neue Maßstäbe: «Für eins gab's drei zurück, damit sie gleich wussten, wo der Barthel den Most holt», prahlt Born. Aufkommende Konkurrenz wurde eingeschüchtert. «Ich bin dann hin zu den Leuten, hab mir den Chef gegriffen und ihm erst mal eine verpasst. Dann hab ich gefragt, ob es Probleme gibt», umschreibt Born die Nutella-Strategie. Das wirkte. Nur Waffen, die blieben auch weiterhin tabu. «Wenn jemand ein Messer gezogen hat, konnte der sich nirgendwo mehr sehen lassen», so der «Stress-Beauftragte» der Nutella-Gang. Und weil in den folgenden Jahren der Stress im Milieu eher mehr denn weniger wurde, stieg Born schnell zum wichtigsten Mann im Kartell auf – hinter «Lamborghini-Klaus».

Klaus Barkowsky, Jahrgang 1953, wie Born ein gebürtiger Hamburger, war der Kopf des Kartells. Anfang der achtziger Jahre wurde er in kürzester Zeit zum erfolgreichsten Luden St. Paulis. Auf dem Gipfel seiner «Karriere» angelangt, arbeiteten fünfzehn Frauen gleichzeitig für ihn. Was bedeutete, er hatte fünfzehn Frauen, die er auch umsorgen musste – beschenken, ausführen, ihnen ein Gefühl von Liebe und Zuneigung geben, natürlich auch mit ihnen schlafen. Für Normalbürger ist es nur schwer vorstellbar, dass die Zuhälter für ihre Frauen auch stets Geliebte, Beschützer und Versorger waren. Barkowsky, der heute noch in Hamburg lebt und als Hut tragender Künstler vielbeachtete Bilder malt, sah sich wohl nie in der Rolle des klassischen «Loddels»: «Ich war ja nie brutal zu Frauen, eher so eine Art Milieumanager. Wenn eine Frau ihr Geld behalten wollte, durfte sie das bei mir immer.»

Tatsächlich pflegten die Nutella-Leute einen anderen Umgang mit ihren Frauen, versuchten zumindest, sie respektvoller zu behandeln. Es war eines ihrer Erfolgsgeheimnisse.

Mindestens hundertfünfzigtausend Mark lagen an jedem zweiten Wochenende zur Verteilung auf dem Tisch. Alle Mitglieder hatten ihre Aufgabe, für die ihnen ein Anteil zustand.

«Zwei waren zuständig für Steuern und für Anwälte, zwei für die Probleme der Frauen – zwischen hundertachtzig und zweihundertzwanzig Frauen in elf Geschäften, drei Peepshows, drei Restaurants, zwei Imbissen, dem German Club», beschreibt Born. Doch der Geschäftsbereich beschränkte sich nicht allein auf Prostitution. Ein anderes Beispiel: «Das Spielkasino in Lübeck wurde von Gangstern erpresst, jemand wollte zwanzig Prozent der Einnahmen haben. Wir haben das Kasino geschützt – aber für zehn Prozent.»

Wichtig waren außerdem die sogenannten Possierer – ebenfalls eine Nutella-Aufgabe –, die in den Diskotheken nach «Frischfleisch» Ausschau hielten, nach Huren-Nachwuchs also. Ein guter Possierer brauchte eine Woche, bis eine Frau für ihn anschaffen ging, so die Kalkulation. Wechselte eine Hure zu einem anderen Zuhälter, musste der Neue die bereits genannte

Abstecke zahlen. Bis zu zwanzigtausend Mark konnte ein solcher Wechsel kosten. Warb ein Loddel aktiv die Frau eines Konkurrenten ab, gab es Prügel. Bat eine Frau darum, künftig für einen anderen Zuhälter arbeiten zu dürfen, hieß das Trennung – und Ärger. Die Abstecke war dann als Schmerzensgeld und Verdienstausfall gedacht. War das Verhältnis zwischen Zuhälter und der Frau, die gehen wollte, besonders gut, wurde schon mal auf die Abstecke verzichtet, mitunter der Frau sogar eine Art Abfindung mit auf den Weg gegeben. Und sie daran erinnert, dass sie jederzeit wieder zurückwechseln könne.

Im Zwei-Wochen-Rhythmus verabredeten sich also die Mitglieder der Nutella-Gang zur Abrechnung. «Wir reisen an die Elbe» hieß die telefonische verklausulierte Ansage. Denn wichtig war, dass die Staatsgewalt, also wir, bei dieser Inventur nicht störte. Niemand sollte wissen, wie viel Geld im Milieu verdient wurde. Und genauso wichtig war es für die Mitglieder des Kartells, bei dieser Inventur anwesend zu sein – um nicht übers Ohr gehauen zu werden.

«Mit ‹reisen› meinten wir eigentlich ‹reißen›, denn wir rissen in Anwesenheit aller Jungs die mit Geld gefüllten Tüten auf, die die Mädchen in unseren Häusern verdient hatten», erklärt Born.

St. Pauli war de facto geteilt: Rund um den Hans-Albers-Platz kontrollierte die GMBH die Geschäfte, auf der anderen Seite der Reeperbahn verschafften sich die aufstrebenden Jungluden der Nutella-Gang immer mehr Einfluss. Sie hatten Anteile im «Eros-Center» und in der Herbertstraße. Die neue Generation von Luden waren Emporkömmlinge, die enorm schnell durch intelligente, wirtschaftlich effiziente Strukturen zum Erfolg gekommen waren. Im Umgang mit ihren Mitbewerbern setzten sie durch Brutalität und Skrupellosigkeit neue Maßstäbe. Bei Nutella stieg Anfang der achtziger Jahre die deutsche Sektion der Hells Angels mit ein. Die GMBH wollte nicht weichen, die Nutella-Gang drängte an die Fleischtöpfe des Gewerbes. Also lag Ärger in der Luft, und auch wir spürten das. Die vermeintlich harmonischen Zeiten des Gentlemen's Agreement innerhalb des Gewerbes, aber auch gegenüber den Gesetzeshütern, neigten sich dem Ende zu.

Da spielten die Drogen eine verheerende Rolle. Die Szene wurde massiv von der Welle harter und weicher Drogen überschwemmt, die Ende der siebziger Jahre die Bundesrepublik infizierte. Mit direkten Auswirkungen auf das Geschäft. Denn viele Luden versagten in ihrem Selbstverständnis, einerseits ihre Reviere zu verteidigen, andererseits die finanziellen Dinge zu regeln, weil sie selbst den Drogen verfielen und sich gleichzeitig mit dem Drogenhandel neue Einnahmequellen erschlossen. Sie verloren einfach die Übersicht.

Erschwerend kam hinzu, dass die Umsätze im Sexgeschäft dramatisch einbrachen. Da war die Angst vor Aids, die zunehmend eine Rolle in den Medien spielte und die Freier verschreckte. Zudem verlagerte sich ein Teil der Prostitution aus den klassischen Sperrbezirken hinein in die Vorstädte. Nicht mehr die großen Laufhäuser und Kontakthöfe waren gefragt, sondern kleine Appartements, für die in den lokalen Tageszeitungen geworben wurde.

Gegen die Kartelle, die sich im Rotlichtmilieu herausbildeten, war mit Polizeiarbeit im Rahmen einer einzelnen Wache nicht viel auszurichten. Da mussten schon größere Einheiten zusammenarbeiten, auch wenn sich die Politik noch immer beharrlich weigerte, der Tatsache Rechnung zu tragen, dass es in Deutschland längst etablierte Strukturen der organisierten Kriminalität gab. Das Landeskriminalamt veranlasste Mitte 1980 eine Durchsuchung bei den vier führenden Köpfen der GMBH, hundertfünfzig Beamte wurden dafür angeheuert. Hinzu kamen Finanzbeamte der Steuerfahndung und Angestellte des Wirtschafts- und Ordnungsamtes. Es sollte ein ganz großer Schlag gegen eines der führenden Rotlichtkartelle werden. Der Vorwurf lautete Menschenhandel, Förderung der Prostitution, Zuhälterei, räuberische Erpressung, Körperverletzung und diverse andere Delikte.

Ich pickte mir für die Hausdurchsuchung den «schönen Mischa» heraus, Michael Luchting, den «Frauen-Akquisiteur» – also Aufreißer – des Kartells. Bei größter Geheimhaltung erfolgte die Durchsuchung zeitgleich in allen Objekten der Kartellmitglieder. Luchting hatte damals sein Hauptdomizil im feinen Hamburger Stadtteil Eppendorf, in einem Mehrfamilienhaus hatte er eine Wohnung gemietet. Als ich sie durchsuchte, war Luchting nicht anwesend. Die Wohnung war ausgesprochen schön eingerichtet. Das war in Kiezkreisen eher die Ausnahme. Ich sah Behausungen von Luden, die sonst im edlen Outfit über den Kiez stolzierten und Nobelautos fuhren, da verschlug es mir die Sprache: Völlig versiffte Höhlen waren das. Doch Luchting bewies Stil.

Wir fanden bei ihm geringe Mengen an Rauschgift, Kokain, soweit ich mich erinnere. Außerdem nahmen wir zahlreiche Unterlagen und Papiere mit, Computer gab es in privatem Besitz damals noch nicht. Unter den Papieren fanden sich diverse Briefe von Frauen, die den «schönen Mischa» anhimmelten und baten, für ihn anschaffen gehen zu dürfen. Luchting war ein Frauentyp par excellence, der sich top kleidete, einen Rolls-Royce fuhr und passend dazu ein ausgesprochen gutes Benehmen hatte. Er wirkte auf mich – was in seinem Job eher untypisch war – beinahe sanftmütig, feingeistig. Er bevorzugte das, was man am treffendsten mit unauffälliger Eleganz umschreibt – und zwar vom blonden Scheitel bis zur italienischen Designersohle. Er war das, was man heute mit Blick auf modische Trendsetter wie den Fußballprofi David Beckham als metrosexuell bezeichnen würde. Er trug maßgeschneiderte Anzüge und ließ sich sogar seine Fingernägel maniküren. Im Umgang mit uns war er ein Mann der leisen Töne. Mitunter wirkte er sogar introvertiert und melancholisch. Und er war genau das Gegenteil von einem Schläger.

Auf dem Höhepunkt seiner Macht wurde Luchting auf der Kanareninsel Gran Canaria – in Playa del Inglés, einem Ort, der unter Europas Luden damals gerade sehr angesagt war – von der spanischen Polizei gefasst. Versuchter Menschenhandel, so lautete der Vorwurf. Er blieb hundertneunundvierzig Tage in spanischer Haft, bis er die Summe von zweihunderttausend Mark aufgetrieben hatte und auf Kaution freikam. Hundertneunundvierzig Tage Gefängnis scheinen auf den ersten Blick überschaubar, tatsächlich brachen sie aber Luchting das Rückgrat. Seine physische Abwesenheit vom Kiez in einer Zeit verschärfter Revierkämpfe kam einer Einladung an seine Konkurrenten gleich, die wie die Geier über seine Teilhaberschaften an diversen Etablissements herfielen und seine Mädchen unter sich aufteilten. Es ging zu wie unter Raubtieren.

Jetzt rächte sich auch, dass auf dem Kiez alles per Handschlag geregelt wurde und die permanente Anwesenheit eines Zuhälters die einzige Garantie für den Macht- und Werterhalt war. Hinzu kam bei Luchting die seelische Tortur: Spanien, nur wenige Jahre nach Ende der Franco-Diktatur, glich damals in vielen Belangen noch einem Entwicklungsland. Auch was die Behandlung Inhaftierter und die Zustände in den Gefängnissen betraf. Luchting, der Ästhet, der so viel Wert auf Stil und Äußeres legte, litt in einer Sammelzelle ohne sanitäre Einrichtungen zusammen mit Dutzenden gewöhnlichen Kriminellen Höllenqualen. Als er nach fünf Monaten Gefängnis endlich wieder zurück nach Hamburg durfte, war er ein gebrochener Mann. Und obendrein wirtschaftlich am Ende. Von seinem einstigen Rotlichtimperium war nichts mehr übrig. Seine GMBH-Kollegen verrechneten seine

Anteile kurzerhand mit der zur Verfügung gestellten Kautionssumme von zweihunderttausend Mark. Der «schöne Mischa» war erledigt, seine Reputation auf St. Pauli irreparabel beschädigt. Seine Partner von der GMBH hatten ihn gnadenlos ausgebootet.

Wochen später fand man Luchting bei einem Hochsitz im Wald bei Thieshope in der Lüneburger Heide mit einem Abschleppseil erhängt an einem Baum. Am Handgelenk trug er noch seine goldene Rolex mit Brillantkranz. All seine persönlichen Dinge, unter anderem sechstausend Mark Bargeld, lagen in seinem Auto. Dennoch verbreitete sich im Milieu das Gerücht wie ein Lauffeuer, er sei mit vorgehaltener Waffe, einer Schrotflinte, zu diesem Freitod gezwungen worden. Anzeichen dafür fanden wir jedoch nicht. Und auch Born, der betont, bis zuletzt noch Kontakt zu Luchting gehabt zu haben, glaubt heute: «Mischa war am Ende und zog freiwillig die Notbremse.»

Am 25. Oktober 1982 wurde der «schöne Mischa» auf dem Friedhof in Hamburg-Ohlsdorf beerdigt. Seine Partner, die ihn zuvor entmachtet hatten, ließen sich die Trauerfeier einiges kosten. Es wurde ein filmreifer Auftritt. Mit schwarzen Kaschmirmänteln, Einstecktüchern, Stehkragen und Krawatten standen Harry Voerthmann, Walter «Beatle» Vogeler und Gerd Glissmann am Grab des 35-Jährigen. Dreihundert Kerzen brannten, als sich der schwere, schwarze Rittersarg aus Eichenholz in das Grab senkte. Luchtings Freundin Manuela war im schwarzen Nerz erschienen. Fünfundzwanzigtausend Mark soll die Beerdigung gekostet haben. Luchtings Rolls-Royce war aus weißen und schwarzen Nelken nachgebildet worden. Auch Mitglieder der konkurrierenden Nutella-Gang waren am Grab erschienen, um ihren Kollegen zu verabschieden. Obwohl zwischen beiden Kartellen gerade Krieg herrschte, demonstrierte das Gewerbe nach außen Zusammenhalt.

Die Regenbogenpresse bestaunte die glamouröse Selbstdarstellung der Szene, die sich vielleicht ein letztes Mal so feudal im eigenen Glanz sonnen konnte. Es sei wie am Pharaonengrab gewesen, beschrieb Wolfgang Sielaff, ehemaliger Hamburger Vize-Polizeipräsident, die Trauerzeremonie in einer NDR-Reportage. Für uns Polizisten waren diese Beerdigungen immer eine Art Messe, eine Art Leistungsschau: Man konnte Schlussfolgerungen über die Strukturen ziehen. Wann sonst sah man die gesamte Halbwelt schon auf einem Haufen?

Mischas Nachfolger warf dem Verblichenen gar noch Emmy, die Kühlerfigur seines Rolls-Royce, mit ins Grab – um sie später heimlich wieder auszugraben. Eine Geste, die Imponiergehabe demonstrieren sollte, die aber am Ende zur kleinlichen Posse geriet. Die ganz fetten Jahre im Milieu – sie waren unweigerlich zu Ende.

KRIEG AUF DEM KIEZ

UND dann wurde es richtig ungemütlich auf St. Pauli. Zwischen der GMBH und der Nutella-Gang standen die Zeichen auf Sturm. Oder besser: Wir befanden uns bereits im Auge des Orkans, als der «schöne Mischa» auf dem Ohlsdorfer Friedhof seine letzte Ruhe fand. Denn drei Tage zuvor war der Krieg eröffnet worden.

Der Anlass war eher lapidar: In den Abendstunden des 22. Oktober 1982 kam es zu einem eher harmlosen Vorfall zwischen zwei Frauen im Kontakthof des «Eros-Centers». Marion, Ehefrau und Einnahmequelle des Nutella-Mannes Jürgen «Angie» Becker, hatte sich erstmals in eine Ecke gestellt, die nahe dem Eingang lag, aber zum Bereich der GMBH gehörte. Wie üblich unter den Mädchen im Milieu wurde erst gezickt, dann zugeschlagen. Eine Frau aus dem «Bel Ami» – in diesem Salon im Parterre des «Eros-Centers» herrschte die GMBH – ließ Marion ihre rechte Gerade spüren, was dem Mädel ein blaues Auge einbrachte. Mit einem Veilchen ließ sich in diesem so auf Äußerlichkeiten fixierten Geschäft aber kein Umsatz machen, ein mehrtägiger Verdienstausfall drohte Marion. Weinend lief sie zu ihrem Mann.

Der damals dreißigjährige Angie zögerte nicht. Zusammen mit seinem fünf Jahre jüngeren Freund und Partner Klaus Breitenreicher, der wegen seiner Vorliebe für alles Militärische in der Szene «SS-Klaus» genannt wurde, klingelte er im «Bel Ami». Bereitwillig öffneten die Wirtschafter Sieghard Schmidt, Karl-Heinz Gebauer und Wolfgang Pohndorf.

«Das waren nicht die Jungs von der GMBH, die wir kannten. Das war eine auf Krawall gebürstete Abrechnertruppe, die schon vorher unangenehm aufgefallen war», beschreibt Thomas Born die drei Herren.

Angie forderte von der GMBH für Marion ein Schmerzensgeld in Höhe von zweitausend Mark, die übliche Summe, wie er betonte. Und zwar ganz flink, bis neunzehn Uhr. Die GMBH-Leute lachten laut über die Forderung, sollen lakonisch bemerkt haben: «Das gibt indischen Sand», also nichts – und warfen ihre Gegenspieler kurzerhand raus. Angie drohte daraufhin, mit Karate-Thommi wiederzukommen.

«Dann stampfen wir eure Frauen ein, und für euch gibt's die Kugel», bekamen Angie und SS-Klaus zur Antwort. Doch die beiden nahmen diese Drohung nicht ernst.

Ich kannte beide ganz gut. Besonders Angie Becker habe ich eher unangenehm in Erinnerung. Er kam Ende 1970 auf den Kiez und trat anfangs sehr bescheiden auf. Doch nach einer kurzen Warm-up-Phase in der Szene fiel er immer wieder durch seine Sprunghaftigkeit und Unberechenbarkeit auf. Mein Eindruck war, dass er ziemlich orientierungslos durchs Milieu taumelte, er wirkte stets unausgeschlafen, garantiert waren harte Drogen im Spiel. Er war egomanisch, provozierte gern und störte die eigene Klientel. Im Milieu war er deshalb nicht sehr beliebt, man achtete ihn wenig. Auch ich eckte ein paar Mal bei ihm an, er respektierte uns Polizisten nicht und schien sich nicht um die Spielregeln auf dem Kiez zu scheren. Im Nachhinein schien es mir, als hätte er sein Schicksal offen herausgefordert.

Klaus Breitenreicher war dagegen eher ein Mann der leisen Töne, zumindest war das meine Wahrnehmung. Bei unseren Zusammentreffen war er höflich, respektierte mich als Vertreter der Ordnungsmacht. Ich hatte den Eindruck, dass er froh war, wenn ich ihm nicht zu viele Fragen stellte, die er vermutlich als Ausfragerei wertete.

Noch am besagten Abend trommelten SS-Klaus und Angie tatsächlich insgesamt fünfundzwanzig Leute zusammen und wollten die Gegenseite aufmischen. Zusammen mit Karate-Thommi, der schon so manchen Konflikt mit Brachialgewalt geklärt hatte, fuhren sie in die Tiefgarage des «Eros-Centers».

Born fragte Becker: «Wie viel Mann sind denn da oben?» Angie Becker erinnerte sich an sieben Männer. Daraufhin Born: «Da reichen Angie, SS-Klaus und ich, wir sind alles starke Bengel.»

Doch dieses Mal kam alles anders. Es war kurz nach 1.30 Uhr, als die drei Nutellas erneut in das Zimmer mit der Blumentapete und den Ledersesseln stürmten. Sie wurden von einem Geschosshagel empfangen. Angie wurde sofort von sieben Geschossen tödlich getroffen, fünf in die Brust und zwei in den Kopf. Breitenreicher starb ebenfalls augenblicklich durch einen aufgesetzten Kopfschuss. Born indes sah, wie eine Waffe auf ihn gerichtet war. Jemand sagte noch: «Tschüs, Thommi», doch er sprang reflexartig zurück, sodass ihn nur ein Schuss am Bauch streifte. Später schilderte er, Hirn seiner Freunde sei ihm auf die Schulter gespritzt. Dabei sollte nicht unerwähnt bleiben, dass Borns Erinnerungen, die er als eine der wenigen ehemaligen Kiezgrößen Medien gern preisgibt, im Laufe der Jahre immer blumiger zu werden scheinen.

Weil die Tür des Salons geschlossen war und nur vom Tisch des Wirtschafters aus per Knopfdruck geöffnet werden konnte, damit Freier nicht ohne zu zahlen das Haus verließen, warf sich Born dagegen. Die Tür zerbarst, sodass er Verletzungen im Gesicht davontrug. Karate-Thommi fuhr anschließend mit einem Taxi ins Hafenkrankenhaus, das er bereits am nächsten Tag wieder verlassen konnte. Die drei Todesschützen stellten sich nach einer dreitägigen Flucht der Polizei.

Die Zustände auf St. Pauli waren aus dem Ruder gelaufen. Der Drogenkonsum nahm weiter zu, osteuropäische Banden nisteten sich ein, die durch Aids bedingte Flaute im Gewerbe machte das Geschäft zusätzlich gnadenloser. Immobilenhaie versuchten, den letzten Pfennig aus ihren einst teuer erworbenen Kiezetablissements zu pressen, was den Druck auf Luden und Wirtschafter zusätzlich erhöhte.

Und auch die Staatsmacht erhöhte den Druck auf das Milieu. Wir allein konnten in diesem Krieg aber nicht gewinnen. Dann endlich nahm sich die Politik, die bis dato geleugnet hatte, dass es in Deutschland überhaupt so etwas wie organisierte Kriminalität gibt, des Problems an. Einer der Auslöser dafür waren Gerüchte, die bereits seit Ende der siebziger Jahre die Runde gemacht hatten, denen zufolge Polizisten bis hin zu ranghohen Führungskräften mit den kriminellen Banden auf St. Pauli paktierten. Vor allem im Umfeld von Frieda Schulz. Als Medien immer wieder davon berichteten, veranlasste Hamburgs SPD-Innensenator Alfons Pawelczyk 1980 die Gründung einer neuen Ermittlungsgruppe. Es ging vorrangig um organisierte Kriminalität, im Fachjargon OK genannt.

Die Gruppe wurde im Rahmen einer Sonderkommission – ausgelagert vom normalen Revierbetrieb – im Polizeirevier 14 am Großneumarkt untergebracht. Das bewährte sich. Ich, der ich mich seit Jahren mit dem Thema OK an vorderster Front auseinanderzusetzen hatte, empfand diese neue Arbeitsgruppe keineswegs als Konkurrenz. Im Gegenteil: Endlich erfüllte sich mein sehnlicher Wunsch, und die Erkenntnisse meiner Pionierarbeit wurden auch von anderen Ermittlern zur Kenntnis genommen – wesentlich aufmerksamer und dezidierter als bislang geschehen. Zuvor war ich mir häufig wie ein einsamer Wolf vorgekommen, ein Einzelkämpfer. Dass mein Job wichtig war, hatte ich schon allein daran gemerkt, dass ständig Ermittler der Hamburger Mordkommission, des Raubdezernates, anderer Hamburger Dienststellen sowie Kriminalisten aus allen Bundesländern bei mir nachfragten, persönlich oder telefonisch, ob ich ihnen mit Informationen aushelfen könnte. Und ich musste oft erkennen, dass sie verdammt wenig über die organisierte Kriminalität im Rotlichtmilieu wussten. Wurde ich am Anfang meiner Tätigkeit lediglich kontaktiert, wenn die Verbrechen aufgearbeitet werden mussten, also bereits passiert waren, so wurde jetzt verdeckt ermittelt und präventiv vorgegangen. Ziel war es, die Clans im Zuhälterbereich langfristig und präventiv zu zerschlagen.

Allein unser geballtes Engagement reichte dazu nicht, mein Partner und ich waren immer wieder an Grenzen gestoßen: So wurden wir nie über persönliche Hintergründe, Lebensläufe etc. der führenden Clanköpfe informiert. Offenbar gab es gar keine Datensammlungen und keine Strategie, um effektiver gegen die Clans vorgehen zu können. Alle Erkenntnisse über das Rotlichtmilieu hatte ich mir in mühevoller Kleinarbeit selbst zusammengesucht. Vielleicht hätte ich noch wirksamer vorgehen können, hätte es eine behördliche Institution gegeben, die schon zu Beginn meiner Tätigkeit profunde Erkenntnisse über gewisse Personen und deren Hintergrund gesammelt hätte. Aber es gab niemanden, der dazu willens oder in der Lage gewesen wäre.

Zwei Jahre später, im Jahr 1982, wurde die neugegründete Fachgruppe «Organisierte Kriminalität», als Fachdirektion 65 aufgewertet, unter dem Dach des Hamburger Polizeipräsidiums untergebracht. Es war die erste «Dienststelle zur Bekämpfung organisierter Kriminalität» in der gesamten Bundesrepublik. Sie bestand zunächst aus dreiunddreißig Beamten in einem abgeschotteten Stockwerk des Präsidiums. Später stand diese Hamburger Behörde sogar für andere Bundesländer Pate. Ihr erster Chef wurde der damals 39-jährige Wolfgang Sielaff. Der gebürtige Hamburger war eine Zeit lang Streifenpolizist auf St. Pauli in unserer Nachbarwache Budapester Straße gewesen.

Hätte man sich bereits früher zur Gründung einer solchen Dienststelle entschlossen, zum Beispiel Anfang der siebziger Jahre, hätte weder die GMBH noch die Nutella-Gang jemals im Milieu eine solche Machtstellung erreichen können. Sie hätten in kleinen Gruppen agiert, vielen ihrer Mitglieder wäre vermutlich das Pflaster zu heiß geworden, und sie hätten das Feld geräumt. Zahlreiche Opfer dieses Clankrieges wären uns erspart geblieben.

Mit dem Tod des «schönen Mischa» und den Toten im «Bel Ami» war für die GMBH die Party auf dem Kiez weitgehend vorbei. Walter «Beatle» Vogeler und Harry Voerthmann brachen auf St. Pauli ihre Zelte ab und verzogen sich in die Provinz – ins Rotlichtviertel von Hannover und ins niedersächsische Umland. Dort war das Milieu noch übersichtlich, die Luft weniger bleihaltig. Ausschlaggebend war sicherlich auch, dass Hamburg mit den neuen Strukturen sehr gezielt und effektiv gegen das organisierte Verbrechen vorgehen konnte. Die alten «Chiefs» befürchteten, nun formaljuristisch als Köpfe einer kriminellen Vereinigung belangt zu werden, was höhere Strafen nach sich gezogen hätte. In der Provinz, so ihre Hoffnung, erwartete sie mehr Ruhe vor den Gesetzeshütern.

Dabei hatte sich auf dem Kiez längst eine neue Generation von Zuhältern etabliert, die in puncto Gewaltbereitschaft und Gewissenlosigkeit selbst GMBH und Nutella-Gang in den Schatten stellte.

Der Chef des Kiezlokals «Zur Ritze», Hanne Kleine, ein immer zwischen den Kartellen auf Ausgleich zielender Einzelkämpfer, hielt später im Rückblick die damaligen Akteure für harmlos, verglichen mit denen, die ihnen folgten: «Wenn ich das höre!

GMBH, Gerd, Mischi und wie sie alle hießen … das waren alles solche harmlosen und netten Jungens, da war kein Schläger und nix und überhaupt nix bei. Oder dann die Nutella-Bande, kleine Jungs waren das …»*

---

*   Quelle: Helfried Spitra (Hrsg.): Die großen Kriminalfälle. Der St. Pauli-Killer, der Ausbrecherkönig und neun weitere berühmte Verbrechen, Frankfurt am Main 2004.

DER MORD AN CHINESEN-FRITZ

UND ausgerechnet in Hanne Kleines legendärer «Ritze», in der sich das Milieu, aber auch Politik und Prominenz gern amüsierten, begann Anfang der achtziger Jahre ein Kapitel auf St. Pauli, das alle Rahmen der deutschen Kriminalgeschichte sprengen sollte.

Am 28. September 1981, einem sonnigen Herbstnachmittag, befanden der Schnelle und ich uns auf dem Weg in die «Ritze», um dort im Untergeschoss, also im Boxkeller, Personen zu kontrollieren. Die «Ritze» war im selben Immobilienblock, in dem sich damals die Bordelleinheiten des «Palais d'Amour» befanden. Wir hatten erfahren, dass an jenem Tag ein per Haftbefehl gesuchter Zuhälter aus München in der «Ritze» erwartet wurde. Doch unmittelbar bevor wir von der Reeperbahn in den Durchgang, der zur «Ritze» führt, einbiegen wollten, erhielten wir über Funk die Bitte, die Kollegen der Funkstreife zu unterstützen, weil ein Freier in der Herbertstraße offenbar über den Tisch gezogen worden war und jetzt Stress verursachte. Wir entschieden uns also, wenige Meter vor der «Ritze» kehrtzumachen.

Auf halbem Weg zur Herbertstraße bekamen wir über Funk die Information: Der Einsatz in der Herbertstraße habe sich erledigt, eine Peterwagenbesatzung sei auf dem Weg. So ist das eben manchmal im Polizeialltag.

Als wir schließlich in der «Ritze» ankamen, war die Tür mit den gespreizten Frauenbeinen geöffnet, ein Gewirr lauter Stimmen flutete aus dem Lokal. Drinnen sahen wir im hinteren, dem intimen Teil des Schankraums den uns bekannten Zuhälter Fritz Schroer neben den Barhockern vor dem Tresen liegen. Er war tot, unmittelbar vor unserem Eintreffen war er mit drei Schüssen vom Barhocker geschossen worden. Den Knall der Schüsse hatten wir nicht gehört. Außer dem Kellner waren nur wenige Gäste im Lokal. Schon vernahmen wir die lauten Martinshörner sich nähernder Polizeiwagen.

Ich kannte Schroer seit Jahren. Er wurde in der Szene «Chinesen-Fritz» genannt, weil seine Augen vergleichsweise schmale Schlitze waren, in Wahrheit hatte der gebürtige Deutsche aber keinerlei asiatische Wurzeln. Schroer war klein. Er schien ständig unter Strom zu stehen, ich vermute, er hatte einen enormen Kokainverbrauch. Er grinste ständig, wirkte aber nicht sympathisch, bei ihm musste man auf ständige Stimmungswechsel gefasst sein. Er trug meistens schwarze Lederklamotten und einen schmalen Oberlippenbart. Und weil er den Mund oft spitzte, erinnerte mich sein Äußeres immer an eine Spitzmaus. Im Milieu war er keines der ganz großen Lichter. Erst durch den Mord in der «Ritze» habe ich mich mit Schroers Kiezaktivitäten näher befasst. Davor galt er für uns als unbedeutender Mitläufer.

Zeugen erzählten uns, neben dem Opfer habe zur Tatzeit sein Partner «Wiener Peter», der Österreicher Josef Nusser, gesessen. Dann sei der Killer gekommen und habe Chinesen-Fritz wortlos vom Hocker geschossen. Nusser, der vom Täter verschont worden sei, habe sich umgehend aus dem Staub gemacht. Irgendwann waren Dutzende Polizeieinsatzfahrzeuge vor der «Ritze» eingetroffen, ebenso Rettungswagen und Notärzte, sodass wir uns vom Tatort entfernen konnten.

Wir hatten die Hoffnung, Nusser im «Palais d'Amour» anzutreffen. Dort vermieteten er und Schroer zusammen einige gewerbliche Zimmereinheiten. Ich hatte intuitiv das Gefühl, dass Nusser etwas mit dem Mord zu tun haben könnte, nicht allein deshalb, weil er umgehend den Tatort verlassen hatte. So etwas war in dem Gewerbe üblich, man legte keinen Wert darauf, in den Fokus der Polizei zu geraten, selbst wenn man nur als Zeuge gefragt war. Ich hatte die vage Ahnung, dass hier jemand seinen Geschäftspartner loswerden wollte.

Im Gastraum befragten wir eine anwesende Hure: «Haben Sie eine Idee, wohin Nusser verschwunden ist?»

Sie schüttelte den Kopf: «Keine Ahnung. Bei mir hat er sich nicht abgemeldet. Er ist schon einige Zeit nicht mehr hier gewesen.»

Wir gingen nicht darauf ein, so etwas waren wir von Prostituierten gewohnt. Das konnten wir ihnen auch nicht übel nehmen, sie hätten mächtigen Ärger bekommen, wenn sie einen ihrer Bosse verpfiffen hätten. Wir ließen uns also dadurch nicht täuschen und durchsuchten sämtliche Zimmer im Bordell. Und tatsächlich entdeckten wir den Österreicher hinter einer aufgestoßenen Tür, leichenblass und flach an die Wand gepresst.

«Herr Nusser, was machen Sie denn da?», fragte ich ihn. Doch ich erhielt keine Antwort. «Herr Nusser, Sie werden im Zusammenhang mit dem Mord an Fritz Schroer als Zeuge gesucht. Bitte begleiten Sie uns auf die Davidwache, wir haben eine Menge Fragen an Sie.»

Er blieb schweigsam. Aber so hatte ich ihn kennengelernt. Bei ihm traf die Redensart «Stille Wasser sind tief» zu. Denn Nussers Name ging in die bundesdeutsche Kriminalgeschichte ein, als Drahtzieher der schlimmsten Mordserie in der Nachkriegszeit.

Doch wer war dieser gebürtige Klagenfurter? Als Seemann fuhr er zunächst um die Welt, unter anderem war er wie Joannis Gakomiros Steward auf dem Passagierschiff Bremen, bevor er 1972 22-jährig auf St. Pauli strandete. «Österreich wurde zu eng für mich. Hier, der Hafen tut mir gut», soll er es begründet haben.

In St. Paulis schillernder Halbwelt war es für den langhaarigen, schüchternen jungen Mann, der mit starkem Kärntner Akzent sprach, nicht einfach, Fuß zu fassen.

«Der war weich, hat schon gestottert, wenn man ihm nur fest in die Augen sah», äußerte sich ein ehemaliger Wirtschafter über ihn.

Ich kannte Nusser, seit ich als «Puffschleicher» im Revier unterwegs war. Ich hielt ihn für ein kleines Licht. Und mit dieser Ansicht war ich nicht alleine, die ganze Szene unterschätzte ihn. Er verhielt sich mir gegenüber stets vorsichtig, wachsam und aufgesetzt freundlich, genau das Gegenteil dessen, was für die damals zahlreichen österreichischen Luden so typisch war. Nusser redete immer allen nach dem Mund. Später verfestigte sich bei mir der Eindruck, dass er die ersten Kiezjahre vor allem dazu nutzte, die Szene zu beobachten, um daraus seine strategischen Schlüsse zu ziehen. Er wusste, dass seine Zeit kommen würde, und überließ die Bühne seinen Ludenkollegen, die sich im Posen gegenseitig übertrafen. Seine Partner im Milieu mussten damals den Eindruck gewinnen, Nusser sei ein Angsthase, auf jeden Fall passiv eingestellt.

«Wir hatten Nusser gar nicht auf der Rechnung. Er wurde von vielen Leuten im Milieu nicht für voll genommen», erinnert sich Thomas Born.

In den siebziger Jahren wurden Konflikte im Milieu ausnahmslos mit den Fäusten ausgetragen, doch Nusser hielt sich zurück, was vor allem daran lag, dass er Schlägereien körperlich nicht gewachsen war.

«Nusser bekam von vielen eins auf die Glocke», so Born. «Ansonsten haben wir uns für ihn nicht interessiert.»

Doch das hätten sie mal lieber tun sollen. Denn der Österreicher vergaß nicht. Vor allem jene nicht, von denen er hatte einstecken müssen. Sie alle mussten dafür bezahlen. Fast alle. Stefan Hentschel, der mit Nusser einmal aneinandergeriet, war einer der wenigen, die Nussers «Abrechnungsfeldzug» wie durch Zufall entkamen.

Und der Nobody Nusser lernte schnell, vor allem Härte, auch ohne seinen Körper mit Hilfe von Anabolika mit Muskelbergen zu bepacken. Denn Nusser hatte einen klaren Verstand, und der war im Zweifel mehr wert als aufgepumpte Oberarme. Bald schafften sechs Frauen für ihn an. Lief er anfangs wie ein Schmuddel-Teenager herum – Jeans, Jeansjacke, T-Shirt –, so änderte sich das bald: Mit zunehmendem Erfolg trug er schon nach kurzer Zeit einen schicken schwarzen Kamelhaarmantel mit Pelzbesatz am Kragen.

Nusser trat auch dann noch zurückhaltend auf, er wirkte stets charmant, sprach leise und höflich. Sah er mich, legte er ein verschmitztes Lächeln auf und grüßte mit starkem österreichischem Akzent: «Servus, Herr Paulsen, wieder mal unterwegs?» Aus heutiger Sicht waren seine Höflichkeit und seine guten Manieren nur Fassade, dahinter verbarg sich ein brutaler, kalter Charakter, der bereit war, über Leichen zu gehen.

Mit den Jahren erhöhte er die Zahl der Frauen, die für ihn anschafften, auf bis zu zehn. Mir fiel auf, dass er ausnahmslos die hübschesten Frauen beschäftigte, keine schien älter als 23 zu sein, viele sahen südländisch aus. Vor allem vom Ludenkrieg zwischen GMBH und Nutella-Bande, aus dem er sich clever heraushielt, profitierte er, weil sich alles auf diesen Bandenzoff konzentrierte und er in aller Seelenruhe seine Aktionen vorbereiten konnte.

Als Anfang der achtziger Jahre nach dem Tod von Michael Luchting die GMBH-Größen Harry «der Hundertjährige» Voerthmann und Walter «Beatle» Vogeler St. Pauli den Rücken kehrten und sich in die scheinbare Idylle der niedersächsischen Landeshauptstadt zurückzogen, schlug Außenseiter Nusser zu – und schnappte sich im «Palais d'Amour» gleich eine ganze Bordelletage. Die teilte er sich mit der etablierten Kiezgröße Schroer, dessen Rechthaberei Nusser alsbald auf die Nerven ging. Zu Schroers Todesurteil wurde vermutlich sein Wunsch, sich von Nusser zu trennen.

«Er wollte ausbezahlt werden», glaubt der spätere Ermittler Max van Oosting heute.

Als die Schüsse auf den Chinesen-Fritz fielen, die der Schnelle und ich um Haaresbreite hätten verhindern können, saß Nusser tatsächlich neben Schroer. War es ein genialer Schachzug oder der Lapsus eines Mord-Auftraggebers? Oder purer Zufall?

Bis heute ist der Mord an Fritz Schroer unaufgeklärt. Wären wir Zeugen des Mordes geworden, die dramatischen Entwicklungen im Milieu in den folgenden Jahren hätten einen anderen Verlauf genommen, dessen bin ich mir sicher. Und es hätte für uns gefährlich werden können, denn schon damals teilte mir ein Kriminalbeamter mit, der als Verdeckter Ermittler für das Landesfahndungskommando arbeitete, dass ich künftig vor allem auf meine Eigensicherung achten solle. Im Milieu gehe das Gerücht um, man wolle einen Killer auf mich ansetzen. Ich glaubte jedoch unerschütterlich, einen Polizeibeamten zu ermorden sei selbst diesen Kreisen zu riskant. Es war ein Trugschluss, wie ich später erfahren musste.

Doch zunächst nahmen die Ereignisse weiter ihren Lauf. Nach der Festnahme des Wiener Peter an jenem Herbsttag 1981 wurde Nusser der Mordkommission überstellt. Doch ihm konnte nichts nachgewiesen werden, die Zeugen in der «Ritze» wussten von nichts. Immerhin schlugen Rauschgifthunde bei der Durchsuchung seines Mercedes 350 SLC an, der in der Tiefgarage unter dem «Palais d'Amour» parkte. Gefunden wurde letztlich aber nicht ein Gramm Koks, sodass Josef Nusser wenig später wieder auf freiem Fuß war – gezeichnet vom Schreck, um Haaresbreite dem Staatsanwalt vorgeführt worden zu sein, doch jetzt alleiniger Inhaber der Bordelleinheiten und damit exakt doppelt so reich wie vorher.

Als knapp ein Jahr später der «schöne Mischa» auf dem Ohlsdorfer Friedhof zu Grabe getragen wurde, war auch der Wiener Peter unter den Trauernden – im beigen Kaschmirmantel und mit schwarzer Pilotenbrille. Er warf Rosen ins Grab.

DIE FORTSETZUNG: EINE BLUTIGE SPUR

DREI Jahre vergingen, ehe in dieser Mordserie wieder ein Partner Nussers durch einen Killer starb: Peter Pfeilmaier hieß das Opfer. Er war 32 und wurde «Bayern-Peter» genannt. Pfeilmaier war ein in den siebziger Jahren aus Bayern nach Hamburg gekommener Zuhälter. Ich hatte mehrfach Kontakt zu ihm und seinem Bruder, der ihm kurze Zeit später in den Norden gefolgt war. Ich empfand ihn als lauten, unangenehmen Typen, das genaue Gegenteil von einem Feingeist. Er war ein Angeber und Aufschneider, der vielen Leuten im Milieu auf die Nerven ging. Pfeilmaier, ein Kokainwrack, betrieb mit seinem anderen Partner Gerd Gabriel einen Puff am Hammer Deich sowie den «MB-Club», eine Art Drogengroßmarkt mit angeschlossenem illegalem Spielkasino. Zuvor, Ende August 1984, hatte Gabriel Nusser die Anteile seines Partners Pfeilmaier angeboten.

«So geht es nicht weiter, Pfeilmaiers Sucht hat bereits einen Schaden von zweihunderttausend Mark angerichtet», begründete er. Gabriel wollte, dass Pfeilmaier verschwindet. Nusser sollte von Pfeilmaiers Verschwinden auch ganz direkt profitieren, denn der Österreicher und der Bayer teilten sich Einheiten im «Palais d'Amour».

Bayern-Peter starb am 12. September 1984 in Hamburg-Bramfeld, hingerichtet mit mehreren Schüssen. Doch nicht nur das erinnerte an den Mord an Schroer: Das neue Opfer saß sogar im Wagen, der einst dem Chinesen-Fritz gehört hatte, einem schwarzgoldenen Pontiac-Coupé, 180 PS. Bald raunte man sich in Kiezkreisen zu: «Vom Wiener trennt man sich nicht, vom Wiener wird man getrennt.»

Die Frage, welches mordende Phantom da für Nusser die Drecksarbeit mache, soll der Österreicher im Urlaub auf Ibiza vor Kollegen beantwortet haben: «Das ist mein Killer vom Dienst», und zeigte dabei auf einen ihn begleitenden Hamburger, der deutsche Kriminalgeschichte schreiben sollte: Werner «Mucki» Pinzner. Nusser betonte noch, er habe ihn «fest angestellt».

Pinzner, 1947 im Stadtteil Bramfeld geboren, war einst zur See gefahren, wie so viele Leute aus dem Milieu. Er jobbte in verschiedenen Branchen und wurde immer wieder wegen kleinerer Gaunereien straffällig, bevor er 1975 beim Überfall auf einen Supermarkt in seinen ersten Mord verwickelt wurde – der Leiter des Marktes wurde erschossen. Pinzner begründete später, erst die seiner Meinung nach ungerechtfertigte Verurteilung wegen Mordes sowie die anschließende Verbüßung einer neunjährigen Haftstrafe hätten ihn zu dem gewissenlosen Killer werden lassen, der er dann war. Denn nicht er soll den Mord begangen haben, sondern sein Partner.

Pinzner lernte noch in der Justizvollzugsanstalt Vierlande die Personen kennen, die ihm die Kontakte ins Rotlichtmilieu von St. Pauli vermittelten. Noch aus dem Knast heraus startete Pinzner seine neue, letzte «Karriere» – als bezahlter Auftragskiller. Sein Mordwerkzeug wurde ein Revolver der Marke Arminius, den ihm sein Mitgefangener Guido Birke besorgte und den er bereits auf Freigängen zum Morden benutzte. Unfassbar: Bei der Rückkehr ins Gefängnis deponierte er diesen Revolver stets im privaten Asservatenschrank, die Tatwaffe befand sich also immer in der Obhut des Staates.

Auf St. Pauli hatte ich Pinzner nie bewusst wahrgenommen. Äußerlich wäre er mir wohl auch nicht aufgefallen, er sah aus wie viele in der dritten Reihe des Milieus: Oberlippenbart, Vokuhilafrisur, sportliche Erscheinung. Außerdem benahm er sich sehr unauffällig, war ein eher ruhiger Zeitgenosse, gerade diese Kaltblütigkeit und Unaufgeregtheit machten ihn so gefährlich.

Nusser zahlte seinem Auftragskiller zwischen zwanzig- und vierzigtausend Mark pro «Hit», so viel war die Auslöschung eines Menschenlebens damals wert. Pinzner galt als Fachmann, der im Vorfeld die Örtlichkeiten gewissenhaft studierte, auf Fluchtwege achtete und eventuelle Zeugen im Blick behielt. Und sogar einen Assistenten hatte der «Meister des Todes» dabei, seinen einstigen Mitgefangenen Armin Hockauf.

Dabei mutet es beinahe laienhaft an, dass Pinzner bei jeder seiner Taten dieselbe Waffe benutzte, seinen Arminius, Kaliber .38, «zehn Züge mit Rechtsdrall», wie die Ballistiker der Polizei herausfanden, was bedeutet, dass im Revolverlauf zehn spiralförmige Rillen das Geschoss in Drehung versetzen, um es zu stabilisieren. Pinzner musste gewusst haben, dass er ballistische Fingerabdrücke hinterließ. Denn der Perfektionist legte sonst so viel Wert auf die Beseitigung von Spuren. Es wäre für ihn einfach gewesen, sich neue Waffen zu besorgen, um so die Spuren zu verwischen. Fast schien es, als wäre der Lohnkiller stolz darauf, mit seiner Arminius an jedem Tatort selbstbewusst seine persönliche Handschrift zu hinterlassen und dies auch in der Presse bestätigt zu sehen.

Und er hatte vielfach Gelegenheit dazu. Beispielsweise als er kurz vor Pfeilmaiers Hinrichtung für einen Bekannten Nussers, den aus Karlsruhe stammenden Luden «Hunde-Helmut» Dilger, einen Job zu erledigen hatte. Er sollte dem aus Ungarn stammenden 65-jährigen Ex-Bordellbesitzer Jehuda Arzi wegen einer offenen Kokainrechnung einen Finger abschneiden – als Warnung. Zwanzigtausend Mark wurde als Lohn vorgeschlagen. Doch Pinzner stellte klar: Das mache er nicht, er quäle keine Menschen. Stattdessen schlug er vor: «Ich geh hoch und knall ihn weg.» Die Auftragssumme verdoppelte er auf vierzigtausend Mark, sein

Auftraggeber willigte ein. Während eines Freigangs erfüllte er auch diesen Auftrag. Hockauf, sein Assistent, soll ihn dabei begleitet haben.

Wie Hohn musste es dem Auftragskiller da erschienen sein, als er am 10. Juli 1984, also vier Tage nach diesem «Hit», aus der Justizvollzugsanstalt vorzeitig entlassen wurde – wegen «guter Führung und positiver Voraussetzung für eine soziale Eingliederung in die Gesellschaft», so die offizielle Begründung. Es war nur einer von vielen Trugschlüssen des Rechtsstaates im Zusammenhang mit den Pinzner-Morden in jenen Tagen.

Im November 1984 ermordete Pinzner im Riemerlinger Wald bei München den St. Paulianer Dietmar «Lackschuh» Traub. Ich kannte Traub, der wie Fritz Schroer einer der vielen Kiezluden aus der zweiten Reihe war. Er hatte dunkle, leicht gekräuselte Haare und trug meistens eine schwarze halblange Lederjacke. Ich habe Traub freundlicher als Schroer in Erinnerung. Auf dem Kiez nannten sie ihn auch «Stacheldraht». Zeitungen schrieben später, er habe diesen Namen erhalten, weil er so ein harter Hund gewesen sei. In Wahrheit wurde Traub jedoch Stacheldraht genannt, weil er äußerst geizig war und man vermuten musste, er sichere die Geldbündel in seiner Tasche mit Stacheldraht. Traub, der wie der Wiener Peter Einheiten im «Palais d'Amour» unterhielt, wurde für Nusser – wie Schroer auch – zu einer Belastung. Denn auch Traub war schwer kokainsüchtig. Nusser gab Pinzner den Auftrag zum Töten, der Traub mit der Aussicht auf einen größeren Koksdeal in den Münchner Stadtteil Ottobrunn lockte und ihn dort erschoss.

Am Ostermontag 1985 fiel auch der Bordellbesitzer Waldemar Dammer, genannt «Neger-Waldi», den Killern zum Opfer. Dammers Wirtschafter Ralf Kühne, «Corvetten-Ralf», starb dabei ebenfalls, weil er zufällig zur falschen Zeit am falschen Ort war. Pinzner hatte den Auftrag, Dammer zu töten, weil der Nusser als

Konkurrent in die Quere gekommen war. Dammer war Mitte der Achtziger einer der Großen auf dem Kiez. Zusammen mit Stefan «dem Göttlichen» Hentschel und einem dritten Partner forderte Dammer von Nusser Anteile am «Eros-Center». Wochen vor Ostern eskalierte der Streit in der «Ritze», es kam zur Schlägerei. Wie so oft bekam Nusser mächtig was auf die Glocke, sein Freund Hockauf ebenfalls. Dammer und Hentschel waren zwei muskelbepackte Kraftpakete, der schmächtige Österreicher hatte keine Chance. Was Nusser besonders grämte: Er hatte vor seinen Frauen einstecken müssen. Eine Schmach, ein Gesichtsverlust, der auf dem Kiez schon Ludenkarrieren beendet hatte. Denn keine der Frauen konnte es sich leisten, zu einem Zuhälter zu gehören, der sich nicht durchsetzen konnte und der nicht respektiert wurde. Das Recht des Stärkeren definierte die Stellung im Milieu und damit auch den Erfolg der Geschäfte.

Und es gab noch einen Grund, der dazu führte, dass Dammer auf Nussers Abschussliste landete: Dammer hatte Siegfried «Siggi» Träger, einem Partner Nussers, St.-Pauli-Verbot erteilt. Denn Träger hatte zuvor versucht, Dammer die Frau «abzugraben», sie also für sich anschaffen zu lassen. So kam es, dass dieses Mal Träger, der Pinzner begleitete, die Todesschüsse abgab. Das Todesurteil für Waldemar Dammer und Stefan Hentschel war bereits gefällt worden – doch nur bei Neger-Waldi wurde es auch vollstreckt. Dammer schien das geahnt zu haben.

«Die wollen mich abknallen. Ständig stehen da Leute vor meinem Laden und beobachten mich», soll Dammer in unheilvoller Vorahnung seinem Freund Thomas Born gesteckt haben.

Innerhalb von neun Monaten waren fünf Männer aus dem Milieu durch Kopfschuss getötet worden. Auf St. Pauli herrschte große Unsicherheit. Die Medien überschlugen sich. Die Politik erhöhte den Druck auf die Ermittlungsbehörden, die Situation war komplett aus dem Ruder gelaufen. Das Ende dieser Tragödie ist bekannt: Nach einer jahrelangen Jagd auf das mordende Phantom konnte Werner Pinzner endlich am 15. April 1986 von einem Mobilen Einsatzkommando (MEK) in seiner Barmbeker Wohnung verhaftet werden. Die Tatwaffe, der legendäre Arminius, Kaliber .38, zehn Züge mit Rechtsdrall, lag geladen auf dem Sofa. Das Milieu selbst hatte Pinzners Ermordung längst geplant. Denn Mucki war zum Risiko geworden, er wusste zu viel und ließ sich nicht kontrollieren. Die Ermittler wiesen ihm die fünf Morde nach. Unterlagen über sechs weitere geplante Morde sollen sich in seinen beschlagnahmten Papieren befunden haben. Und der Irrsinn, gespeist aus den Fehleinschätzungen der Ermittler, ging weiter.

Am 29. Juni 1986 erschoss Pinzner mit einer von seiner Frau und seiner Rechtsanwältin eingeschmuggelten Waffe während einer Vernehmung im Hamburger Polizeipräsidium den für den Fall verantwortlichen Staatsanwalt Wolfgang Bistry, anschließend seine Frau und zuletzt sich selbst. Wie spätere Recherchen ergaben, hatte Jutta Pinzner während eines kurzen Aufenthaltes im Toilettenraum einen unter ihrem Rock mit Klebeband an der Innenseite ihres Oberschenkels befestigten Revolver in ihre bereits durchsuchte Handtasche gelegt. Nachdem sie wieder das Vernehmungszimmer betreten und sich neben ihren Mucki gesetzt hatte, griff dieser in die Handtasche, zog den Revolver und schoss.

Am 4. August 1987 schrieb Thomas Osterkorn, damals Polizeireporter des «Hamburger Abendblattes», heute Chefredakteur des «Sterns»: «Einer der Verantwortlichen für die Fahrlässigkeit im Fall Pinzner, auch das muss man sagen dürfen, war Staatsanwalt Wolfgang Bistry. Er wollte den Erfolg, fast um jeden Preis. Er hat im Wesentlichen bestimmt, was getan wird. Er kannte die Sicherheitsvorschriften, ließ Frau Pinzner trotzdem unkontrolliert eintreten. Wolfgang Bistry hat dafür mit seinem Leben bezahlt.»

Der Tatort war ein Vernehmungsraum, Abteilung «Organisierte Kriminalität». In diesem Bürogebäude ist die Polizei Hausherr, und es hätte von einem kompetenten Polizeibeamten entschieden werden müssen, dass Frau Pinzner ohne körperliche Durchsuchung die Räume nicht betreten darf. Niemals hätte man der Weisung und dem Handeln des Staatsanwaltes folgen dürfen, indem auf eine Durchsuchung verzichtet wurde – wie offenbar bereits mehrere Male zuvor.

Die Bluttat löste ein politisches Erdbeben aus, zwei Hamburger Senatoren und der amtierende Landespolizeidirektor als ranghöchster Polizist traten von ihren Ämtern zurück.

Ringo Klemm, Karl-Heinz Schwensen und Holger Saß sollen die Waffe besorgt haben, mit der Pinzner im Polizeipräsidium um sich schoss, entsprechende Hinweise fand man in Briefen Jutta Pinzners an ihren inhaftierten Mann. Klemms Verhaftung misslang, filmreif entkam er durch das Fenster seiner Musikkneipe «Chikago» am Hans-Albers-Platz – ihm gelang die Flucht nach Costa Rica. Dort spürten ihn 1993 Journalisten auf. Er wurde an Deutschland ausgeliefert und wegen Kokainbesitzes zu sechs Jahren Haft verurteilt.

Nusser, der Drahtzieher, wurde 1989 wegen mehrfacher Auftragsmorde vom Hamburger Landgericht zu einer lebenslänglichen Gefängnisstrafe verurteilt. Die verbüßte er in der JVA Fuhlsbüttel, bis er im April 2000 entlassen und in sein Heimatland Österreich abgeschoben wurde. Inzwischen soll er auf der spanischen Ferieninsel Ibiza leben, unter falschem Namen. «Ich entwickle Apps», lässt er verbreiten.

Hätte ich Josef Nusser damals zu meinen «Top Ten» der Ganoven gezählt, ihm also beharrlich auf die Finger geschaut, wie ich es bei anderen getan habe, wäre es vielleicht nie so weit gekommen. Schließlich gehörte es zu meinen Aufgaben, die Szene zu beobachten und präventiv gegen geplante Straftaten vorzugehen. Doch wir waren angesichts dieser Gewalteskalation durch organisierte Kriminalität machtlos und Hans-Jürgen und ich als Duo überfordert. Und dennoch hätten wir an jenem Septembertag 1981, als Fritz Schroer in Kleines «Ritze» erschossen wurde, um Haaresbreite den Auftakt einer grausamen Mordserie stoppen können – wären wir nicht zwischenzeitlich in die Herbertstraße gerufen worden.

Im Übrigen ist zu erwähnen, dass diese Tat weder verjährt noch gesühnt ist, denn Mord verjährt nicht.

DER SCHLIMMSTE TAG
MEINES LEBENS

ZUM Zeitpunkt dieser schlimmen Vorfälle war ich bereits nicht mehr auf St. Pauli im Einsatz. Denn es gab einen Vorfall, der mein berufliches als auch privates Leben grundlegend veränderte – und bis heute maßgeblich prägt. Es geschah am 13. Dezember 1980, zufällig war es genau der Kalendertag, an dem sechs Jahre zuvor mein Kollege Peter Koch in einer Bar am Hans-Albers-Platz erschlagen worden war.

An jenem Dezembernachmittag hielten der Schnelle und ich uns in der Nähe des Juweliers Wempe auf, dessen Ladengeschäft direkt an der Ecke Reeperbahn und Hans-Albers-Platz lag. Tage zuvor hatten wir Hinweise erhalten, dass ein Räuber das Geschäft kurz vor Ladenschluss überfallen wollte. Uns war lediglich bekannt, dass der Mann «Egon» hieß, weitere Informationen hatten wir vom Raubdezernat des LKA Hamburg nicht erhalten. Während der Observation tranken wir im Geschäft eine Tasse Kaffee mit dem Geschäftsführer, der über die Bedrohung informiert worden war, und gingen gegen 17.30 Uhr wieder nach draußen.

Wir positionierten uns in Sichtweite, in einer Entfernung von etwa dreißig Metern zum Geschäftseingang. Es war kühl und trocken an diesem Tag, ich trug einen halblangen, gefütterten Blouson. Am Gürtel rechts in einem Holster trug ich meine Pistole, Kaliber 9 Millimeter. Es war eine Waffe des Fabrikates SIG Sauer, die ich einen Monat zuvor in der Waffenkammer gegen die Walther PP 7,65 Millimeter getauscht hatte. Hamburgs Polizei wurde zu dieser Zeit umgerüstet, weil die alten Waffen vom Typ Walther PP keine zufriedenstellende «Mannstoppwirkung» hatten. Im Beamtendeutsch beschreibt das die Fähigkeit einer Waffe, Angreifer wirkungsvoll außer Gefecht zu setzen. So war es immer wieder vorgekommen, dass in Notwehr- oder Nothilfesituationen Kollegen mit ihrer Walther auf den Angreifer schossen, dieser jedoch trotz eines Bein- oder Armschusses seine Attacke unbeirrt fortsetzen konnte – teils mit verheerender Auswirkung für den sich verteidigenden Kollegen.

Wir warteten bereits eine gute Weile, da sah ich, wie Hans-Jürgen mit einem mir unbekannten jungen Mann sprach. Der Mann drehte mir den Rücken zu, Hans-Jürgen sah also in meine Richtung. Aufgrund der Entfernung konnte ich dem Gespräch zwischen den beiden nicht folgen. Zur selben Zeit ging in nur einem Meter Entfernung ein anderer Mann an mir vorbei. Unsere Blicke trafen sich kurz, er blickte eisig drein, schien mich zu taxieren. Der Endvierziger trug einen Parka und eine Cordhose, hatte schwarze Haare, war knapp 1,80 Meter groß. Er trottete mit den Händen in den Taschen am Juwelier vorbei über den Hans-Albers-Platz in Richtung Gerhardstraße. Als er etwa dreißig Meter von mir entfernt war, widmete ich mich ihm nicht mehr, ging zu Hans-Jürgen hinüber, um ihn nach seinem mir unbekannten Gesprächspartner zu fragen.

«Das war ein Kollege des Mobilen Einsatzkommandos», bekam ich zur Antwort. «Er hat mich gefragt, ob wir Egon gesehen haben. Denn das MEK hat Egon eben während einer Observation am Pferdemarkt im Tankstellenbereich neben dem Plaza-Supermarkt verloren.»

Das klang beunruhigend. Dass Egon bereits beschattet wurde, hatten wir nicht gewusst. Diese Information hätte uns bei der Observation des Juweliers durchaus geholfen. Hans-Jürgen hatte vom MEK-Beamten, einem alten Bekannten, auch erfahren, dass den Kollegen Bilder aus früheren erkennungsdienstlichen Behandlungen und persönliche Angaben über Egon vorlagen.

Der MEK-Beamte war auch sogleich zum Auto gelaufen, um uns die Fotos zu zeigen. Doch dann kam er mit leeren Händen zurück – die Lichtbilder befänden sich im anderen Einsatzfahrzeug. Immerhin erfuhren wir jetzt, dass der Familienname des Gesuchten Suhr war.

Mir ging der Mann mit dem eisigen Blick nicht aus dem Sinn, nach dem ich jetzt nochmals Ausschau hielt. Doch er war verschwunden. Ich hatte ihn aus den Augen verloren. Leider hatte ihn der MEK-Beamte durch einen blöden Zufall gar nicht erst zu sehen bekommen, weil er sich mit Hans-Jürgen unterhalten und ihm den Rücken zugewandt hatte. In mir stieg eine böse Ahnung auf, und so sagte ich zum Schnellen: «Bleib du hier am Juwelierladen. Ich habe da vorhin so einen Typen entlangschleichen gesehen, während du dich mit dem Kollegen unterhalten hast. Der kam mir sehr seltsam vor. Ich will doch mal sehen, ob ich ihn hier noch irgendwo sehe.»

Und tatsächlich entdeckte ich ihn in der Gerhardstraße wieder, gerade bog er in die Herbertstraße ein, durchquerte diese und ging am anderen Ende in die Davidstraße. Eine Weile stand er vor dem «Cuneo», bekannt als ältestes italienisches Restaurant Hamburgs, eröffnet 1905 vom italienischen Koch Francesco Antonio Cuneo. Ich folgte dem Fremden durch die Davidstraße und nahm wahr, dass er mich schon wieder mit einem Blick musterte, der geeignet schien, die Elbe gefrieren zu lassen. Ich hatte leider das Funkgerät nicht dabei, das hatte der Schnelle. Handys gab es noch nicht, sodass ich auf der Straße keinen Kontakt zu meinem Kollegen aufnehmen konnte. Deshalb ging ich die Treppe hinunter in das Souterrainlokal «Rattenkeller» und telefonierte dort mit meiner Dienststelle. Ich bat den Wachhabenden, sofort Kontakt mit dem Schnellen aufzunehmen und ihn zum «Rattenkeller» zu schicken. Hans-Jürgen kam auch umgehend, es war gegen 17.55 Uhr, wir wechselten Blicke, ich ging zurück in Richtung Juwelier und hatte richtig kalkuliert: Der Verdächtige lief jetzt hinter mir, und hinter ihm lief Hans-Jürgen. Wir bildeten also eine Kette. Der Typ sah sich die Schaufensterauslagen des Juweliers an, während das Personal das Geschäft verließ und elektrisch betriebene Eisengitter das Schaufenster und die Eingangstür verriegelten.

Ich unterhielt mich mit dem Personal und überließ Hans-Jürgen den Verdächtigen, der offenkundig unentschlossen oder verunsichert war und alsbald von dannen trottete. Während ich mit den Juwelier-Angestellten plauderte, hörte ich einen gellenden Pfiff und sah, wie Hans-Jürgen mir von der anderen Seite der Reeperbahn auf Höhe des Abzweigs Hamburger Berg zuwinkte. Ich lief zu ihm, und er erzählte mir, dass der Mann soeben im «D-Zug 2» verschwunden war, einer verwahrlosten Kneipe überwiegend mit Gästen aus der sozialen Unterschicht.

Wir besprachen die weitere Strategie und kamen zu dem verhängnisvollen Schluss, dass es sich bei diesem Mann wohl nicht um Egon Suhr handelte, sonst hätte er wohl längst die nächste sich ihm bietenden Gelegenheiten zum Überfall auf den Juwelier genutzt. Weil er sich aber auffällig benommen hatte, entschieden wir, seine Personalien zu überprüfen. Denn der «D-Zug 2» war ein berüchtigter Treffpunkt für entwichene Strafgefangene oder anderweitig steckbrieflich gesuchte Strolche. Im Lokal waren wir bekannt wie die bunten Hunde, seit Jahren vollstreckten wir dort Haftbefehle, mitunter dreimal wöchentlich.

Laute Musik schlug uns entgegen, als wir die Schankwirtschaft betraten, ein Schlager von Marianne Rosenberg. Wir kämpften uns durch einen dicken Vorhang aus Zigarettenqualm, etwa zwanzig Gäste verteilten sich in dem kleinen Schuppen, der nur eine Deckenhöhe von etwa 2,20 Metern hatte. Der überwiegende Teil der Anwesenden war betrunken, sie gestikulierten wild und redeten laut, einige waren auch eingenickt. Beim Blick in die Runde war mir umgehend klar: Hier saßen die üblichen Kleinkriminellen, Altprostituierten, Trunkenbolde, die vor der Dezemberkälte flohen. Hinter dem Tresen stand ein ausgemergelter Kellner, der mürrisch seiner Arbeit nachging. In der Mitte des Gastraums stand «unser Mann», starrte uns entgegen. Ich ging auf ihn zu, blieb knapp einem Meter vor ihm stehen, zog meine Kripo-Dienstmarke an der Kette aus der Hosentasche und hielt sie ihm vor die Nase.

«Polizei, zeigen Sie mir bitte Ihren Ausweis», forderte ich ihn auf, betont ruhig, aber bestimmt.

Er nahm seine Hände aus den Taschen seines Parkas und fragte in bockigem Tonfall, weshalb er sich denn ausweisen solle.

«Weil Sie einer gesuchten Person ähneln», antwortete ich.

Umständlich fingerte er ein dickes Portemonnaie aus seiner Gesäßtasche. Es dauerte, bis er daraus ein weißes Papier hervorgezogen hatte, das die Form eines Personalausweises besaß. Ich las auf dem Frontblatt «Justizvollzugsanstalt Suhrenkamp, Fuhlsbüttel, Freigänger-Ausweis». Ich klappte das Ausweispapier auf, sah das Lichtbild des Mannes und las den Namen Egon Suhr – Volltreffer!

Im nächsten Moment nahm ich wahr, dass Suhr seine Hand in Richtung seiner rechten Hosentasche bewegte. Doch ich war schneller, denn ich hatte die ausgebeulte Tasche gesehen, schnell griff ich in die Richtung und fragte: «Was haben Sie da?»

Blitzschnell schlug Suhr meinen ausgestreckten Arm zur Seite, zog aus seiner Tasche eine Walther PP, Kaliber 7,65 Millimeter. Er richtete die Waffe auf mich und schrie mich an: «Hände hoch!» Und noch einmal lauter: «Hände hoch!»

Ich nahm die Hände hoch und zeigte keine weiteren Reaktionen. Er sah mich mit seinen kalten blauen Augen an. Ich erkannte in diesem Moment, dass der Pistolenlauf vorn offen war, es war also eine echte Schusswaffe und keine Schreckschusspistole. An der linken Seite der Waffe erkannte ich einen roten Punkt, was bei Waffen dieses Fabrikats besagt, dass die Waffe entsichert war. Suhr hatte den Zeigefinger der rechten Hand am Abzug.

Es war wie so oft beschrieben: In Sekunden lief mein ganzes Leben wie ein Film im Zeitraffer vor mir ab. Ich dachte, so ist das also, wenn es zu Ende geht. Ich blickte diesem Mann in die Augen, und ich wusste, dass das in einer Katastrophe münden würde. So etwas spürt man. In seinem Blick lag kein Zweifel, kein Mitleid und nichts Menschliches. Er wirkte irrational, unberechenbar, völlig überdreht. Ich ging in diesem Moment fest davon aus, dass er schießen würde. Ich hielt ihn für hochgradig paranoid und obendrein für entschlossen, sich seinen Weg freizuschießen.

Merkwürdigerweise hatte ich in diesem Moment keine Angst. Vielleicht hatte ich einfach keine Gelegenheit dazu, weil Angst auch einer gewissen Zeit bedarf, einer Zeit des Nachdenkens. Doch das lief hier alles in Sekundenschnelle ab, ich reagierte instinktiv. Suhr konnte nicht danebenschießen, er stand mir direkt gegenüber. Er hatte nur mich zur Kenntnis genommen, was bei ihm womöglich zur Überzeugung führte, er käme aus dem Schlamassel raus, wenn er den einzigen anwesenden Bullen ausschaltete. Der Schnelle stand seitlich versetzt zu ihm, sodass Suhr ihn für einen Gast halten musste – obwohl er rein optisch hier gar nicht reinpasste.

Und dann passierte es: Hans-Jürgen warf sich filmreif auf Suhr, ergriff dessen Arm, mit dem er auf mich zielte. Beide stürzten auf eine Sitzbank, Suhr voran. Suhr hatte jetzt rechts die Wand, links den Schnellen neben sich – und feuerte in den Raum. Der erste Schuss galt mir und pfiff Millimeter an meinem linken Ohr vorbei. Der zweite Schuss war tödlich – für einen Dreißigjährigen, der, dem Geschehen mit dem Rücken zugewandt, an einem der Tische saß und über seinem Bier eingedöst war. Der Schuss drang unterhalb des Schulterblattes ein und durchschlug die Lunge. Für ihn gab kam jede Rettung zu spät.

Zu allem Unglück griff jetzt auch noch eine total betrunkene betagte Prostituierte in das Geschehen ein und versuchte ungeschickt, dem mit Suhr ringenden Hans-Jürgen zu helfen. Obwohl sie es gut meinte, störte sie natürlich nur. Während beide noch in der Sitzgruppe um die Pistole rangen, machte der Schnelle den linken Arm frei und versetzte der Frau eine kräftige Ohrfeige, sodass sie in die nächste Ecke taumelte und vorerst Ruhe gab. Ein anderer Gast griff in das Gerangel um die Pistole ein, ebenfalls um Hans-Jürgen zu helfen. Günter Z. griff dabei, von hinten kommend, direkt in das Rohr der Pistole, als Suhr erneut schoss. Ein Finger seiner rechten Hand wurde regelrecht zerfetzt, schreiend rannte Günter Z. aus dem Lokal.

Das alles hatte bislang nur Sekunden gedauert. Ich befand mich immer noch im Schussfeld, hatte mich aber mittlerweile geduckt und meine Waffe gezogen. Ich richtete die Pistole auf das in der Sitzgruppe ringende Knäuel. Ich sah, dass Suhr so fest die Waffe umklammerte, dass seine Knöchel weiß und blutleer hervortraten. Hätte Hans-Jürgen nur einen Moment in meine Richtung gesehen, so hätte er vermutlich Suhr losgelassen und wäre von der Sitzbank in die Mitte des Raumes gehechtet – dann hätte ich freie Schussbahn gehabt und diese für uns alle gefährliche Situation entschärft. Da aber die beiden Kämpfenden ineinander verschlungen ständig von einer Seite auf die andere rollten, musste ich befürchten, Hans-Jürgen zu treffen. So steckte ich die Waffe wieder zurück ins Holster.

Nach dem fünften Schuss versagte Suhrs Pistole – Ladehemmung. Deutlich war zu erkennen, dass sich die fünfte Patronenhülse im Auswurflager verklemmt hatte. Der Irre versuchte weiter krampfhaft, den Abzug zu betätigen, er wollte auf mich schießen. Doch seine Waffe gab glücklicherweise keinen Schuss mehr ab. Ich sprang jetzt Hans-Jürgen zu Hilfe und hieb Suhr mit kräftigen Schlägen meine Pistole auf den Schädel. Endlich gelang es Hans-Jürgen, dem sichtlich angeschlagenen Schützen die Pistole zu entreißen. Im hohen Bogen flog sie über den Tisch in Richtung Eingangstür des Lokals. Ich hechtete der Waffe hinterher, ergriff sie, bevor einer der Gäste auf die Idee kam, die Pistole an sich zu nehmen und neuen Ärger anzufangen. Dann ging ich zurück und riss zusammen mit dem Schnellen Suhr aus der Sitzgruppe, wir warfen ihn auf den Fußboden und legten ihm Handschellen an. Neben der Musikbox lag der Tote.

Erst jetzt merkte ich, dass die ganze Zeit mit einer irren Lautstärke schreckliche Musik aus der Box dröhnte. Mir wurde schlecht, teils lag das am soeben Erlebten, teils an der Luft, die dermaßen verbraucht und verraucht war. Ich musste mich beherrschen, sonst hätte ich mich übergeben, aber die Situation war noch nicht vollständig geklärt. Einige der betrunkenen Gäste hatten den Vorfall nur vage, vermutlich gar nicht mitbekommen. Ich musste die Eingangstür der Kaschemme verschließen, um zu verhindern, dass Zeugen unbemerkt verschwanden. Umgehend informierte ich die Davidwache. Der Kriminaldauerdienst im Polizeipräsidium und die einsatzbereite Gruppe der Mordkommission setzten sich augenblicklich in Marsch. Notarztwagen, Rettungswagen sowie acht Funkstreifenwagen der Polizei hielten am Hamburger Berg vorm «D-Zug 2».

Egon Suhr wurde zur ärztlichen Versorgung ins Hafenkrankenhaus gebracht, danach in die Davidwache. Meine Schläge mit der Pistole hatten ihm eine Gehirnerschütterung beschert, und ich empfand weiß Gott kein Mitleid mit diesem Psychopathen. Anschließend wurde Suhr mit dem Festgenommenen-Sammeltransporter ins Untersuchungsgefängnis gebracht. Es war Samstagabend, am kommenden Morgen erwartete ihn der Haftrichter.

Egon Suhr wurde verhaftet, wegen des Verdachts auf Totschlag und versuchten Mordes – der letzte Punkt betraf mich.

DER MANN, DER MICH FAST UMGEBRACHT HÄTTE

BEI unserem Eintreffen in der Davidwache wurden wir von Kollegen der Abteilung «Beamtendelikte» voller Sorge und Mitgefühl empfangen. Sie ließen sich unsere Waffen aushändigen, um zu prüfen, ob einer von uns beiden geschossen hatte.

Anschließend habe ich mich sehr intensiv mit der Vita des Mannes beschäftigt, der mich um Haaresbreite umgebracht hätte. Suhr war Jahrgang 1935. Seit seinem sechzehnten Lebensjahr befand er sich fast ununterbrochen in Erziehungsanstalten, im Jugendarrest oder später im Gefängnis. Diebstähle, Schlägereien und permanenter Ärger mit den Gesetzeshütern überschatteten sein Leben. Beispielsweise fing er im Jahr 1958 in einem Kieler Bordell Streit mit einer Prostituierten an und schlug ihr daraufhin eine siebenhundert Gramm schwere Stellschraube so brutal an den Kopf, dass die Frau innerhalb einer Woche an den Folgen ihrer Verletzung starb. Er hatte also bereits ein Menschenleben auf dem Gewissen. Nur drei Jahre saß er dafür in Haft, 1961 kam er wieder frei, weil man ihm verminderte Zurechnungsfähigkeit zugestand. Er wurde strafrückfällig, er stahl und wurde wieder inhaftiert. Er beschaffte sich eine Schreckschusspistole, manipulierte sie, indem er die Sperre im Lauf durchbohrte, und besorgte sich fünfzig Schuss scharfe Munition.

Dermaßen aufgerüstet, ging er auf Diebestour. In der Karstadtfiliale Mönckebergstraße stahl er eine Flasche Cognac. Als der Kaufhausdetektiv ihn stellte, versuchte Suhr, ihn zu erschießen. Nur dem glücklichen Umstand, dass seine Waffe auch damals Ladehemmungen hatte, ist es zu verdanken, dass an diesem Tag kein Blut floss.

Erneut wurde er auf die Menschheit losgelassen, diverse Kfz-Diebstähle und kleinere Diebestouren schlossen sich an. 1970 fuhr er mit einem geklauten Pkw über den Straßenstrich am Fischmarkt, lud eine Prostituierte ein, mit der er angeblich eine Nummer schieben wollte, lenkte das Fahrzeug in eine dunkle, abseitige Ecke und erzwang von der Frau mit Waffengewalt Geld. Sie händigte ihm zwanzig Mark aus, mehr hatte sie nicht dabei. Im Anschluss kam Suhr wieder ins Gefängnis.

Die Verantwortlichen ließen nichts unversucht, diese wandelnde Zeitbombe zu entschärfen: 1975 bemühte man sich redlich, ihn psychotherapeutisch zu behandeln, auch um so seine Freilassung zu verhindern. Er erhielt wöchentlichen Ausgang, um an einer Gesprächstherapie teilnehmen zu können. Nachdem ihm zu Ohren gekommen war, dass man zur Einschätzung gelangt war, der Effekt der Therapie sei bei ihm gleich null, und somit das Ende seiner wöchentlichen Ausgänge unmittelbar bevorstand, tauchte er, von nackter Panik getrieben, unter.

Suhr stahl in Hamburg einen Opel, fuhr damit nach Kiel und kundschaftete ein Fotogeschäft aus. Mit einem Feldstein zerstörte er die Schaufensterscheibe und stahl wertvolle Kameras. Auf der anschließenden Flucht nach Hamburg wurde er von der Besatzung eines Streifenwagens erkannt. Bei einer Geschwindigkeit von hundertfünfzig km/h steuerte Suhr seinen Opel «auf Tuchfühlung» mit dem Streifenwagen, der sich daraufhin überschlug. Die Beamten, die nicht angeschnallt waren, wurden aus ihrem Fahrzeug geschleudert und dabei schwer verletzt. Einem der Polizisten wurde das linke Ohr abgerissen, seinem Kollegen die linke Kniescheibe zertrümmert, er war achtzehn Monate dienstunfähig. Suhr flüchtete zu Fuß und konnte in den Morgenstunden des folgenden Tages geschnappt werden. Er hatte lediglich leichte Prellungen davongetragen.

Vor Gericht bekam Suhr in einem psychiatrischen Gutachten

verminderte Schuldfähigkeit attestiert. Er wurde wie ein Natur-ereignis behandelt, für das keiner Verantwortung trägt, das aber in unschöner Regelmäßigkeit Opfer kostete. Wegen dieser und weiterer Straftaten verurteilte man ihn schließlich zu zwei Jahren und sechs Monaten Freiheitsstrafe. Außerdem wurde eine anschließende Sicherungsverwahrung angeordnet, weil es sich bei ihm um einen Menschen mit einer schweren neurotischen Persönlichkeitsentwicklung handelte. Aufgrund der zahlreichen einschlägigen Vorstrafen kam jetzt endlich auch das Gericht zu dem Schluss, dass Suhr einen Hang zu weiteren erheblichen Straftaten hatte. Man befand, von diesem Mann gehe eine Gefahr für die Allgemeinheit aus.

Er verbüßte seine Strafe in Kiel und wurde am 30. Juni 1980 in den Übergangsvollzug nach Hamburg verlegt. Das war ein schwerer Fehler, der auf einem anderen Fehler fußte: Suhrs Sicherungsverwahrung war aufgrund eines Versäumnisses in der Strafzeitberechnung amtsintern nicht aktenkundig geworden. Dadurch gestand man ihm erneut den Freigang zu. Tagsüber begab er sich in psychotherapeutische Behandlung, auch weil man bei ihm ein stark aggressives Verhalten und Aversionen gegenüber Behörden und ihren Mitarbeitern festgestellt hatte.

Offensichtlich hatte Suhr gehofft, dauerhaft um die Siche-rungsverwahrung herumzukommen. Doch irgendwann fiel den Behörden der Fehler auf, vielleicht lag es am nahenden Ende sei-ner Strafverbüßung. Jedenfalls wurde Suhr darüber informiert, dass er nicht mit einer Freilassung rechnen könne. Die Vorstel-lung, vom Übergangsvollzug wieder nach Fuhlsbüttel in die Strafvollzugsanstalt zurückzumüssen, löste bei Suhr Panik aus. Er reagierte wie stets zuvor, lief Amok: Einige Tage vor dem schicksalhaften 13. Dezember 1980 beschaffte er sich die Pistole vom Typ Walter PP samt Reservemagazin mit acht Patronen des Kalibers 7,65 Millimeter. Und das Unglück nahm seinen Lauf ...

Aus heutiger Sicht frage ich mich, warum wir vor dem verhängnisvollen Einsatz – es ging ja eigentlich nur um den Schutz eines Juweliergeschäftes – nicht über das Gefährdungspotenzial, das von diesem Mann ausging, informiert worden waren? Wenn es bereits so detaillierte Erkenntnisse über die Gefährlichkeit dieses Menschen gab, dann hätte man alle am Einsatz beteiligten Beamten darüber informieren *müssen*. Verheerend war auch, dass man uns weder Fotos noch Personendetails von Suhr zur Verfügung stellte. Ließ man uns unwissend über ein Minenfeld laufen, nur um die Observation nicht zu gefährden? Leichtsinnig waren hier Menschenleben aufs Spiel gesetzt worden.

1982 wurde Egon Suhr vom Landgericht Hamburg zu einer Freiheitsstrafe von acht Jahren verurteilt – wegen Totschlags unter Anrechnung einer verminderten Schuldfähigkeit. Den Vorwurf des versuchten Mordes wies die Kammer ab, obwohl Suhr mit durchgeladener und entsicherter Pistole in der Öffentlichkeit herumgelaufen war. Das Gericht mutmaßte vielmehr, unser Einschreiten habe ihn dazu verleitet, die Waffe zu ziehen. Vordergründig sei es wohl nicht seine Absicht gewesen, mich zu töten. Vielmehr sei es ihm darum gegangen, mich kampfunfähig zu machen, um dann die Flucht zu ergreifen.

Ich bin in dieser Frage völlig anderer Meinung als das Gericht: Der Mann wollte mich erschießen. Während er mit Hans-Jürgen rang, hatte er mehrfach in meine Richtung gezielt. Zuletzt scheiterte sein Vorhaben nur, weil sich die fünfte Patronenhülse verklemmte. Außerdem hatte Suhr bereits kurz nach seiner Festnahme gegenüber anderen Polizisten geäußert: «Schade, dass ich den Kneipengast erschossen habe. Es hätte den Bullen treffen sollen, der mich überprüft hat.»

Eine erneute anschließende Sicherungsverwahrung wurde abgelehnt, obwohl Suhr im Knast mehrfach geäußert hatte, «denjenigen umzulegen, der mich hier reingebracht hat».

Aus Sicht eines Opfers empfand ich die kalte, wenig einfühlende Rechtsprechung als sehr beschämend.

Ich hatte die dramatischen Ereignisse am besagten 13. Dezember 1980 erstaunlich angstfrei bewältigt. Als hätte sich in meinem Bewusstsein in jenem Moment der Autopilot eingeschaltet. Ich habe viel darüber nachgedacht, ob wir den Tod eines Unbeteiligten hätten verhindern können. Mitunter rede ich mir ein, dass wir durch unser besonnenes Verhalten vielleicht ein größeres Massaker abgewendet haben – aber wer kann das schon mit Bestimmtheit sagen.

Vor allem Hans-Jürgen verdanke ich alles, er hat mir das Leben gerettet. Immerhin standen Suhr und ich so dicht voreinander, dass er selbst mit geschlossenen Augen nicht hätte vorbeischießen können. Und so feiere ich jedes Jahr am 13. Dezember, genau um 18.15 Uhr, allein im stillen Kämmerlein meinen Geburtstag. Am 13. Dezember 2011 bin ich einunddreißig Jahre alt geworden.

Doch so ruhig ich die schlimmen Minuten im «D-Zug 2» erlebt hatte, so höllisch wurden die Jahre danach. Ich nahm von diesem Tag das mit, was man landläufig ein Trauma nennt, im Fachjargon posttraumatische Belastungsstörung (PTBS), ohne es sofort als solches zu identifizieren. Schlagartig war mir bewusst geworden, wie schnell alles zu Ende sein kann, wie zerbrechlich unser irdisches Glück ist. Das klingt vielleicht geschwollen, wurde aber für mich zu einem bestimmenden Impuls in meinem weiteren Leben. Und in mir machte sich eine Angst breit, eher schleichend, unterschwellig, subtil: Vielleicht will dieser Irre mich nach Verbüßung seiner Haft aufsuchen und töten?

Suhr lebte nach seiner Haftentlassung 1990 lange Zeit in Hamburg. Vielleicht lag es daran, dass ich viel Zeit hatte, das kriminelle Milieu aus nächster Nähe zu studieren – denn ich wusste, dass solche Psychopathen zu allem fähig waren. Auch zu Racheakten. Und genau das hatte er ja angekündigt. Strafen schrecken solche Typen nicht ab, weil sie zu rationalen Abwägungen nicht mehr in der Lage sind, sondern nur noch intuitiv handeln und ihren bösen Instinkten folgen. Hans-Jürgen und ich wurden auf Suhrs Haftentlassung vorbereitet, wir nahmen an einer gesonderten Schießausbildung teil. Zusätzlich erhielten wir jeder einen Revolver mit .357 Magnumkaliber, den wir in unserer Freizeit trugen.

Es war eine Zeit äußerster Anspannung. Ständig musterte ich mein Umfeld auf der Suche nach Zeichen, die mir verdächtig vorkamen: Sah der da drüben nicht aus wie Suhr, schaute dieser Mann mich nicht ständig an, wer ging da eigentlich seit Minuten hinter mir her? Es war auch für meine Familie keine schöne Zeit. Ich war traumatisiert, doch ich stellte mich dieser Tatsache nicht, nahm also keine professionelle Hilfe in Anspruch, sondern ließ meinen Ängsten freien Lauf. Das war nicht gut, aber psychologische Betreuung, wie es sie heute gibt, war zur damaligen Zeit noch nicht sehr verbreitet. Die Gesellschaft widmete sich vor allem äußeren, sichtbaren Verletzungen. Die inneren überging man.

Die Situation entspannte sich erst, als ich 2003 von Suhrs Tod erfuhr. Er erlag einem Krebsleiden. Ich empfand keine Freude, es gab kein Gefühl des Triumphes in mir. Aber ich kann nicht leugnen, dass sich, als ich die Nachricht vernahm, in mir eine große, befreiende Erleichterung Bahn brach. Endlich konnte ich mich in der Öffentlichkeit wieder frei bewegen, ohne zunächst einmal sämtliche männliche Personen in meinem Blickfeld zu mustern.

Doch vollends kurierte mich nicht einmal sein Ableben. Besuche ich heute ein Restaurant, dann schaue ich stets, ob es freie Tische gibt, an denen ich mit dem Rücken zur Wand sitze –

eine Marotte, die ich den dramatischen Erlebnissen im «D-Zug 2» verdanke. Ich brauche einfach das Gefühl, den gesamten Gastraum überschauen zu können, um vor unangenehmen Überraschungen geschützt zu sein und nicht hinterrücks erschossen zu werden, wie es dem jungen Mann im «D-Zug 2» passierte. Man nennt ein solches Verhalten «Hypervigilanz».

NICHTS BLIEB, WIE ES WAR

DAS Drama im «D-Zug 2» hat mich verändert. Und dem musste ich, ob ich wollte oder nicht, auch beruflich Rechnung tragen. Ich hatte Angst, mich weiter tagtäglich der Gefahr für Leib und Leben auszusetzen. Zumal in einer Umgebung wie St. Pauli. Da spielte es auch keine Rolle, dass die eigentliche, wirklich tödliche Gefahr für uns nie vom heimischen Rotlichtmilieu ausging, sondern stets von Kriminellen, die sich hier nur sporadisch aufhielten.

Auch begannen sich die Schwerpunkte unserer Tätigkeit auf St. Pauli zu verlagern. In die leerstehenden Häuser an der Hafenstraße waren Hausbesetzer eingezogen. Die Politik agierte hilflos, mal auf Härte, mal auf Verständigung setzend. Die Situation verschärfte sich, die Häuser wurden zum Symbol für den Widerstand gegen Staat, System, alte Wertewelt. Und wir waren die, die es ausbaden sollten. Die Hafenstraßen-Problematik wurde in unserem Revier zur Chefsache, genoss oberste Priorität. Schnell merkte ich: Das war nicht meine Welt, das war auch nicht mein Konflikt. Hier ging es nicht mehr darum, Straftaten, kriminelle Machenschaften zu bekämpfen und Mitbürger zu schützen. Hier ging es darum, politische Versäumnisse mit den Mitteln der Polizei zu korrigieren.

Was meiner Unzufriedenheit im Job ebenfalls Vorschub leistete, war die näher rückende Pensionierung Ludwig Rielandts, der für mich stets eine Art berufliche Vaterfigur gewesen ist. Ich wusste nicht, ob ich in seinem Nachfolger einen Vorgesetzten finden würde, der mir so viel Rückhalt, Freiraum und Kreativität bieten würde, wie es bei Rielandt geschehen war. Das alles führte dazu, dass ich mein Aufgabengebiet bei der Schmiere auf

St. Pauli zunehmend in Frage stellte. Doch den größten Anteil daran hatte wohl die schlimme Erfahrung, die ich im Dezember 1980 hatte machen müssen.

Irgendwann wollte ich nur noch weg aus St. Pauli. Und das sprach sich im Milieu herum. Am letzten Tag meiner Tätigkeit in der Davidwache im Dezember 1981 kam eine Prostituierte aus der Herbertstraße vorbei. Sie trug unter dem Arm eine sechzig mal vierzig Zentimeter große Tafel, die war in Geschenkpapier gewickelt. Sie legte den Gegenstand auf meinen Bürotisch.

Nach einer warmherzigen, ziemlich schwülstigen Umarmung sagte sie: «Sie haben uns zwar oft genervt und viele Jungs und Huren geärgert. Aber danke, dass Sie durch Ihre ständige Anwesenheit auf dem Kiez für eine gewisse Sicherheit gesorgt haben. Die wird es ja wohl in Zukunft nicht mehr geben.»

Ich fand das rührend und wiegelte ab: «Vielen Dank, aber jeder Mensch ist ersetzbar. Streifenpolizisten wird es immer auf St. Pauli geben. Und ihr werdet dafür sorgen, dass das auch immer nötig sein wird …»

Dann übergab sie mir das Geschenk. Ich entfernte das Papier und war baff. Ein Ölgemälde! Das Bild zeigte eine Bordellstraße, nämlich die nicht mehr existierende Ulricusstraße, und trug den Titel «Das Auge des Gesetzes». Die Unterschrift des Malers war unleserlich, ich konnte sie nicht entziffern.

Die Ulricusstraße war seinerzeit eine Bordellstraße in der Hamburger Innenstadt, auf der nach Abriss der Häuser 1958 das Unilever-Gebäude errichtet wurde. Auf dem Bild prangt über der Straße ein glutroter Himmel, gespickt mit weißen Wattewölkchen. Die Ansicht zeigt vier Reihenhäuser, gebaut im Fachwerkstil und zweistöckig. Die Obergeschosse stehen leicht hervor. Vielleicht lag es am Alter der Häuser, dass sie sich allmählich nach vorn neigten, ihre Fronten erinnerten an den schiefen Turm von Pisa. Auf den Häusern thronen spitz zulaufende Ziegeldächer. Vor den Häusern ist die Fahrbahn der Straße mit großen Kopfsteinen gepflastert, wie es am Anfang des 20. Jahrhunderts üblich war. Vor den Häusern steht eine Prostituierte lasziv auf einer Treppe, das linke Bein auf der dritten, das rechte auf der zweiten Stufe. Die anmutige Frau lehnt mit dem rechten Arm an der Hausmauer, den linken Arm lässig auf die Hüfte gestützt. Sie hat schwarze Haare, die seitlich bis auf die Schulter hinabfließen. Der Blick der üppigen Frau, ihr Oberkörper in eine enge rote Korsage geschnürt, scheint geeignet, einem den Kopf zu verdrehen. Und der, dem sie den Kopf verdreht, steht ganz in der Nähe. Ein Freier, komplett in Schwarz gekleidet, gedrungener Gestalt und eher klein, dazu hat er starke O-Beine und einen Buckel. «Die Schöne und das Biest» wäre mein Vorschlag für den Titel des Bildes. Der Mann steht mit dem Rücken zum Betrachter. Rechts neben dem Freier steht ein Polizist, ein Udel oder Udl, wie man ihn früher nannte, der ihn um einen Kopf überragt. Udel ist das plattdeutsche Wort für «Eulen», die frühere Spottbezeichnung für Hamburger Polizisten. Er steht lässig daneben und sieht sich die Situation scheinbar entspannt an.

Das Bild faszinierte mich sofort, der glutrote Himmel verleiht der eher beschaulichen Szene eine gewisse Dramatik. Ich bedankte mich herzlich bei der Frau, wünschte ihr alles Gute für die Zukunft und nahm das Bild mit nach Hause. Normalerweise dürfen Polizisten keine Geschenke annehmen. Doch das Bild war ein typisches Trödelmarkt-Schnäppchen und absolut wertlos, obwohl es für mich natürlich einen hohen ideellen Wert hat. Als die Frau die Davidwache verließ, bemerkte ich, dass sie feuchte Augen hatte.

Meine Beziehung zu St. Pauli, wo ich zehn Jahre lang gearbeitet hatte, war stark abgekühlt. Der Stadtteil war schon damals nicht mehr das anrüchige, aber dennoch warmherzige und authentische St. Pauli, das ich einst liebgewonnen hatte. St. Pauli veränderte sich rasant, begann das zu werden, was es heute längst ist: eine von Kitsch und Kommerz dominierte, durchgestylte Amüsiermeile, die das historisch gewachsene Flair integrieren wollte, aber letztlich geschluckt hat. Szenegänger und Nachtschwärmer eroberten den Bezirk, Clubs und Lounges verdrängten die schummerigen Eckkneipen, in denen die Knolle Holsten oder Astra einst für weniger als eine Mark zu haben war. Ich und St. Pauli, wir hatten uns entfremdet.

Ich nahm an einem Auswahlverfahren für die Kriminalpolizei teil, wurde auserwählt und besuchte im Januar 1982 einen Kripo-Lehrgang. Die Davidwache war für mich Geschichte. Nach dem Wechsel zur Kriminalpolizei versah ich zunächst einige Jahre Dienst am Kriminalkommissariat, das für das Promi-Viertel in Hamburg-Pöseldorf zuständig ist – ein wahres Kontrastprogramm zu St. Pauli –, bevor ich noch einige Male die Dienststelle wechselte. Im selben Jahr trennte ich mich von meiner Frau, auch in dieser Hinsicht veränderte sich mein Leben grundlegend.

Nach einundvierzig Jahren und hundertfünfzig Tagen im Dienst verabschiedete ich mich an meinem sechzigsten Geburtstag im August 2007 als Kriminalhauptkommissar aus Altersgründen in den Ruhestand.

Die Signatur des Bösen

Hans-Ludwig Kröber ist Deutschlands bekanntester Kriminalpsychiater. Seine Gutachten über Schwerverbrecher sind legendär. Erstmals erzählt er hier von seinen verstörendsten Fällen. Lakonisch und gleichzeitig packend schildert er, wie aus normalen Bürgern Mörder werden. Der Weg dorthin ist oft verschlungen, er führt durch die Abgründe in der Mitte unserer Gesellschaft. Ein beklemmender Einblick in die Seele des Bösen.

«Ein kleines Meisterwerk: spannender als ein Tatort, unterhaltsamer als ein Roman, berührend, erschreckend und zu allem Überfluss sogar noch wahr!»
Manfred Lütz

Sb 015/1 · Rowohlt online: www.rowohlt.de · www.facebook.com/rowohlt

ISBN 978-3-498-03563-1

Axel Petermann

Im Angesicht des Bösen

ISBN 978-3-463-40610-7

Beruf Profiler
Die wahren Fälle des Axel Petermann

Der Profiler kommt, wenn die Ermittlungen ins Stocken geraten.
Besonders bizarre Verbrechen und lang zurückliegende, ungeklärte
Fälle sind sein Metier. Er muss die Tat verstehen, um die richtigen
Schlüsse zu ziehen.
Axel Petermann, der bekannteste Profiler Deutschlands, berichtet
auf fesselnde Weise von wahren Geschichten, die unter die Haut
gehen, und gibt Einblicke in die oft ebenso schwierige wie verblüf-
fende Aufklärung grausamer Taten.

KINDLER